澳門的治理、政制與法治建設

王禹　著

目錄

自序

　　本書是在我多年發表有關澳門基本法實施方面的幾篇論文的基礎上修改和補充而成。我以《澳門的治理、政制與法治建設》作為書名。

　　治理有地方治理和國家治理之分。澳門特別行政區的治理在性質上屬於地方治理。中國對澳門恢復行使主權，是指恢復行使管治澳門的權力。在單一制的國家結構形式下，中央對地方有全面管治權。澳門也不可能例外。不同的是澳門特別行政區實行高度自治。這種高度自治是中央全面管治權授權形成的，中央不僅保留著部分權力，而且還對授出的權力有監督權，由此形成澳門特別行政區治理的基本框架。「一國兩制」、「澳人治澳」、高度自治是澳門特別行政區治理的基本原則。

　　澳門回歸二十多年來，已形成了具有澳門特色的「一國兩制」實踐。澳門特別行政區的治理既與國家治理相聯繫和銜接，又在「一國兩制」下形成與澳門社會相適應、具有自身顯著特點的治理模式。澳門特別行政區治理體系包括中央全面管治權和特區高度自治權的有機結合、特區政權機關之間的相互配合和相互制約、特區政府與社會公眾的良好互動和緊密合作。澳門特別行政區治理追求的總目標是維護國家主權、安全、發展利益，保持澳門特別行政區長期繁榮穩定。本書探討了恢復行使主權的內涵，並對澳門特別行政區治理體系現代化若干問題提出思考。

　　政制良性運作是治理的關鍵。澳門特別行政區政制是一種與「一

國兩制」、「澳人治澳」、高度自治相適應，吸收原先總督制的合理成分、行政長官在整個政治體制中居於核心地位並主導政治體制運作的地方性政治體制。本書探討了這種新型政治體制的設計原理和現實運作，並指出兼顧社會各階層利益是其中的重要設計原則。

澳門特別行政區的治理離不開法治。法治是最好的治理。離開法治的指引，澳門特別行政區治理難以堅持正確的方向。本書對澳門回歸以來的法制建設成就進行了初步總結和未來展望，探討了澳門特別行政區的法律淵源和法律體系建設方向，並就行政法院地位、國家安全、集會遊行示威自由、財政預算、立法會議事規則等方面的具體法律問題展開討論。本書還討論了澳區全國人大代表和澳門立法會議員的法律地位和權利義務等問題。

以下是這些論文原來發表的題目及發表時間：

1）論「恢復行使主權」的內涵，2009 年 12 月 4 日；

2）澳門特別行政區治理體系現代化的若干思考，2014 年 9 月 27 日；

3）澳門特別行政區法律體系建設的成就和挑戰，2015 年 5 月，及澳門回歸十七年來法制建設的成就與展望，2017 年 1 月 18 日；

4）澳門特別行政區法律體系的淵源構成，2015 年 5 月；

5）新型政治體制的設計與運作，2014 年 11 月；

6）「兼顧各階層利益」的澳門政制設計原則與構建澳門和諧社會，2006 年 5 月；

7）論行政法規在澳門基本法上的地位，2008 年 6 月；

8）澳門《維護國家安全法》的制定及其意義，2009 年 11 月 10 日；

9）集會、遊行、示威自由及其相關法制完善，2010 年 6 月 22 日；

10）論《澳門基本法》關於財政預算和決算制度的規定，2014年3月27日，及澳門《預算綱要法》修改問題探討，2015年5月；

11）澳門立法會表決制度研究，2014年4月；

12）論澳門特別行政區全國人大代表的地位、權利與義務，2011年3月30日；

13）論澳門特別行政區議員的法律地位、發言和表決，2009年12月。

本書原想命名為《澳門基本法實施若干問題研究》。考慮到這樣的書名不能揭示出上述論文的鮮明主題，而且隨著澳門特色「一國兩制」實踐的深入發展，有些論文所討論的問題已經時過境遷，我對全書作了統一處理和必要的資料更新。為體現作為一本學術專著應有的體系化，論文的標題基本上作了修改，除少數幾篇外，多數論文改寫或增寫了部分內容。

第一章討論恢復行使主權的內涵，文章結構作了變動，並增寫了全面管治權理論。

第二章改為著重討論澳門特別行政區治理體系的基本原則和體系構成，並強調了國家認同和制度建設在推理澳門治理體系現代化進程中的作用。

第三章是在2015年及2017年兩篇論文的基礎上改寫而成，更新了最新的立法資料。

第四章討論澳門特別行政區的法律淵源。本章基本上沒有改動。

第五章改為行政長官制的設計與運作。原來的論文強調這種政治體制的地方性，並將這種新型政治體制的基本原則概括為：（1）地方政治體制；（2）行政主導；（3）行政與立法互相配合又互相制約；（4）司法獨立。2018年8月，我在《政治與法律》上發表了《港澳政治體

制中行政、立法與司法既互相配合又互相制約原則的探討》，提出行政、立法與司法既互相配合又互相制約是設計行政長官制的總原則。本章將這一總原則寫入。

第六章討論兼顧各階層利益的民主政制設計原則。文章結構作了變動。

第七章討論澳門行政審判體制特點和行政法院地位。澳門回歸時「午夜立法」通過的第 9/1999 號法律《司法組織綱要法》，後來又經第 7/2004 號法律、第 9/2004 號法律及第 4/2019 號法律作了修改。文章根據最新立法情況作了必要的資格更新。

第八章討論澳門第 2/1999 號法律《維護國家安全法》，考慮到澳門特別行政區維護國家安全的法律制度和執行機制建設不斷持續推進，單純再探討 2009 年《維護國家安全法》的立法意義就顯得不接地氣了。2018 年澳門行政長官頒佈第 22/2018 號行政法規，成立由行政長官擔任主席的維護國家安全委員會，2019 年立法會通過第 4/2019 號法律修改《司法組織綱要法》，規定《維護國家安全法》所規定的罪行只能由中國籍法官審理及中國籍檢察官參與訴訟，2020 年通過第 14/2020 號法律，在澳門司法警察局組織架構上成立有關國家安全的執行機構。本章改為討論澳門維護國家安全法的制定過程、主要內容和後續配套，增寫了不斷推進維護國家安全法律制度和執行機制建設的內容。

第九章討論集會、遊行和示威自由及相關法制，更新第 11/2018 號法律對《集會權及示威權》的修改情況，增寫了澳門法院有關集會、遊行和示威自由的幾個代表性案例分析。

第十章討論澳門財政預算制度。澳門回歸後，如何加強立法會對政府的財政監督，一直是澳門社會各界關注的焦點。修改澳門第

4/83/M 號法令《訂定有關本地區總預算及公共會計之編制及執行，管理及業務賬目之編制以及公共行政方面財政業務之稽查規則》，即原來通常所說的「預算綱要法」，是當時社會關注的焦點，也是立法會對政府加強財政監督的必要舉措。原來的論文討論了澳門財政預算制度應遵循的原則，提出了該法令修改的具體建議框架。2017 年澳門立法會通過了第 15/2017 號法令《預算綱要法》，2018 年行政長官頒佈了第 2/2018 號行政法規《預算綱要法施行細則》，再將第 4/83/M 號法令稱為「預算綱要法」及討論如何修改問題，就顯得不恰當和不合時宜了。文章結構作了變動，增寫了新的《財政預算綱要法》制定情況。

第十一章討論澳門立法會表決制度。原論文發表在 2014 年。澳門立法會在 2015 年及 2017 年通過第 1/2015 號決議和第 2/2017 號決議，對立法會議事規則進行了修改，其中第 2/2017 號決議對議事規則第 81 條有關表決制度的條文作了修改，將該條原來共二款改為共四款。本章增寫了對立法會議事規則第 81 條新第 2、3、4 款的討論。

第十二章討論澳門特區全國人大代表的地位、權利和義務，更新了最近幾屆澳區全國人大代表的資料和產生辦法，增寫了澳區全國人大代表參選人有擁護中國憲法、澳門基本法及「一國兩制」方針政策、效忠中華人民共和國和澳門特別行政區義務的內容，並恢復和增寫了憲法第 74 條澳門特別行政區全國人大代表應當享有特定人身保護權和言論免責權的內容。

第十三章討論澳門特別行政區立法會議員的法律地位、發言和表決。本章基本上沒有改動。

這些問題歸結起來，就是要進一步完善憲法和基本法在澳門特別行政區實施的制度機制。完善憲法和基本法實施的制度機制既可以

從中央層面來研究，也可以從特別行政區層面來研究。從當前研究狀況來看，多數主要側重於從中央層面來進行研究，強調中央在「一國兩制」中的責任及主動、積極行使全面管治權。這無疑是正確的。然而，從特別行政區行使高度自治權的角度來研究完善憲法和基本法實施的制度機制，使憲法和基本法在澳門特別行政區「落地生根」，則是更生動更有意義的方面。本書體現了作者的一點努力。

　　本書亦是我承擔的國家社會科學基金重大項目「完善憲法和基本法在特別行政區實施的制度和機制研究」的部分階段性成果。

王禹

2021 年 10 月 1 日

第一章
國家對澳門恢復行使
主權的內涵

一、我國對澳門恢復行使主權是指恢復行使管治澳門的權力

中英聯合聲明、中葡聯合聲明以及香港基本法、澳門基本法都使用了「恢復行使主權」的提法。「恢復行使主權」非常準確地表達出中國自始至終對香港和澳門擁有主權的內涵。

澳門基本法序言第一段明確闡述了澳門問題的由來及其解決：「澳門，包括澳門半島、氹仔島和路環島，自古以來就是中國的領土，十六世紀中葉以後被葡萄牙逐步佔領。一九八七年四月十三日，中葡兩國政府簽署了關於澳門問題的聯合聲明，確認中華人民共和國政府於一九九九年十二月二十日恢復對澳門行使主權，從而實現了長期以來中國人民收回澳門的共同願望。」對於收回澳門後採用什麼方式對其實施管治，澳門基本法序言第二段寫到：「為了維護國家的統一和領土完整，有利於澳門的社會穩定和經濟發展，考慮到澳門的歷史和現實情況，國家決定，在對澳門恢復行使主權時，根據中華人民共和國憲法第三十一條的規定，設立澳門特別行政區，並按照『一個國家，兩種制度』的方針，不在澳門實行社會主義的制度和政策。」

與香港問題不同的是，葡萄牙在 1974 年發生鮮花革命後，將葡萄牙的領土範圍界定為「在歐洲大陸內歷史上所確定之領土，以及亞速爾群島與馬德拉群島」，並宣佈澳門是葡萄牙管治下的特殊地區，「澳門地區仍受葡萄牙行政管理時，由適合其特殊情況之通則拘束」。[1] 1979 年中葡建交，肯定了澳門是中國的領土，雙方商定在適當的時候，通過談判把澳門交還中國。這就為我國與葡萄牙政府簽署中葡聯

1　1976 年葡萄牙憲法第 5 條第 1 款及第 292 條第 1 款。「適合其特殊情況之通則」即指 1976 年 2 月 10 日葡萄牙總統高美士頒佈的《澳門組織章程》。

合聲明創造了基礎性前提。關於主權問題，中英聯合聲明是分兩條來表述的，第 1 條規定：「中華人民共和國政府聲明：收回香港地區（包括香港島、九龍和『新界』）是全中國人民的共同願望，中華人民共和國政府決定於一九九七年七月一日對香港恢復行使主權」，第 2 條規定，「聯合王國政府聲明：聯合王國政府於一九九七年七月一日將香港交還給中華人民共和國」。而中葡聯合聲明第 1 條則是中國政府和葡萄牙政府的共同聲明：「中華人民共和國政府和葡萄牙共和國政府聲明：澳門地區（包括澳門半島、氹仔島和路環島）是中國領土，中華人民共和國政府將於一九九九年十二月二十日對澳門恢復行使主權。」也就是說，澳門回歸前，甚至在簽署中葡聯合聲明前，澳門的主權歸屬問題已經解決，剩下來的問題就是在什麼時候結束葡萄牙管治澳門的問題。因此，1999 年 12 月 20 日回歸儀式只能稱為「政權交接儀式」，而不能稱為「主權交接儀式」。「政權交接儀式」是指主權屬於中國的前提下，葡萄牙將「管治」澳門的權力交還中國。

「恢復行使主權」，不是指主權本身的恢復，而是指「恢復行使」主權，這裏的關鍵字在於「恢復行使」。因為澳門自古以來就是中國的領土，澳門的主權自始至終屬於中國，既然主權屬於中國，又怎能說中國對澳門的主權恢復呢？因此，恢復行使主權，是指我國政府恢復行使作為主權國家所行使的權力，即指恢復行使管治權。

有一種意見認為，主權主要是一種象徵，澳門回歸，其主要的表現形式就是在澳門升起五星紅旗，這就意味著殖民統治已經結束，恢復行使主權已經完成。這種意見是不正確的。澳門回歸，是我國政府對澳門恢復行使主權的開始，而不是結束。主權是指國家絕對的和最高的權力。恢復行使主權，不僅僅是指領土主權的歸屬，而是指我國

政府在澳門開始行使絕對的和最高的權力。[2]

　　這種絕對的和最高的權力的行使，首先就是排除其他國家的干涉，排除外國勢力操縱和影響澳門內部的政治事務，所以澳門基本法明確規定，澳門特別行政區是中華人民共和國不可分離的部分（第 1 條），直轄於中央人民政府（第 12 條），禁止外國的政治性組織或團體在澳門進行政治活動、禁止澳門的政治性組織或團體與外國的政治性組織或團體建立聯繫（第 23 條），行政長官、主要官員、立法會主席、終審法院院長和檢察長就職必須宣誓效忠中華人民共和國（第 102 條）。

二、「一國兩制」、「澳人治澳」、高度自治是我國政府對 澳門實施管治的基本方針和基本方式

　　我國政府對澳門恢復行使主權，是指對澳門恢復行使管治權力，恢復行使絕對的和最高的權力。這就提出了採用什麼方式對澳門實施管治的問題。在我國單一制下，對地方的管理是通過設立地方行政區域和地方政府進行的。這裏有兩種可能：一種是設置普通行政區域，授予一般權限，一種是設置特別行政區域，授予不同於一般地方政府的權限。

2　法國博丹（1530-1596 年）最早提出了主權的概念，博丹在其名著《共和六書》第一書第八章《論主權》開宗明義地指出：「主權是共同體（Commonwealth）所有的絕對且永久的權力。」不過，在博丹自己翻譯的拉丁文版本裏，主權則被界定為最高和絕對的權力，刪除了「永久」的修飾。見〔法〕博丹：《論主權》，中國政法大學出版社，劍橋政治思想史原著系列（影印本），2003 年，第 1 頁。博丹所說的永久，是指主權是與國家永遠同在的權力，所以，他說，只有人民或君主才永遠是主權的合法所有者，而一個地區的總督或一個君主的代理官員只不過是權力的受託人或代管人，任期終結，他必須返還該權力。

我國政府在解決澳門問題時，承諾不實行社會主義的制度和政策，保持原有的資本主義制度和生活方式五十年不變，與這種「一國兩制」的方針相適應，就必須在澳門設置特別行政區，授權實行高度自治（第2條），而且為使這種高度自治真正落實，實行「澳人治澳」，行政機關和立法機關由澳門特別行政區永久性居民組成（第3條）。

我國憲法第3條規定，「中央和地方的國家機構職權的劃分，遵循在中央的統一領導下，充分發揮地方的主動性、積極性的原則」。我國政府在澳門特別行政區實行「一國兩制」、「澳人治澳」、高度自治，這正是我國憲法第3條規定的「充分發揮地方的主動性、積極性」的具體表現形式。「一國兩制」、「澳人治澳」、高度自治，是我國政府管治澳門特別行政區的基本方針和基本方式。這些管治的基本方針和基本方式，既確保了國家的統一和領土完整，即「一國」，也允許澳門特別行政區保持和發展原有的資本主義制度，實行「澳人治澳」、高度自治，即「兩制」。

為了確保「一國」，中央必須保留和行使必要的權力。鄧小平曾經明確指出，必須保留中央的某些權力：「香港有時候會不會出現非北京出頭就不能解決的問題呢？過去香港遇到問題總還有個英國出頭嘛！總有一些事情沒有中央出頭你們是難以解決的。」[3] 這些必須保留的權力首先是外交和防務的權力。澳門回歸後，在國際上代表澳門參與政治事務的只能是中央人民政府，中央人民政府負責管理與澳門有關的外交事務（第13條）。與澳門直接有關的外交談判只能由中央人民政府行使，澳門可作為中國政府代表團的成員，參加由中央人民政府進

3　見鄧小平1987年4月16日會見香港特別行政區基本法起草委員會委員時的講話。

行的同澳門直接有關的外交談判（第 135 條）。

澳門不僅沒有處理外交的權力，也不能行使宣佈與他國交戰的權力，不能組建自己的軍隊。中央人民政府負責管理澳門的防務（第 14條），全國人大常委會有權宣佈戰爭狀態或決定澳門進入緊急狀態（第 18 條）。我國在澳門設立駐軍，駐澳部隊直接受中央軍事委員會領導，行政長官不統率駐澳部隊。

除外交和防務外，中央還必須行使其他一些權力，如任免行政長官、政府主要官員和檢察長（第 15 條）、批准行政長官出缺期間的職務代理（第 55 條）、發回立法會制定的法律使其無效（第 17 條）、決定立法會彈劾行政長官是否成立（第 71 條）、解釋和修改基本法（第 143 條和第 144 條）、批准附件一的修改（附件一第 7 條）和接受附件二修改的備案（附件二第 3 條），等等。

為了確保「兩制」，我國政府對澳門的管治還包括授予澳門以高度的自治權，包括行政管理權、立法權、獨立的司法權和終審權（第 2 條），以及廣泛的對外事務處理權（第 13 條、第七章對外事務）。澳門基本法規定保持原有的資本主義制度和生活方式五十年不變（第 5 條），原有法律基本保留（第 8 條），而且在第五章「經濟」和第六章「文化和社會事務」，詳盡規定有關社會經濟文化制度，更明確列舉了澳門可以「自行制定」稅務事項（第 106 條）、貨幣金融政策（第 107條）、工商業發展政策（第 114 條）、勞工政策（第 115 條）、航運政策（第 116 條）、民用航空管理制度（第 117 條）、旅遊娛樂業政策（第 118 條）、教育政策（第 121 條）、醫療衛生政策（第 123 條）、科技政策（第 124 條）、文化政策（第 125 條）、新聞出版政策（第 126 條）、體育政策（第 127 條）、專業制度（第 129 條）、社會福利政策（第 130 條）等。「自行制定」的意思是指澳門特別行政區在這些方面不實行

內地的社會主義制度和政策。由於澳門特別行政區高度自治權是以國家基本法律的形式規定的，不僅澳門特別行政區要遵守，中央國家機關、內地各地方也要遵守。按照法治原則，中央各部門、各地方均不得干預澳門特別行政區自治範圍內的事務（第22條）。

因此，我國政府對澳門特別行政區的管治分為兩方面，一方面是中央直接行使有關權力，另一方面是授權特別行政區行使有關權力，實行高度自治。由於特別行政區高度自治權是中央授予的，這決定了在任何情況下均不得以所謂高度自治的名義來對抗中央在特別行政區依據憲法和基本法行使的權力。對特別行政區實施管治，既有中央的權力，也有特別行政區高度自治權，兩者是相輔相成的，不能夠對立起來。事實上，按照基本法的規定，特別行政區政治體制也是在國家管理體制中運作的。如行政長官必須對中央人民政府負責（第45條）、立法會對行政長官的彈劾案必須報請中央人民政府決定（第71條），全國人大常委會有權發回立法會制定的法律使其無效（第17條），全國人大常委會解釋基本法（第143條），全國人大修改基本法（第144條），等等。這充分體現了澳門特別行政區政治體制在本質上是一種地方政治體制。

我國政府在澳門恢復行使的主權不只是一種名義上的權力，不只是一種象徵，而是實實在在的一種絕對的和最高的權力。如澳門基本法規定行政長官由當地選舉或協商產生，並由中央人民政府任命（第47條），這種任命就不能理解為僅是形式的，而是一種實質上的任命權，是指可以任命，也可以不任命，而不是指當地選舉產生以後，中央人民政府的任命僅是程序上和禮儀上的權力，是虛的。澳門基本法還規定行政長官對中央人民政府負責（第45條），這種負責也是一種實質意義上的負責。

「一國」是「兩制」的基礎和前提。澳門特別行政區保持的資本主

義制度不是獨立於中央的。澳門特別行政區實行的「資本主義」是我國主權範圍內實行的「資本主義」，是中央人民政府領導下的「資本主義」。如何保持和發展澳門原有的資本主義制度，如何保持澳門的社會穩定和經濟發展，這是我國政府對澳門恢復行使主權後，中央人民政府治國理政無法迴避的重大課題，也是澳門特別行政區在行使高度自治權時無法迴避的重大課題。

三、中國憲法和澳門基本法共同構成我國政府管治澳門的憲制基礎

我國政府對澳門恢復行使主權，是指根據中國憲法和澳門基本法恢復行使主權，中國憲法和澳門基本法共同構成我國政府管治澳門的憲制基礎。有一種觀點認為，中國憲法不適用於澳門，只有澳門基本法才構成澳門特別行政區的憲制基礎。這種觀點是不正確的。憲法是主權統一的象徵，我國對澳門恢復行使主權，澳門回歸並成為我國單一制國家結構形式下的地方行政區域，憲法當然也適用在澳門回歸後設立的特別行政區。

憲法本身就是設立澳門特別行政區的法律依據，憲法第 31 條規定：「國家在必要時得設立特別行政區。在特別行政區內實行的制度按照具體情況由全國人民代表大會以法律規定。」憲法第 62 條第（十三）項規定全國人大決定特別行政區的設立及其制度。因此，不能認為澳門特別行政區的高度自治權僅僅是澳門基本法所賦予的，而必須認識到在更高的層次上，首先是由中國憲法所賦予的，並且在根本上就是憲法所賦予。制定澳門基本法的依據本身就來自憲法：第一，我國在

中葡談判期間提出用以解決澳門問題的「一國兩制」方針，本身就來自中國憲法；第二，制定澳門基本法的法律依據就是中國憲法；第三，中葡聯合聲明並非制定澳門基本法的法律依據。

憲法作為制定澳門基本法的法律依據，並非只在憲法第 31 條和第 62 條第（十三）項，而在於憲法整部。澳門基本法序言第三段明確指出：「根據中華人民共和國憲法，全國人民代表大會特制定中華人民共和國澳門特別行政區基本法，規定澳門特別行政區實行的制度，以保障國家對澳門的基本方針政策的實施。」全國人大在《關於〈中華人民共和國澳門特別行政區基本法〉的決定》裏亦明確指出，「澳門特別行政區基本法是根據《中華人民共和國憲法》按照澳門的具體情況制定的，是符合憲法的」。澳門基本法第 11 條規定：「根據中華人民共和國憲法第三十一條，澳門特別行政區的制度和政策，包括社會、經濟制度，有關保障居民的基本權利和自由的制度，行政管理、立法和司法方面的制度，以及有關政策，均以本法的規定為依據。澳門特別行政區的任何法律、法令、行政法規和其他規範性文件均不得同本法相抵觸。」這是指澳門內部實行的制度和政策必須以澳門基本法為依據，但不能將其理解為排除憲法在澳門特別行政區的適用和憲法在澳門特別行政區的最高法律效力。

我國憲法規定了我國的根本制度和根本任務，是國家的根本法，在全國範圍內，當然包括在澳門特別行政區，具有最高的法律效力。澳門基本法不能稱為澳門特別行政區最高法律地位的文件，也不適宜稱為澳門特別行政區的「小憲法」。這是因為我國是一個單一制國家，

而按照我國單一制的經典定義，單一制國家裏只有一部憲法。[4] 這與聯邦制的情況恰恰相反，聯邦制國家有聯邦憲法和屬邦憲法，屬邦憲法由屬邦自己負責制定、解釋和修改。澳門基本法卻不是這樣，基本法是全國人大制定的，基本法的修改權屬於全國人大（第 144 條），基本法的解釋權屬於全國人大常委會（第 143 條）。

澳門基本法也不能稱為澳門特別行政區的「根本法」或「根本大法」。因為「根」原意是指植物的根部，後來用來比喻事物的本源。[5] 而澳門的「根」在中國，澳門基本法的「根本」是中國憲法，澳門特別行政區的設立及其運作，其根本依據在於中國憲法，而不是澳門基本法。我國憲法才是澳門特別行政區的「根本法」和「根本大法」。既不能將澳門基本法稱為是澳門特別行政區的憲法，也不能將澳門基本法稱為是澳門特別行政區的根本法。澳門基本法第一章稱為「總則」，而不稱為「總綱」，這是因為憲法第一章就稱為「總綱」，因此比照我國其他法律總則和分則的表述，將基本法第一章稱為「總則」，使其與憲法結構有所區別，這是意在表明基本法與憲法不同。[6] 在我國法律體系裏，澳門基本法是全國人民代表大會制定的基本法律，是一部在全國範圍內都有法律效力的全國性法律，也是一部非常重要而特殊的憲法性法律。

4　我國憲法學教材和著作普遍將只有一部統一的憲法，作為單一制國家的首要特徵。可參見許崇德主編：《中華法學大辭典》，中國檢察出版社，1995 年，第 92 頁；魏定仁主編：《憲法學》，北京大學出版社，1999 年，第 132 頁；蕭蔚雲、姜明安主編：《北京大學法學百科全書憲法學行政法學卷》，北京大學出版社，1999 年，第 47 頁；等等。

5　《辭源》釋曰：「本下曰根，木下曰本。」《淮南子·繆稱訓》：「根本不美，枝葉茂者，未之聞也。」

6　蕭蔚雲：《論香港基本法》，北京大學出版社，2003 年，第 290 頁。

憲法是我國政府在澳門恢復行使主權，實行「一國兩制」、「澳人治澳」、高度自治的根本法律依據。澳門基本法是我國憲法的下位法，是我國政府在澳門特別行政區實施「一國兩制」的具體法律保障。澳門特別行政區的制度和政策，包括社會、經濟制度、有關保障居民的基本權利和自由的制度，行政管理、立法和司法方面的制度，以及有關政策，都必須以澳門基本法的有關規定為依據。澳門基本法是澳門日常立法的基礎，是澳門特別行政區的憲制性法律，澳門特別行政區的任何法律、法令、行政法規和其他規範性文件均不得同澳門基本法相抵觸。我國憲法規定的有關社會主義制度和政策不在澳門特別行政區實施，然而，我國憲法有關堅持中央統一領導的規定，有關國家主權、國防和外交的規定，有關最高國家權力機關和最高行政管理機關的規定，和有關國旗、國徽、國歌和首都的規定，都是實施於澳門特別行政區。中國憲法和澳門基本法，不僅共同構成了我國政府管治澳門的憲制基礎，而且也共同構成了澳門特別行政區自身運作的憲制基礎。澳門特別行政區有遵守憲法和尊重憲法的義務，有維護憲法權威的義務。

四、我國是在單一制的國家結構形式下恢復行使管治澳門的權力

澳門自古以來就是中國的領土。我國自秦漢建立大一統的中央集權國家起，澳門就列入了國家版圖。秦始皇一統六國，在南方設立南海郡，下設番禺縣，澳門就屬於番禺縣管轄。晉代澳門屬東官郡，隋朝時屬南海縣，唐代屬東莞縣，南宋紹興二十二年（1152 年），設

香山縣，澳門從此納入縣屬，此後直至葡萄牙完全佔領。這種大一統的中央集權國家，就是我國憲法建立單一制國家結構形式的前身。澳門基本法明確規定澳門特別行政區是中華人民共和國不可分離的部分（第1條），而中華人民共和國恰恰就是按照單一制理論建構起來的。因此，我國政府對澳門問題的解決，是按照單一制國家結構形式將其收回。我國政府對澳門恢復行使主權，也是在單一制國家結構形式下恢復行使主權，並行使管治權。

澳門的主權自始至終屬於中國，澳門本身沒有主權，這就是說，澳門特別行政區本身不存在任何絕對的和最高的權力，其權力必須來自於中華人民共和國的授予。澳門基本法明確規定，「中華人民共和國全國人民代表大會授權澳門特別行政區依照本法的規定實行高度自治，享有行政管理權、立法權、獨立的司法權和終審權」（第2條），並進一步規定澳門特別行政區的法律地位：「澳門特別行政區是中華人民共和國的一個享有高度自治權的地方行政區域，直轄於中央人民政府。」（第12條）這就明確指出，澳門特別行政區是我國單一制國家結構形式下的地方區域，澳門特別行政區與中華人民共和國的關係是地方與中央的關係，既不是附屬地與宗主國的關係，也不是聯邦制成員國與聯邦的關係。

澳門特別行政區只是我國單一制下的一個地方，而非國家，也不是獨立或半獨立的政治實體。澳門基本法第三章稱為「居民的基本權利和義務」，而非「公民」的基本權利和義務。這是因為在我國憲法裏，具有國籍才稱為「公民」，而澳門既非國家，本身不存在國籍問題，因此不能稱為「公民」，而只能稱為「居民」。澳門基本法規定中央人民政府負責管理澳門特別行政區的防務（第14條），這裏使用「防務」的表述，而非「國防」，也是因為澳門並非國家，「澳門特別

行政區的國防」便難以成立。[7]

　　澳門特別行政區根據基本法享有獨立的司法權和終審權（第 2
條），然而，根據此種權力建立起來的最高等級法院，不能稱為「最高
法院」，而只能稱為「終審法院」（第 84 條）。這是因為根據我國對單
一制的普遍定義，單一制國家裏只有一個最高法院，最高法院只能是
在北京的最高人民法院，而在聯邦制裏，可以設立聯邦最高法院和屬
邦最高法院。

　　澳門基本法雖然對中央與澳門特別行政區的職權有所列舉並劃分，
然而在本質上，這是指澳門特別行政區權力來自中央。這是授權，而非
分權。澳門不是一個獨立或半獨立的政治實體，本身沒有固有權力，既
然沒有固有權力，又拿什麼去與中央「分權」呢？澳門的行政區域，雖
然是歷史形成的，然而並非澳門自行確定，而是由中央劃定的。[8]澳門雖
然有權使用自己的區旗和區徽，然而，區旗和區徽本身並非澳門自行制
定，而是中央為其設計和制定的。[9]澳門基本法不是中華人民共和國與澳
門特別行政區簽訂的一份「社會契約」，而是一份授權的法律文件。

　　澳門基本法反覆強調了澳門特別行政區的權力來自「授權」。第
一，澳門基本法明確規定澳門的高度自治、行政管理權、立法權、獨

7　澳門基本法起草過程中，中央和澳門特區關係專題小組曾提出建議，將第 14 條裏的「澳門
　　特別行政區防務」改為「國防事務」。主任擴大會議認為，「澳門特別行政區國防事務」提法
　　不準確，因此仍保留「澳門特別行政區的防務」的提法。見全國人大常委會澳門基本法委員
　　會辦公室編：《中華人民共和國澳門特別行政區基本法起草委員會文件彙編》，中國民主法制
　　出版社，2011 年，第 195、207 頁。

8　見澳門基本法序言第一段、1993 年 3 月 31 日全國人大通過的《關於設立中華人民共和國澳
　　門特別行政區的決定》及 1999 年 12 月 20 日國務院發佈的第 295 號令。

9　可參見 1993 年 3 月 20 日姬鵬飛在第八屆全國人大第一次會議上所做的《關於〈中華人民共
　　和國澳門特別行政區基本法（草案）〉和有關文件及起草工作的說明》。

立的司法權和終審權來自全國人大的「授權」（第2條）。第二，澳門基本法在條文裏明確規定中央人民政府或全國人大常委會「授權」行政長官、政府和法院處理有關事務或行使權力，如對外事務（第13條第3款、第50條第十三項規定、第64條第三項），司法互助（第94條），船舶登記（第116條），民用航空管理制度（第117條），特區護照和其他旅行證件（第139條），互免簽證（第140條），法院解釋基本法（第143條第2款）等。第三，澳門基本法有些條文雖然沒有出現「授權」的提法，如澳門應自行立法維護國家安全（第23條），可以「中國澳門」的名義參與國際社會（第136條、第137條），等等，但都是以中央的授權為前提，建立在授權與被授權的法律基礎上。第四，澳門基本法規定中央還可以「授予」澳門以其他權力，澳門特別行政區還可以享有全國人民代表大會、全國人民代表大會常務委員會或中央人民政府授予的其他權力（第20條）。

授權意味著只是權力行使的轉移，而非權力本身的轉移。有一種意見認為，權力一旦授出，就不能再行使，如澳門基本法規定全國人大常委會授權澳門法院解釋基本法自治範圍內的條款（第143條），那就意味著全國人大常委會不能再解釋這一部分基本法的條款，這種理解是不對的。全國人大常委會行使對澳門基本法的解釋權，其根本依據是來自中國憲法。正是因為全國人大常委會擁有對基本法的解釋權，所以，才可能將自治範圍內的條款授權給澳門法院解釋；但是，全國人大常委會將自治範圍內的條款授權給澳門法院解釋，不是說將基本法這一部分條款的解釋權本身轉移了，全國人大常委會仍然有權解釋澳門基本法的所有條款。

澳門特別行政區的權力既然來自於中央的授權，中央作為權力的授出者，對授出的權力還享有監督的職責。而且，授權只能以法定和明

示為界限，凡是未經中央授權的，澳門特別行政區不能擅自行使，也不能由澳門特別行政區自行推導出來，自己「授權」自己行使。澳門特別行政區沒有固有權力，也不存在著聯邦制下所謂的「剩餘權力」問題。[10]

五、全面管治權理論

2014 年 6 月，國務院新聞辦公室發佈了《「一國兩制」在香港特別行政區的實踐》白皮書。白皮書提出了「全面管治權」的概念及「中央對香港特別行政區擁有全面管治權」的論述。白皮書在三個地方使用了「全面管治權」的概念，其主要內容可以概括為：（1）中央對包括香港特別行政區在內的所有地方行政區域擁有全面管治權；（2）中央擁有對香港特別行政區的全面管治權，既包括中央直接行使的權力，也包括授權香港特別行政區依法實行高度自治；（3）對於香港特

10　剩餘權力通常是指聯邦憲法未規定由聯邦行使、也未禁止由成員國行使的權力，「剩餘權力」通常由成員國行使。如美國憲法修正案第 10 條規定，「憲法所未授予美國政府或未禁止由各州行使之權限，皆保留於各州或其人民」。1971 年《阿拉伯聯合酋長國臨時憲法》第 116 條規定，「各酋長國行使本憲法未列為聯邦管轄的所有權力」。

別行政區的高度自治權，中央具有監督權力。[11]

「全面管治權」概念是對我國憲法學理論的一個重要發展。我國以往的憲法學教科書在論述單一制國家中央和地方的關係時，通常僅講到地方接受中央的統一領導，地方不能脫離中央而獨立，和地方的權力來自中央的授權。[12] 這些論述僅從地方角度入手，而沒有運用全面管治權的概念來分析單一主權國家裏中央和地方的關係。必須指出的是，在單一制國家裏，中央才有此種權力，而在聯邦制國家裏，其聯邦對屬邦並無此種全面管治權。全面管治權的概念可以作為區別單一制和聯邦制的一個重要特徵。

中央對澳門特別行政區具有全面管治權，是我國在單一制國家結構形式下對澳門恢復行使主權的必然結果。我國是單一制國家。單一制國家是指國家本身只有一個單一主權，中央對全國範圍內的一切領

---

11 這三處分別出現在：（1）白皮書第二部分「特別行政區制度在香港的確立」首段，「憲法和香港基本法規定的特別行政區制度是國家對某些區域採取的特殊管理制度。在這一制度下，中央擁有對香港特別行政區的全面管治權，既包括中央直接行使的權力，也包括授權香港特別行政區依法實行高度自治。對於香港特別行政區的高度自治權，中央具有監督權力」；（2）第二部分第一小節「中央依法直接行使管治權」第一段，「中央依法履行憲法和香港基本法賦予的全面管治權和憲制責任，有效管治香港特別行政區」；（3）第五部分「全面準確理解和貫徹一國兩制方針」第一小節「全面準確地把握一國兩制的含義」第一段：「中華人民共和國是單一制國家，中央政府對包括香港特別行政區在內的所有地方行政區域擁有全面管治權。香港特別行政區的高度自治權不是固有的，其唯一來源是中央授權。香港特別行政區享有的高度自治權不是完全自治，也不是分權，而是中央授予的地方事務管理權。高度自治權的限度在於中央授予多少權力，香港特別行政區就享有多少權力，不存在剩餘權力。」在《一國兩制在香港特別行政區的實踐》白皮書英文本，全面管治權被翻譯成「Overall Jurisdiction」及「Comprehensive Jurisdiction」。

12 如魏定仁主編：《憲法學》，法律出版社，1999 年第 3 版，第 132 頁；胡錦光、韓大元主編：《中國憲法發展研究報告》（1982-2002 年），法律出版社，2004 年，第 102 頁；莫紀宏主編：《憲法學》，社會科學文獻出版社，2004 年，第 230 頁；等等。

土都有管治權力。地方行政區域的權力並非其本身固有的，而是中央授予的，地方對中央負責，接受中央的統一領導和監督。全面管治權是對中央權力在整體上的一種總體概括和抽象表達，本身並不是一項具體職權。全面管治權的行使不是隨心所欲的，應當也只能是依法行使。其內涵包括：

第一，中央對澳門特別行政區的全面管治權是在特別行政區制度下行使的。澳門自古以來就是中國的領土。為了解決歷史上遺留下來的澳門問題，我國在對澳門恢復行使主權時，採用不同於內地的管治制度和管治方式，實行「一國兩制」、「澳人治澳」與高度自治。這種特殊管治制度和管治方式本身就是在整個國家管理制度下運作的，特別行政區制度是我國對澳門行使全面管治權的制度載體。

第二，中央的全面管治權，包括中央直接行使的權力和授權特別行政區行使高度自治。我國憲法在關於中央和地方的關係上，主要有三種關係：一種是中央和省、直轄市的關係，一種是中央和民族自治區的關係，一種是中央和特別行政區的關係。無論是省、直轄市、民族自治區，還是特別行政區，其權力都是中央授予的，中央對這些地方都具有全面管治權。然而，中央對這些地方授予權力的內容和程度是不同的。其中授給特別行政區的權力內容最廣，程度最高，所以稱為「高度自治」。

第三，中央的全面管治權，還包括中央對高度自治權進行監督的權力。授權是指權力行使的轉移，而非權力本身的轉移，授權者對授出的權力還有進行監督的權力和責任。中央有權對高度自治權的運作進行監督，澳門基本法本身就有多處規定和深刻體現。如行政長官須向中央人民政府負責，立法會的法律須報全國人大常委會備案，全國人大常委會有權發回使其立即失效，等等。

澳門自古以來就是中國的領土，十六世紀中葉以後被葡萄牙逐步佔領，這樣就形成了澳門問題。所謂澳門問題的解決，就是指我國政府收回澳門，結束葡萄牙對澳門的管治，並由我國政府對澳門恢復行使主權。恢復行使主權，是解決澳門問題的核心和必然結果，也是我國政府在解決澳門問題以後，建立澳門特別行政區，實施「一國兩制」、「澳人治澳」、高度自治的邏輯起點。這更是我們理解中央和澳門特別行政區的關係，正確處理中央和澳門特別行政區關係的理論基礎。

　　恢復行使主權的實質就是恢復行使管治澳門的權力，由於我國是在單一制國家結構形式下對澳門恢復行使主權的，因而中央對澳門特別行政區具有全面管治權。正因為我國對澳門特別行政區具有全面管治權，所以中央除直接行使部分權力外，還授權澳門特別行政區形成高度自治。中央對澳門特別行政區的高度自治權還有監督的權力和責任。全面管治權是對中央權力在整體上的一種總體概括和抽象表達，本身並不是一項具體職權。憲法和澳門基本法共同構成特別行政區的憲制基礎。中央對澳門特別行政區的全面管治權，必須在憲法和澳門基本法確立的特別行政區制度的框架下行使。

（原文《論「恢復行使主權」的內涵》，載《紀念澳門基本法實施 10 周年文集》，全國人大常委會澳門基本法委員會辦公室編，中國民主法制出版社，2010 年。收入本書時有修改）

　　　　　　　　　　　　　　　澳門的治理、政制與法治建設

第二章
澳門特別行政區治理的原則、體系構成和現代化

一、治理理論的興起

「治理」是上世紀九十年代在公共管理領域興起的新概念。英文中的治理（Governance）概念，源於古拉丁文和古希臘語裏的「掌舵」（Steering），原意是指控制、引導和操縱的行動或方式，因而引伸為「範圍廣泛的組織或活動進行有效的安排」的意思。[1] 1989 年，世界銀行在其年度報告裏討論撒哈拉以南非洲發展時首次使用了「治理危機」（Crisis in Governance）的概念，其後聯合國有關機構頻繁地使用了「治理」的概念，並專門成立了一個「全球治理委員會」。

聯合國全球治理委員會在其 1995 年發表的《我們的全球夥伴關係》裏對治理的概念進行了界定，認為「治理」是指「各種公共的或私人的個人和機構管理其共同事務的諸多方法的總和，是使相互衝突的或不同利益得以調和，並採取聯合行動的持續過程」，這既包括有權迫使人們服從的正式制度和規則，也包括各種人們同意或符合其利益的非正式制度安排。該報告並將治理總結為四個特徵：（1）治理不是一整套規則，也不是一種活動，而是一個過程；（2）治理過程的基礎不是控制，而是協調；（3）治理既涉及公共部門，也包括私人部門；（4）治理不是一種正式的制度，而是持續的互動。[2] 研究治理理論的代表人物格里·斯托克（Gerry Stoker）則概括了對治理理論理解的五個觀點：（1）治理意味著一系列來自政府，但又不限於政府的社會

1　見趙景來：《關於治理理論若干問題討論綜述》，載《世界經濟與政治》2002 年第 3 期；及〔法〕辛西亞·休伊特·德·阿爾坎塔拉：《「治理」概念的運用與濫用》，載《國際社會科學》（中文版）1998 年 3 月號。

2　*Our Global Neighbourhood: The Report of The Commission on Global Governance*。轉引自蕭力愷：《全球化與全球治理》，載《競爭力評論》2005 年第 7 期。

公共機構和行為者；各種公共的和私人機構只要其行使的權力得到了公眾的認可，都有可能成為在各個不同層面上的權力中心。（2）治理意味著在現代社會，國家正在把原先由它獨自承擔的責任轉移給公民社會，即各種私人部門和公民自願性團體，後者正在承擔越來越多的原先由前者承擔的責任。（3）治理明確肯定了在涉及集體行為的各個社會公共機構之間存在權力依賴。（4）治理意味著參與者最終將形成一個自主的網路，它與政府在特定的領域中進行合作，分擔政府的行政管理責任。（5）治理意味著，在公共事務的管理中，還存在其他的管理方法和技術，政府有責任使用這些新的方法和技術，來更好地對公共事務進行控制和引導。[3]

西方治理理論的興起和討論，主要有以下兩個原因：第一，統治型國家的失靈。二十世紀西方國家推崇的凱恩斯主義與第二次世界大戰後的福利國家政策相繼失靈，繼而出現嚴重的財政危機、信任危機和權威危機等政府管理問題[4]，為此強調政府改革、私有化、權力下放和向社會授權等主張，探尋新的社會管理模式。第二，選舉式民主的失靈。近代以來西方的民主以競爭性選舉為核心特徵，然而這種選舉式民主不能解決所有的社會問題，進而出現對參與式民主和協商式民主的探索，強調政府在作出決策時，先由人民通過討論和對話，共同參與決策的形成，達成妥協和共治。

澳門自古以來就是中國的領土，澳門回歸前葡萄牙對澳門實施

---

3 〔英〕格里·斯托克：《作為理論的治理：五個論點》，載《國際社會科學》（中文版）1999年第2期。

4 婁勝華、潘冠瑾、林媛：《新秩序：澳門社會治理研究》，社會科學文獻出版社，2009年，第3頁。

殖民統治，總督由葡萄牙委派並代表葡萄牙的利益，這種管治既缺乏歷史正當性，又缺乏民主正當性。[5] 其權力運行是自上而下的，通過強制性運用政治權威，發號施令，制定和實施政策。澳門回歸後，實行「一國兩制」、「澳人治澳」和高度自治，為澳門的新型治理開啟了新紀元。行政長官在澳門當地通過選舉或協商產生，由中央人民政府任命，永久性居民依法享有選舉權和被選舉權，行政機關和立法機關由永久性居民依法組成[6]，居民與政府的關係發生了根本性變化。

　　「從統治走向治理」，「多一些治理，少一些統治」，被認為是二十一世紀世界政治變革的重要特徵。[7] 1999 年 12 月 20 日澳門回歸後，政治架構的變化恰恰符合了這種發展趨勢。一方面，澳門結束了葡萄牙的殖民統治，憲法基本法為本地居民實行當家做主提供了堅實的憲制基礎，居民政治參與意識高漲。另一方面，澳門回歸後經濟急劇發展和社會變化，打破了以往這個微型城市的寧靜，原有的社會秩序進一步重構。澳門的人口進一步增長[8]，其構成日趨複雜，外勞比例增大，而流動人口超規模增長，民生問題進一步突出，一些深層次問題和利益分配問題日益浮現，制度建設的重要性日益突出，街頭運動

---

5 葡萄牙有些學者，如簡能思（Vitalino Canas）認為，葡萄牙對澳門的管治不是建立在民主正當性的基礎上，而是建立在歷史正當性的基礎上。見簡能思：《政治學研究初階》，馮文莊、黃顯輝譯，法律翻譯辦公室、澳門大學法學院出版，1997 年，第 267-270 頁。實際上恰恰相反。殖民統治缺乏任何歷史正當性。行政長官由澳門當地通過選舉或協商產生後報中央人民政府任命，才體現了民主正當性和歷史正當性的統一。王禹：《特別行政區及其制度研究》，澳門學者同盟，2013 年，第 204 頁。

6 澳門基本法第 3 條和第 47 條。

7 《「多一些治理，少一些管制」—— 專訪中共中央編譯局副局長俞可平》，載《中國新聞週刊》，2014 年 3 月 12 日。

8 可參考婁勝華、潘冠瑾、林媛：《新秩序：澳門社會法理研究》，社會科學文獻出版社，2009 年，第 10-14 頁。

一度時有發生，政治力量日趨多元化。這在客觀上要求在澳門特別行政區在「一國兩制」、「澳人治澳」和高度自治的框架下探索和建立一套適合本地實際情況的治理體系，並進一步推進治理體系和治理能力的現代化。

二、「一國兩制」、「澳人治澳」和高度自治是澳門特別行政區治理的基本原則

澳門特別行政區治理體系的基本原則就是「一國兩制」、「澳人治澳」和高度自治。

「一國兩制」是指我國在解決澳門問題以後，從實際出發，考慮到澳門的歷史和現實情況，允許其保持原有的資本主義制度和生活方式五十年不變。「一國」是指「一個國家」，即中華人民共和國，「兩制」是指「兩種制度」，即社會主義與資本主義。「一國兩制」是一個完整的概念：（1）「一國」是「兩制」的前提和基礎，「兩制」從屬於「一國」，派生於「一國」並統一於「一國」。（2）在「一國」之下，「兩制」並非等量齊觀，社會主義是主體，資本主義是局部，我國憲法明確規定中華人民共和國的根本制度是社會主義制度。（3）「兩制」和平相處，共同發展，社會主義和資本主義互相借鑒，取長補短。

「澳人治澳」是指澳門問題解決以後，由澳門當地居民自行管理其高度自治範圍內的事務。其內涵包括：（1）行政機關和立法機關由當地永久性居民依法組成，永久性居民依法享有選舉權和被選舉權，行政長官在當地通過選舉或協商後由中央人民政府任命。（2）「澳人治澳」是有界限和標準的，這就是必須由愛國者為主體的「澳人」來治

理澳門。愛國是對治澳者主體的基本政治要求。[9] 澳門基本法還明確規定行政長官、政府主要官員、立法會主席、終審法院院長和檢察長在就職時必須宣誓效忠中華人民共和國。[10]（3）「澳人」不僅是指澳門永久性居民，而且還包括非永久性居民。參與治理的形式除了選舉外，還包括提出意見和建議、民主諮詢、表達自由等各種形式。（4）「澳人治澳」不能排斥中央對澳門的管治權力。

高度自治是指我國在特別行政區實行的自治，不僅比我國民族自治地方的自治要大而廣泛，而且比西方許多國家實行的地方自治也要大而廣泛，甚至在某些方面還超過了聯邦制成員國的權力。其內涵包括：（1）高度自治必須在我國單一制國家形式下行使，是單一制下的地方自治；（2）高度自治不是「完全自治」，也不是「最大限度的自治」，其範圍由基本法予以確定；（3）高度自治並非澳門特別行政區本身所固有，而是來自於中央的授權，高度自治權不否定中央對澳門的全面管治權力。

在理解這三個基本原則的時候，還要準確理解「五十年不變」的內涵。「五十年不變」，不僅是指澳門原有的資本主義制度和生活方式長期不變，還包括國家主體實行的社會主義制度長期不變的意思，不僅包括五十年之內不能變，而且還包括五十年以後不需要變的意思。「五十年不變」不是指澳門原有制度一些不符合社會發展要求的部分可以永遠不變，而是指中央不會主動變更「一國兩制」、「澳人治澳」和高度自治這些基本方針政策。

9　《「一國兩制」在香港特別行政區的實踐》白皮書（2014 年 6 月）寫到：「愛國是對治港者主體的基本政治要求。」這句論斷也適用於澳門特別行政區。

10　澳門基本法第 102 條。

三、澳門特別行政區治理的體系構成

　　澳門回歸，意味著重新納入我國統一的國家治理體系。澳門特別行政區的治理是我國整個國家治理的一個組成部分。治理不能簡單地理解成管理，「治理在內涵上比管理更廣泛，參與共同治理的主體更多元」，「治理既包括各方面的科學管理，也包括法治、德治、自治、共治等內涵」。[11] 一個國家或地區的治理體系，是在這個國家或地區的歷史傳承、文化傳統、經濟社會的基礎上長期發展、漸進改進和內在演化的結果。[12] 國家整體與國家組成部分的關係是國家治理的基礎環節，也是決定國家治理特點的重要因素。聯邦制國家聯邦與屬邦的縱向權力結構是一種分權協作型的結構，聯邦和屬邦政府的關係是相互依賴、相互合作的關係。而在單一制國家，中央與地方則不存在主權的權力分享關係，主權由全國性政府獨佔，地方政府所行使的權力是中央政府所授予的權力。[13]

　　我國憲法第 31 條規定，「國家在必要時得設立特別行政區。在特別行政區內實行的制度按照具體情況由全國人民代表大會以法律規定」，第 62 條第（十三）項規定全國人民代表大會「決定特別行政區的設立及其制度」。澳門基本法序言第 3 段規定，「根據中華人民共和國憲法，全國人民代表大會特制定中華人民共和國澳門特別行政區基本法，規定澳門特別行政區實行的制度，以保障國家對澳門的基

11　盧崇勝、唐皇鳳：《第五個現代化：國家治理體系和治理能力現代化》，湖北人民出版社，2015 年，第 2 頁。

12　習近平：《推進國家治理體系和治理能力現代化》，2014 年 2 月 17 日在省部級主要領導幹部學習貫徹十八屆三中全會精神全面深化改革專題研討班開班儀式上的講話。

13　王禹、沈然：《澳門特別行政區治理模式研究》，社會科學文獻出版社，2020 年，第 6 頁。

本方針政策的實施」。澳門基本法第 11 條規定,「根據中華人民共和國憲法第三十一條,澳門特別行政區的制度和政策,包括社會、經濟制度,有關保障居民的基本權利和自由的制度,行政管理、立法和司法方面制度,以及有關政策,均以本法的規定為依據。澳門特別行政區的任何法律、法令、行政法規和其他規範性文件均不得同本法相抵觸」。這就說明,由憲法和基本法規定的特別行政區制度是「國家對某些區域採取得特殊管理制度」[14],是國家在單一制下對澳門恢復行使主權的制度載體。在推進澳門特別行政區治理體系現代化的過程中,應當在特別行政區制度這個系統裏,推進制度建設,提高治理能力,使得其中各項具體制度既各有分工、互不衝突又相互聯繫、協調配合,共同發揮作用。

作為一個整體和系統,澳門特別行政區治理體系的結構組成包括以下三個層次:(1)中央管治權和特區管治權的有機結合;(2)特區內部行政、立法與司法在政治體制裏的有效運作;(3)特區管治團隊和社會公眾參與的有力配合。

中央管治權和特區管治權的有機結合,是澳門特別行政區治理體系的第一個層次。這個層次是指中央的權力和澳門特別行政區的高度自治權是統一和相輔相成的,不能將兩者截然對立起來,更不能將中央的權力視為是干擾特別行政區運作的外在權力。在推進澳門特別行政區治理體系現代化的進程中,需要進一步加強中央管治權和特區管治權的有機結合。這就需要進一步落實好中央管治特別行政區的制度和機制,使中央和特別行政區的關係切實納入法制化、規範化軌道運

---

14 《「一國兩制」在香港特別行政區的實踐》白皮書,2014 年 6 月 10 日國務院新聞辦公室發表。

行。這裏要注意兩個方面的問題：（1）管治機制的「解凍」，及（2）管治機制的「配套」。

所謂管治機制的「解凍」，是指澳門基本法已經規定了中央某一方面的管治權力，但久不使用，管治機制處於「休眠」狀態。如澳門基本法第 17 條規定立法會制定的法律須報全國人大常委會備案，全國人大常委會若認為該法律不符合基本法關於中央管理的事務及中央和澳門特別行政區關係的條款，可將法律發回使其立即失效，然而澳門回歸以來，全國人大常委會至今沒有發回過一個立法會法律，第 17 條規定的發回審查機制沒有動用過。這就需要給這個機制「解凍」，使基本法條文復活，只有將制度運行起來，才能知道制度運行的意義、特點和不足，才能進一步加強制度建設。

所謂管治機制的「配套」，是指澳門基本法已經規定了中央某一方面的管治權力，但缺乏進一步機制予以落實，管治機制處於「失語」狀態。如澳門基本法第 45 條規定行政長官必須向中央人民政府負責。但如何負責，缺乏進一步的機制落實，這就尤其需要進一步建設和完善行政長官向中央政府述職和報告重要事項的制度、中央人民政府任命行政長官和政府主要官員的制度 [15]，中央人民政府向行政長官發出指令的制度以及行政長官執行中央指令的制度，等等。

特區內部行政、立法與司法在政治體制裏的有效運作，是澳門特別行政區治理體系的第二個層次。澳門回歸前實行總督制，澳門回歸後，澳門基本法重新設計了一套政治體制。這套政治體制以行政長官為核心。我們通常將澳門特別行政區的政治體制稱為行政主導的政治體制，其實質就是指行政長官制。在行政長官制下，澳門基本法規定

15　張曉明：《豐富「一國兩制」實踐》，學習貫徹十八大精神輔導文章。

了行政、立法和司法機關的組成、職權及其互相關係。

行政長官制與總督制的區別在於：（1）總督僅對葡萄牙負責，而行政長官既要對中央人民政府負責。也要對澳門特別行政區負責；（2）總督由葡萄牙總統委任，而行政長官在澳門當地通過選舉或協商產生以後，報中央人民政府任命；（3）總督大權獨攬，不僅行使行政權，而且還行使立法權，而澳門基本法不再規定行政長官享有立法權，行政長官制定並頒佈執行的行政法規低於立法會通過的法律。

澳門特區內部行政、立法與司法在政治體制裏的有效運作，就要進一步加強特區政權自身建設，加強行政長官制的制度建設。應當既要做到行政主導，也要做到行政與立法互相配合又互相制約，司法獨立。應當進一步確立單軌立法體制，發揮立法會的立法功能和監督功能，發揮行政會的行政與立法互相配合及協助行政長官決策的功能。應當進一步加大法律改革和法制建設的力度，改革公共行政授權體制，為精兵簡政做好制度鋪墊，提高行政效率，提高行政的執行能力。

特區管治團隊與社會公眾參與的有力配合，是澳門特別行政區治理體系的第三個層次。西方興起的治理理論，強調不以傳統的權威管治和強制支配為基礎，而是強調多元主體在一定範圍內對公共事務的協同管理，即通過國家與社會、政府與非政府組織、公共機構與非公共機構的合作、協商和互動處理公共事務，從而使得相互衝突或各種不同利益得以調和，形成治理的良性循環。**16**

這首先就需要改變傳統的官民對立思維。澳門回歸恰恰提供了這

---

16 有關治理理論和傳統國家管治理論的區別，可參閱俞可平：《治理與善治》，社會科學文獻出版社，2000 年；陳廣勝：《走向善治》，浙江大學出版社，2007 年；羅豪才等著《軟法與協商民主》，北京大學出版社，2007 年；等等。

樣的憲制基礎。政府應當進一步轉變思維和觀念，進一步消除葡萄牙殖民觀念留下來的消極影響，提升公務人員素質，加強廉政建設。葡萄牙作為殖民管治者，其遺留下來的許多制度難以避免地帶有傳統的管治模式，即政治權威以殖民征服者的面目出現，以強制管治和全面管控為主要特徵。應當以一種新的原則和精神，即憲法、基本法確立的原則和精神，注入舊的制度系統，進而改革其制度，帶動制度創新。

「澳人治澳」，不是指少數幾個「澳人」治理澳門，而是全體澳門居民都參與治理澳門。全體澳門居民都應當有這樣的責任感。這就需要參與治理的居民具有明確的現代法治觀念，自主平等、民主協商和有所承擔的觀念。[17] 應當鼓勵居民積極參與社會，理性討論公共事務。一方面政府要加強諮詢工作，尊重社會民意，另一方面，居民應當以合法、和平的方式進行意見表達，不僅要表達批評性意見，也要表達建設性意見，應當「有破有立」。

四、國家認同是推進澳門特區治理體系現代化的根本前提

在當代世界，無論是採用何種政體或政治體制，「國家是人民的國家」是一個基本共識，因此一個國家能否得到其公民的認同是關乎國家命運的重要因素，影響著一個國家的經濟發展、社會和諧和政治

---

17 婁勝華、潘冠瑾、林媛：《新秩序：澳門社會治理研究》，社會科學文獻出版社，2009 年，第 148 頁。

穩定。[18] 國家認同是公民對自己所歸屬的國家的認知、評價和情感，是「個人對國家的政治權威、政治制度、政治價值和政治過程等方面的理解、贊同、支持和追隨」，是「公民對自己祖國的歷史文化傳統、道德價值觀、理想信念、國家主權等的認同」。[19] 我國在澳門特別行政區實行「一國兩制」、「澳人治澳」和高度自治，由於實行與內地截然不同的社會制度和意識形態，特別行政區享有行政管理權、立法權、獨立的司法權和終審權，因此在中央與特別行政區的關係上，如果沒有一個牢固而深厚的國家認同：（1）中央管治權和特區管治權就不能有效結合，反而可能出現斷裂；（2）各種分離或獨立的思想就容易滋生，從而造成社會撕裂和族群對決；（3）政府管治出現危機，行政長官既向中央負責又向特區負責就會出現矛盾對立的困境。在這些情況下，特別行政區實踐「一國兩制」就會受到挫折，治理體系的現代化問題也無從談起。因此，國家認同是推進澳門特別行政區治理體系現代化的根本前提。

國家認同是「個人一種主觀的或內在化的、屬於某個國家（民族）的感受」[20]，是公民對所在國家的歸屬感、認同感與自豪感。影響國家認同的因素有很多，其中主要包括國家在國際環境中的地位與狀態、國家的族群結構、宗教分佈、文化觀念、受教育程度與人口年齡結構

---

18 胡淑佳：《共同價值建設與國家認同 —— 基於三個國家的比較研究》，載陳明明、任勇：《國家治理現代化：理念、制度與實踐》，中央編譯出版社，2016 年，第 133 頁。

19 解志蘋、吳開松：《全球化背景下國家認同的重塑 —— 基於地域認同、民族認同、國家認同的良性互動》，載《青海研究》2009 年第 4 期。

20 Leonie Huddy and Nadia Khatib, "American Patriotism, National Identity, and Political Involvement", *American Journal of Political Science*, Vol.51, No.1, 2007, p. 65.

等。²¹ 增強國家認同感的手段是多種多樣的，改善國家政治經濟狀況、處理好民族問題、發展民族文化、建構共用價值等都是建構國家認同的方式和路徑。²² 在建立國家認同的問題上，尤其在特別行政區需要注意以下幾個方面：（1）正確認識社會主義和資本主義兩種意識形態；（2）正確處理中央和特別行政區的關係；（3）進一步宣傳中國憲法，樹立憲法權威。

正確認識社會主義和資本主義兩種意識形態，應先心平氣和地理解兩種意識形態形成的歷史根源和現實基礎。我國憲法明確規定社會主義制度是我國的根本制度。²³ 馬克思列寧筆下的傳統社會主義是以消滅資本主義為歷史使命，二戰以後，形成了社會主義與資本主義兩個國際陣營，長期處於冷戰狀態。1982 年我國重新制定了憲法，並經過多次修改，提出了我國將長期處於社會主義初級階段的論斷，並將建設中國特色社會主義理論寫進憲法序言。與馬克思列寧時代相比，當今世界上的社會主義與資本主義，各自經過自己的探索和改革，已經發生了極大的變化，這就為這兩種原來根本對立的社會制度和意識形態的和平共處提供了可能性。因此，正確認識「一國兩制」下的社會主義和資本主義兩種意識形態，就要摒棄冷戰思維²⁴，應當認識到內地的社會主義和澳門的資本主義都是歷史形成的，都是服務於國家建設

21　胡淑佳：《共同價值建設與國家認同 —— 基於三個國家的比較研究》，載陳明明、任勇：《國家治理現代化：理念、制度與實踐》，中央編譯出版社，2016 年，第 137 頁。

22　胡淑佳：《共同價值建設與國家認同 —— 基於三個國家的比較研究》，載陳明明、任勇：《國家治理現代化：理念、制度與實踐》，中央編譯出版社，2016 年，第 138 頁。

23　中國憲法第 1 條第 2 款規定，「社會主義制度是中華人民共和國的根本制度。中國共產黨領導是中國特色社會主義最本質的特徵。禁止任何組織或者個人破壞社會主義制度」。

24　李飛：《深入貫徹實施基本法開創澳門發展新局面》，2012 年 12 月 8 日在澳門基本法推廣協會上的講座。

與發展的總體目標，即建設一個現代化中國和實現中華民族偉大復興的事業。[25] 既認識到社會主義的優點和缺點，也認識到資本主義的優點和缺點，兩者取長補短，互相尊重，在「一國」之下實行「兩制」的優勢互補。

正確處理中央和特別行政區的關係，是指必須從單一制下的授權與被授權的角度來理解兩者關係，而不能從聯邦制的角度來理解。特別行政區的權力來自單一制國家的授權，被授權者只能在授權的範圍內行使權力，授權者對被授權者還享有監督的權力。澳門特別行政區的高度自治只是一種地方自治的權力，其行政管理權、立法權和獨立的司法權和終審權，都僅僅限於處理本地方內部事務，澳門特別行政區的任何機構都不能質疑中央依照憲法和基本法處理有關事務的合法性。澳門基本法第 19 條就明確規定澳門特別行政區法院對國防、外交等國家行為無管轄權。[26] 這裏的國家是指中華人民共和國，這裏的國家行為是指中華人民共和國的行為，是指中華人民共和國對澳門恢復行使主權而作為的行為。對於這些行為，澳門特別行政區的任何政權機關，包括澳門特別行政區法院在內，既不能判斷其合法性，更不能拒絕執行。

國家認同在法制上的表現就是憲法的認同、尊重和遵守。憲法規定了我國的國家性質、根本制度和根本任務，反映了全國各族人民的共同意志和根本利益。這是我國新的歷史時期治國安邦的總章程。1982 年憲法實施以來，已經經過 1988 年、1993 年、1999 年和 2004

---

25 李飛：《深入貫徹實施基本法開創澳門發展新局面》，2012 年 12 月 8 日在澳門基本法推廣協會上的講座。

26 澳門基本法第 45 條、第 50（十二）項、第 17 條和第 19 條等。

年四次修正，充分總結了我國社會主義發展和建設現代化國家的豐富經驗。2018 年我國對憲法又作了進一步修改，現在共有 52 條憲法修正案。新修改的憲法序言明確將「建設富強民主文明和諧美麗的社會主義現代化強國、實現中華民族偉大復興」作為國家的奮鬥目標，而「一國兩制」已經成為我國實行「中華民族偉大復興」的重要組成部分。澳門基本法就是根據憲法制定的，憲法和基本法共同構成了澳門特別行政區的憲制基礎。應當在澳門特別行政區進一步宣傳中國憲法，樹立中國憲法在特別行政區的權威。

五、制度建設是推進澳門特區治理體系現代化的關鍵環節

所謂制度建設，是指制定制度、執行制度並在實踐中檢驗和完善制度的過程。[27] 制度建設是社會進步的前提和保障，也是推進澳門特別行政區治理體系現代化的關鍵環節。制度建設是兩方面的，既要加強有關中央對澳門特別行政區行使管治權的制度建設，也要加強澳門特別行政區內部的制度建設。

澳門基本法規定原有法律和制度基本不變[28]，然而這些制度和法律是建立在葡萄牙憲法和澳門組織章程之上，與澳門基本法的有關規定

---

[27] 楊錫森：《論加強制度建設的重要性》，見 http://www.sipo.gov.cn/dtxx/gn/2009/200904/P020090409517431581921.htm。

[28] 澳門基本法第 23 條規定，「澳門特別行政區應自行立法禁止任何叛國、分裂國家、煽動叛亂、顛覆中央人民政府及竊取國家機密的行為，禁止外國的政治性組織或團體在澳門特別行政區進行政治活動，禁止澳門特別行政區的政治性組織或團體與外國的政治性組織或團體建立聯繫」。

及其精神並不完全一致。澳門回歸後，法律改革和公共行政改革成為社會長期關注的焦點，有關制度建設的缺失問題顯得尤為突出，包括制度建設空白、制度建設滯後、制度建設失當、制度建設不力等問題。

第一，應當根據澳門基本法的有關規定，落實相關制度建設。澳門基本法是澳門特別行政區的立法基礎，澳門特別行政區內部的制度和政策都以基本法為依據。澳門基本法本身就提出了制定有關法律和改進原有制度的要求。如澳門基本法第23條規定澳門特別行政區應自行立法維護國家安全，如第100條提出得根據澳門社會的發展改進澳門原有的公務制度，等等。

第二，應當根據澳門基本法的有關規定，改革澳門回歸前繼續保留下來的一些已經不合時宜的原有制度，或者重新制定與澳門特別行政區制度相適應的新法律。如澳門回歸後長期沿用第41/83/M號法令《訂定有關本地區總預算及公共會計之編制及執行，管理及業務賬目之編制以及公共行政方面財政業務之稽查規則》，即通常所說的《預算綱要法》，歷時三十多年，有關制度規範散亂，有必要遵守澳門基本法所規定的量入為出原則，遵從收支平衡及於本地生產總值增長率相適應的要求，重新制定一部新的《財政預算法》。2017年澳門立法會通過了15/2017號法律《預算綱要法》，2018年行政長官頒佈了第2/2018號行政法規《預算綱要法施行細則》。

第三，對於已經根據澳門基本法建立起來的制度，應當在實踐中予以觀察、總結和檢討，進一步完善相關制度。如諮詢是政府吸收社會公眾參與決策形成的重要機制。澳門基本法第66條規定行政機關可以根據需要設立諮詢組織，特區政府自行政長官以下，建立了多個諮詢機構，並頒佈了第224/2011號行政長官批示《公共政策諮詢規範性指引》。可以通過檢討諮詢制度的具體運作過程，最大限度地發揮諮

詢功效。

第四，對於「一國兩制」實踐過程中出現的新情況、新機制，及時予以總結，創設新的制度載體。如可與內地探索建立進一步提升食品安全、環境保護等民生領域的合作機制，與內地建立更緊密的警務合作機制，等等。尤其是 2019 年 2 月 18 日《粵港澳大灣區發展規劃綱要》印發出台後，更應進一步發揮好「一國兩制」的優勢，努力突破目前區域合作中存在的體制機制障礙及各種有形無形的壁壘，推動體制機制創新，做好政策協調和規劃銜接。2021 年 9 月 5 日《橫琴粵澳深度合作區建設總體方案》發佈，粵澳雙方在橫琴建立「共商共建共管共享」體制，更是提出了制度創新和制度建設的重要性。

六、進一步推進澳門特別行政區治理體系和治理能力現代化

澳門特別行政區治理的基本原則是「一國兩制」、「澳人治澳」和高度自治。治理的方向是進一步完善特別行政區制度。國家認同是推進澳門特區治理體系現代化的根本前提，制度建設是進一步推進澳門特別行政區治理體系現代化的關鍵環節。要在特別行政區制度的整個宏觀系統中考察制度運行狀況和推進制度建設，發揮制度建設的整體功能。

進一步加強中央在澳門特別行政區的管治權威、管治權力和管治能力。中央管治的權力應當在法制化、規範化和常態化的軌道上運作。在此應當進一步將基本法裏已經規定有關中央行使管治權的制度和機制落實好和建設好，也應當進一步宣傳中國憲法和中國憲法理論，在澳門特別行政區樹立憲法權威。做到依法施政和科學施政，維

護好和建設好憲法和基本法共同確定的憲制秩序。

　　行政長官在澳門特別行政區治理體系的地位和角色應當進一步予以強化，不僅要強化行政長官對中央人民政府負責的力度，也要強化行政長官對澳門特別行政區負責的力度。這就需要進一步加強行政長官制的制度建設。政制發展、制度建設和機制創新，要圍繞著行政長官制這一地方政權的組織形式而展開。

　　治理體系和治理能力相輔相成。不僅要推進澳門特別行政區治理體系的現代化，而且也要推進澳門特別行政區治理能力的現代化。不僅要提高中央對澳門特別行政區的治理能力，而且也要提高澳門特別行政區管治團隊的治理能力，還要提高澳門社會各界和社會公眾參與公共事務的能力。這就需要從各個方面培養人才，從治理的基本原則出發，更新治理理念和管治隊伍。人才培養是推進澳門特區治理能力現代化的核心要素，也是推進澳門特別行政區治理體系現代化的必要舉措。

　　（原文《澳門特別行政區治理體系現代化的若干思考》，發表在 2014 年 9 月 27 日中國法學會、澳門基本法推廣協會、香港基本法澳門基本法研究會在澳門共同主辦的 2014 年兩岸四地法治發展青年論壇上，收入本書時有修改）

第三章

澳門特別行政區法律體系
建設的成就與展望

一、澳門過渡期內法律本地化工作的回顧與總結

　　1987 年 4 月 13 日中葡聯合聲明簽署後，澳門進入了過渡期。過渡是指將澳門從葡萄牙管治狀態下，順利轉變為我國單一制國家結構形式下的特別行政區。澳門過渡期內的頭等大事，就是做好充分的準備，實現政權的順利交接和平穩過渡。為此，中國政府結合澳門當時的社會現狀，提出了公務員本地化、中文官方化和法律本地化三大問題，並希望葡方在其管治期內予以配合。

　　法律本地化有狹義和廣義之分。狹義的法律本地化，是指將葡萄牙立法機關制定的法律，通過澳門當地立法機關的立法程序，轉換為本地原有法律，即所謂的法律「過戶」，從而可以根據澳門基本法第 8 條規定，得以在澳門回歸後繼續保留適用。廣義的法律本地化，不僅通過立法程須將葡萄牙法律轉化，而要根據澳門的實際情況進行必要的清理和修訂，以及翻譯和推廣，使其成為真正植根於澳門本地的法律。[1] 這場法律本地化運動，主要在法律清理、法律翻譯、法律修訂和法律「過戶」方面展開。[2]

　　法律清理是法律本地化的前提。1994 年，澳葡政府立法事務辦公室對 1910 年以來的法規依編年順序和主要類別作了清理，並列出了一

個總數為 1,734 個由葡萄牙延伸於澳門的法律法規的清單，初步摸清了需法律本地化的法規的範圍。[3] 其中有約束力的法律法規有 1,623 項。考慮到其中有些年代久遠，有些根本不適合澳門的實際需要，當時估計需要本地化的法律有 265 項，且有可能增加到 300 項左右。[4] 1997年，葡澳政府提出了 1976 年澳門組織章程生效以來截至 1997 年底澳門總督和立法會制定的現仍有效或部分有效的法律和法令初步清單，其中法律有 90 個完全生效、45 個僅部分生效，而法令有 588 個完全生效、158 個僅部分生效。1999 年 10 月 31 日全國人大常委會根據澳門基本法中的「原有法律基本不變」的精神，對澳門原有的法律進行了審查，作出了《關於根據〈中華人民共和國澳門特別行政區基本法〉第 145 條處理澳門原有法律的決定》。根據這個決定，在近 900 個原有的法律和法令中，廢除了 25 個法律和法令，其餘的近 875 個法律和法令，被自動採納為澳門特別行政區的法律而繼續生效。

法律翻譯是法律「過戶」的必要前提。法律翻譯主要包括三個方面的工作：（1）將需要「過戶」的葡萄牙本土法律如五大法典的草案文本譯成中文，以便交與中方審查和磋商；（2）對新制定的澳門本地法律進行翻譯，隨同葡文本一起在《澳門政府公報》上刊登；（3）對此前的澳門本地法律進行翻譯，並將中文譯本陸續刊登在《澳門政府公報》上。法律翻譯取得一定成果，由於法律翻譯的量太大，以及缺乏法律翻譯人才等，法律翻譯也存在不少問題：大量的訓令和批示來不及翻譯，即便是法律和法令，至 1999 年 12 月 20 日澳門回歸仍有 70 多個尚無中文譯本，法律翻譯的質量也不盡人意，譯文費解的情況

3　華荔：《澳門法律本地化歷程》，澳門基金會，2000 年，第 70 頁。

4　王禹：《授權與自治》，濠江法律學社，2008 年，第 1-2 頁。

比比皆是。[5]

　　法律「過戶」是法律本地化的中心任務。1995 年實現了《刑法典》的本地化，1996 年實現了《刑事訴訟法典》的本地化，1999 年實現了《民法典》、《民事訴訟法典》和《刑事訴訟法典》的本地化。其中重要的法律如《物業登記法典》、《商業登記法典》和《公證法典》也是在 1999 年實現本地化。[6]

　　法律本地化的狹義內涵是立法程序本地化，應該說，如果從整體上審視，基本上是完成了這個歷史任務，為澳門的平穩過渡和順利回歸奠定了至為重要的法制基礎。但是，就工作本身而言，明顯的問題就是進展緩慢、成果倉促，真正有作為的、大規模的本地化工作，是遲至 90 年代中後期甚至是回歸前夕才進行的。[7] 而廣義上的法律本地化並沒有徹底完成。這就成為澳門特別行政區成立以後法律改革和法制建設的任務。[8]

5　劉高龍、趙國強：《澳門法律新論》，澳門基金會，2005 年，第 9-10 頁。

6　劉高龍、趙國強：《澳門法律新論》，澳門基金會，2005 年，第 8 頁。

7　見何志輝：《法律本地化之回顧與反思》，載澳門法律改革與法制建設學術研討會論文集，澳門科技大學法學院，2010 年 3 月 19-20 日。

8　參考楊允中、王禹等：《澳門特別行政區法律體系研究》，澳門理工學院一國兩制研究中心，2015 年，最後一章。

二、澳門回歸以來法律體系建設的成就

（一）特區立法工作的順利啟動

澳門特別行政區法律體系是在回歸前澳葡政府的法律體系的基礎上延續下來的。然而，澳門回歸中國，法律體系的憲制基礎發生了根本性變化，中國憲法取代了葡萄牙憲法，澳門基本法取代了澳門組織章程，整個政治體制由原來的總督制轉變到行政長官制。為了保證政權順利交接和澳門特別行政區自回歸之日起順利運作，就必須在回歸前草擬並提出成立澳門特別行政區的必備法案，並在回歸當天凌晨通過。因此，必須在 1999 年 12 月 20 日前開展相關工作，並草擬有關必備的法律。[9] 這些必備的立法工作：（1）必須確保「一國兩制」方針，尤其是國家主權原則在本地立法上得到充分體現；（2）必須確保行政機關、立法機關和司法機關能夠順利運作；（3）必須確保與居民切身利益直接相關的重大事項的順利解決，尤其是永久性居民制度及國籍、護照、旅行證件等事宜；（4）必須充分考慮到原有法律的特點和時間緊迫、人手不足等實際情況的制約。[10] 這些必備的第一批法律和行政法規，包括 11 個法律和 12 個行政法規。這就是我們通常所說的「午夜立法」。「午夜立法」保證了政權的順利交接，開啟了澳門特別

9　見《全國人民代表大會澳門特別行政區籌備委員會關於澳門特別行政區第一屆立法會在 1999 年 12 月 19 日前開展工作的決定》，該決定指出，澳門特別行政區第一屆立法會在其全部議員產生後，在 1999 年 12 月 19 日前開展工作：互選產生立法會主席和副主席；制定立法會議事規則；審議在澳門特別行政區成立時須予通過的必備法案等，以確保澳門特別行政區自 1999 年 12 月 20 日開始順利運作。

10　趙向陽：《澳門特區立法十年述評》，載《一國兩制研究》第 1 期，2009 年 7 月。

行政區法律體系建設的新征程。

　　第一批法律包括：第 1/1999 號法律《回歸法》、第 2/1999 號法律《政府組織綱要法》、第 3/1999 號法律《法規的公佈與格式》、第 4/1999 號法律《就職宣誓法》、第 5/1999 號法律《國旗、國徽及國歌的使用及保護》、第 6/1999 號法律《區旗及區徽的使用及保護》、第 7/1999 號法律《澳門特別行政區居民辦理國籍申請的具體規定》、第 8/1999 號法律《澳門特別行政區永久性居民及居留權法律》、第 9/1999 號法律《司法組織綱要法》、第 10/1999 號法律《司法官通則》、第 11/1999 號法律《審計署組織法》。第一批行政法規包括：第 1/1999 號行政法規《行政會委員通則》、第 2/1999 號行政法規《行政會章程》、第 3/1999 號行政法規《關於國旗、國徽及區旗、區徽的懸掛及展示》、第 4/1999 號行政法規《公元 2000 年公眾假日安排》、第 5/1999 號行政法規《1999 年 12 月 20 日至 31 日公眾假日安排》、第 6/1999 號行政法規《政府部門及實體的組織、職權與運作》、第 7/1999 號行政法規《澳門特別行政區居留權證明書發出規章》、第 8/1999 號行政法規《審計署部門的組織與運作》、第 9/1999 號行政法規《澳門特別行政區旅行證件簽發規章》、第 10/1999 號行政法規《澳門居民往來香港特別行政區旅遊證簽發規章》、第 11/1999 號行政法規《入境、逗留及定居的一般制度的若干修改》[11] 及第 12/1999 號行政

11　該行政法規僅修改了 10 月 31 日第 55/95/M 號法令《修正及更新入境、逗留及在澳門定居之一般制度》第 11 條第四項，其中將「持有由歐洲聯盟成員國或《申根協定》成員國簽發的護照的成員國國民，得在澳門逗留最多九十日」修改為：「持有由葡萄牙當局簽發的護照的葡萄牙公民，得在澳門逗留最多九十日」。2003 年立法會通過了第 4/2003 號法律《入境、逗留及居留許可制度的一般原則》，廢止了第 11/1999 號行政法規《入境、逗留及定居的一般制度的若干修改》。

法規《政府總部輔助部門通則》。

（二）單軌立法體制的明確形成

澳門回歸前實行雙軌立法體制。澳門組織章程第 5 條規定，「立法
職能由立法會及總督行使」：（1）總督以制定並公佈執行法令的形式行
使立法職能，「其立法範圍包括所有未保留予共和國主權機關或立法會
的事宜，但不得違反第 31 條之規定」；（2）立法會以制定法律行使立
法職能，並由總督頒佈，其立法範圍包括：a）具專屬權限且不可授予
總督的立法事宜：立法會選舉制度和制定議員章程；b）雖是立法會的
專屬權限，但可以許可總督立法的方式轉授此類專屬立法權限，其內
容涉及八個方面；c）立法會和總督皆可進行立法的競合權限，內容涉
及十二個方面；（3）總督在解散立法會後，立法會的立法權亦由總督
行使。這種雙軌立法體制在總督制政治體制下運作，總督的立法權相
對於立法會的立法權，處於主導地位。1999 年 12 月 20 日澳門基本法
取代澳門組織章程開始實施，立法體制帶來了重大變化。澳門基本法
第 67 條規定澳門特別行政區立法會是澳門特別行政區的立法機關，第
71 條規定澳門特別行政區立法會制定、修改、暫停實施和廢除法律。
因此，立法會是澳門特別行政區的唯一立法機關，享有完整的立法
權，行政長官不再享有立法權，行政長官制定的行政法規不屬於狹義
法律的範疇，澳門回歸前的「雙軌立法」體制轉變為「單軌立法」體制。

2009 年澳門立法會制定了第 13/2009 號法律《關於訂定內部規範
的法律制度》，規定立法會行使《澳門特別行政區基本法》賦予的職
權，有權就澳門特別行政區自治範圍內的任何事宜制定、修改、暫停
實施和廢除法律，同時保留了十九項必須以法律形式予以規範的事項

範疇。該法將行政長官制定的行政法規分為補充性行政法規和獨立行政法規，法律優於補充性行政法規和獨立行政法規。該法明確了澳門特別行政區立法體制中的若干重要內容，特別明確了法律和行政法規間的適用權限劃分和位階效力規則，初步形成了有效運作的單軌立法體制。

（三）原有法律清理的持續推進

澳門回歸前原有法律的法律形式多樣，有法律、法令、訓令、批示和其他規範性文件，有些法律不僅沒有中文譯本，而且歷時久遠，遠在 1976 年前澳門組織章程頒佈前制定，法律的效力狀況模糊不清。法律清理是法律體系建設的基礎。澳門原有法律清理及適應化更是澳門特別行政區法律改革和法制建設的基礎性工作。

第 1/1999 號法律《回歸法》明確規定「採用為澳門特別行政區法規的澳門原有法規，自 1999 年 12 月 20 日起，在適用時，應作出必要的變更、適應、限制或例外，以符合中華人民共和國對澳門恢復行使主權後澳門的地位和《澳門特別行政區基本法》的有關規定」，並指出，澳門原有法規中的序言和簽署部分不予保留，不作為澳門特別行政區法規的組成部分。

澳門原有法律的清理和適應化，首先要確定到底有多少澳門原有法律在澳門回歸後繼續有效，因此有必要對目前生效的法規作全面檢討和清理。2013 年，澳門法務局推出了《澳門原有法律生效狀況的分析結果》，對 1976 年至 1999 年 12 月 19 日期間公佈的法律及法令進行了法律清理和技術性分析。根據此份報告，1976 年澳門組織章程頒佈以來至 1999 年 12 月 20 日，有權行使立法權的立法會和總督共頒

佈的 2,123 項法律及法令，至 2013 年 4 月 1 日前，其中涉及經分析整理後，共有 1,455 項屬不生效的原有法律，其中法律 232 項、法令 1,223 項，仍然生效的原有法律 671 項，其中法律 112 項、法令 559 項。[12] 其後，由特區政府法律技術人員與立法會顧問團組成的「原有法律清理及適應化小組」，一致認為有必要通過立法方式，按照先易後難、循序漸進的方式，分兩個階段進行有關的工作。第一個階段主要是確認已被默示廢止及失效的法律及法令的不生效狀況，在第二個階段就會專門針對仍生效的法律、法令作出適應化處理、整合，並提出立法建議。[13]

2016 年 11 月澳門特區政府向立法會提交了《確定 1976 年至 1987 年公佈的若干法律及法令不生效》法律草案。其法案「理由陳述」裏指出，截止 2016 年 9 月 30 日，回歸前公佈的仍生效的法律、法令共有 604 項，當中包括有必要廢除的法律、法令 27 項，而不生效的法律、法令則共有 1,519 項。這 1,519 項包括：（1）根據回歸法的規定不採用為特別行政區法律的；（2）明示廢止的；（3）默示廢止的；（4）失效的法律及法令（分為「因法規本身訂定的生效期間已過而失效」及「非屬因法規本身訂定的生效期間已過而失效的情況的其他失效」）。2016 年 10 月 18 日立法會進行了一般性討論及表決，26 名議員出席並獲 26 票贊成獲得通過。

---

12 「法務局完成清理 2,123 項法令」，見《市民日報》，2012 年 11 月 19 日。據法務局張永春局長介紹，在仍然生效的法律中，共有 278 項可以進行文本整合。他又提到，其餘的 393 項法律，部分法律內容存在與現行法律體系明顯不協調或不一致的情況，需要透過一般修法程序加以完善，部分法規經分析後認為無需作適應化處理。

13 行政會完成討論《確定 1976 年至 1987 年公佈的若干法律及法令不生效》法律草案，見澳門新聞局網站。

（四）落實基本法有關立法

澳門基本法本身對法制建設有明確要求：（1）基本法規定了有些原有法律和制度根據需要予以改進和完善，如澳門基本法第 100 條關於改進公務人員制度的規定，第 115 條規定關於制定勞工政策和完善勞工法律的規定，第 130 條關於改進社會福利的制度等；（2）基本法明確對特區立法提出要求，如第 23 條關於自行立法維護國家安全的規定；（3）有關與特區政權建設相配套的制度，如基本法附件一和附件二提出制定行政長官選舉法和立法會選舉法。

澳門回歸以後，相繼在以上領域落實基本法的有關要求，2009 年制定了第 2/2009 號法律《維護國家安全法》，並多次修正立法會選舉法和行政長官選舉法，落實居民的有關權利，擴大居民的政治參與，並在民生建設方面制定和修改了大量法律。

（五）立法技術的改進

澳門法律體系的立法技術一直受到社會詬病。尤其是法律中文標題的使用較為隨意和混亂、特定法律概念與法律術語的不一致運用，以及法律的語法表達問題存在較多不盡人意處等。2014 年立法會公佈了《在制定立法會規範性文件時應遵從的立法技術形式上的規則》對立法會規範性文件的標識、結構排列、標準內容、內文編寫、條文編寫作出了規範，對規範性文件修改的一般規則、新增條文、現行條文的修改、結構編排的修改作出了明確規定，對法律定義、廢止、重新公佈、生效及產生效力、援引、附件、更正等特定內容闡明了一般性規則，基本上解決了立法會規範性文件的形式技術問題，確保了這些

規範性文件的結構、行文和格式統一，並通過舉例的方式讓有關規則變得更為清晰和易於適用。

（六）以憲法和基本法為核心的法律體系初步形成

　　澳門基本法第 18 條規定，「在澳門特別行政區實行的法律為本法以及本法第八條規定的澳門原有法律和澳門特別行政區立法機關制定的法律」。全國性法律除列於本法附件三者外，不在澳門特別行政區實施，在戰爭狀態或緊急狀態下，中央人民政府可發佈命令將有關全國性法律在澳門特別行政區實施。現在列入澳門基本法附件三的全國性法律共有 12 個：《關於中華人民共和國國都、紀年、國徽、國旗的決議》、《關於中華人民共和國國慶日的決議》、《中華人民共和國國籍法》、《中華人民共和國外交特權與豁免條例》、《中華人民共和國領事特權與豁免條例》、《中華人民共和國國旗法》、《中華人民共和國國徽法》、《中華人民共和國領海及毗連區法》、《中華人民共和國專屬經濟區和大陸架法》、《中華人民共和國澳門特別行政區駐軍法》、《中華人民共和國外國中央銀行財產司法強制措施豁免法》、《中華人民共和國國歌法》。[14] 為了落實這些全國性法律，澳門特別行政區制定了有關國旗國徽的使用及懸掛、國歌演奏以及駐軍用地等方面必要的法律和行

---

14 1993 年 3 月 31 日澳門基本法通過時，列於附件三的全國性法律共有 8 個，1999 年 12 月 20 日澳門回歸當天，增加了 2 個，即《專屬經濟區和大陸架法》和《澳門駐軍法》，2005 年 12 月 27 日增加了《外國中央銀行財產司法強制措施豁免法》，2017 年 11 月 4 日增加了《國歌法》。

政法規。[15]

　　澳門特別行政區法律體系的構成包括：（1）中國憲法和澳門基本法。這是法律體系的統帥和核心，決定法律體系的性質、發展方向和發展前景。（2）原有法律。澳門回歸前的法律除同基本法相抵觸而被廢除外，還有一大批法律經過清理和修訂後繼續使用，其中的民法典、民事訴訟法典、刑法典、刑事訴訟法典和商法典這五大法典，是法律體系的主幹部分。（3）特別行政區制定的新法律。如立法會制定的法律和行政長官制定的行政法規，以及其他規範性文件。（4）在澳門實施的全國性法律，如國旗法、國徽法和駐軍法等 12 部全國性法律在澳門特別行政區實施。（5）在澳門實施的國際公約。（6）終審法院發佈的統一司法見解，以及某些習慣法，也是澳門特別行政區法律的構成淵源。[16]

　　澳門回歸以來，已經形成了以憲法和基本法為核心，以繼續保留的原先民法典、民事訴訟法典、刑法典、刑事訴訟法典和商法典五大法典，以及回歸後新制定的《政府組織綱要法》、《司法組織綱要法》、《行政長官選舉法》和《立法會選舉法》等為主幹、由包括行政法務類、經濟財政類、保安類、社會文化類和運輸工務類等多部門多層次法律組成的法律體系。這個法律體系的初步形成，是澳門回歸以來法律改革和法制建設取得的巨大成果，為下一步依法治澳打下了堅

15　如第 5/1999 號法律《核准國旗、國徽及國歌使用及保護》，第 3/1999 號行政法規《訂定關於國旗、國徽及區旗、區徽的懸掛及展示的規則》等。

16　尤俊意：《試論「一國兩制」視野下的中國特色法律體系》，載《「一國兩制」與澳門法律體系完善（學術研討會論文集）》，澳門理工學院一國兩制研究中心，2013 年，第 26-43 頁。

實基礎。[17]

三、法律體系建設過程中的幾個難點和焦點

（一）關於立法規劃和立法統籌

關於立法規劃和立法統籌，是最近幾年澳門社會比較關注的議題。實際上，統籌立法，可分為兩個層次：一是統籌立法政策和立法規劃；二是統籌法律草擬。前者取決於政治體制，涉及權力歸屬問題；後者是一種職能分工和技術安排，並服從及服務於前者。[18] 2015年，澳門特區政府制定了《集中統籌立法機制內部操作流程指引》，為政府部門申報立法項目的程序、標準、規則提供指引，其流程包括：申報立項、法案草擬、社會諮詢、提交法案、跟進通過等階段。在各個階段，均應有統籌機構發揮統籌作用。該指引就是從狹義上來界定立法統籌的概念的。

行政長官在 2015 年財政年度施政報告中提出，特區法制建設尚未完全配合和適應經濟社會的發展，應全力加強法制建設。2016 年財政年度施政報告就法制建設工作提出了要建立和加強兩個方面的統籌工作機制。一是建立法案起草集中統籌工作機制，另一個是加強中長期立法規劃和年度立法計劃的統籌工作機制。建立這兩個工作機制，既

17　參考楊允中、王禹等：《澳門特別行政區法律體系研究》，澳門理工學院一國兩制研究中心，2015 年，最後一章。

18　趙向陽：《關於立法統籌和立法論證的若干思考》，澳門基本法推廣協會，2016 年 3 月 31 日研討會論文。

是法律改革和法制建設的迫切要求，也是澳門特別行政區法制建設開始走上軌道的標誌。

2015 年施政報告在行政法務領域所列的工作表裏提出嚴格落實立法計劃，2016 年則指出要制定中長期立法計劃。問題在於，哪些立法應當屬於近期，哪些屬於中期規劃，哪些屬於長期規劃。考慮到特區政府的任期為每屆五年，且行政長官只能連任一次，可以將 1-3 年內的稱為「近期規劃」，3-5 年立法規劃的稱為「中期規劃」，5-10 年以上稱為「長期規劃」。可以經過專家論證和民意諮詢，確定澳門特別行政區的近期、中期和長期立法規劃。可以將短期內有迫切立法需求的立法項目列入近期規劃，將有立法需求，但需要一定研究的立法項目列入中期規劃，可以將長遠來看有立法需求，但需要嚴密立法論證的立法項目列入長期規劃。原先保留下來的五大法典的全面修訂和重新公佈，應當作為長期立法規劃的一項重要內容，並在中期和近期的立法規劃裏逐步推進和體現。不僅如此，還應當賦予立法規劃一定的法律效力。只有賦予立法規劃一定的法律效力，才可以保證立法規劃的民主性、科學性、權威性和嚴肅性，才能把法律的制定、修改、廢除工作常態化和制度化，使立法工作突出重點，防止主觀主義和隨心所欲的緊急立法。[19]

立法規劃和立法統籌的權限應當屬於政府。這是政治體制中行政主導原則決定的。澳門基本法規定行政長官在提交立法會法案及制定行政法規前，應徵詢行政會的意見，因此有關立法規劃和立法統籌事宜應經過行政會討論後，再報備立法會知悉。

19　李林：《制定實施科學的立法發展戰略與規劃》，載中國法學網。

（二）關於立法質量和立法技術

　　立法質量直接決定著法律實施的成效。考察立法質量，可以從以下幾個方面：第一，是否符合上位法的要求。第二，是否符合客觀規律和實際情況；第三，是否體現居民的意志和利益；第四，是否在形式上符合立法技術的要求。提高立法質量，還必須克服法律工具主義的傾向，克服為立法而立法的情形，應堅持問題導向，採取有效措施，切實解決社會和居民普遍反映的突出問題。但也要防止民粹主義的傾向，僅僅為了解決眼前問題，而不顧法律體系本身內在的規律性要求。

　　完善的立法技術是提升立法質量的重要內容。2014 年立法會公佈了《在制定立法會規範性文件時應遵從的立法技術形式上的規則》，使得立法技術形式有初步的指引。2016 年行政法務司在施政報告的工作表裏指出，為進一步提高立法技術形式上的一致性和妥當性，與立法會密切溝通，修訂和完善立法技術指引。

　　在提高澳門立法技術方面，尤其要注意法律的語言表述技術。第一，澳門法律的標題應當予以規範化處理。澳門立法會通過的法律中，對法律標題的使用比較隨意和混亂，缺乏一致性和統一性，有的稱為「法」，有的稱為「法律」，有的稱為「制度」，有的稱為「通則」，有的稱為「具體規定」，有的稱為「規章」，有的稱為「章程」，有的稱為「一般原則」。這不符合中國的立法習慣。第二，原有法律是根據葡萄牙憲法和澳門組織章程制定的，其中保留下的許多法律概念與法律術語與澳門基本法並不完全一致，在以後的立法過程中，應當盡量做到與基本法規定的概念和術語保持一致。第三，原來法律裏有些概念與術語是從葡文翻譯過來，有些不是很符合中文的語法習慣，

應當逐步設法予以改變，有些已經沿用成俗的也可以繼續保留。

在法律的結構技術方面，應當對法律的文本體例，即分為卷、編、章、節、條、款、項、目，作出規範性要求。一部法律達到多少條以上，才可以使用卷和編的體例，應有一個基本上的要求。還要注意具體條文的順序安排。如法律的第一章為「一般規定」，其中包含的內容有法律的標的、目的、定義和適用範圍，在一些法律裏排列並不一致，可以予以進一步規範化。[20]

（三）關於立法體制

澳門基本法確立了單軌立法體制，行政長官不再行使立法權，而由立法會行使唯一立法權。澳門原有的法律體系是建立在雙軌立法的基礎上，而澳門基本法確立了單軌立法體制。原來法律基本不變，立法體制大變，這就容易引起法律體系的內部失調。一些保留下來的法律建立在雙軌立法體制上，應當得到及時的清理。一些新制定的法律仍建立在過去的雙軌立法觀念上的，應當逐步予以糾正。

這裏所說的立法體制是廣義的，還包括制定行政法規及以下規範性文件的制度。《關於訂定內部規範的法律制度》確立了行政長官有權制定獨立行政法規和補充性行政法規，並確立了行政長官制定獨立行政法規的保留範圍。該法確立用行政法規直接修訂法令，使得一些法令在經過行政法規的多次修改後，其文件的性質和地位難以明確定

20　如第 3/2012 號法律《非高等教育私立學校教學人員制度框架》第 1 條是標的與目的，第 2 條是定義，第 3 條是範圍，而第 5/2013 號法律《食品安全法》第 1 條是標的、第 2 條是適用範圍，第 3 條是定義。姜燕：《關於澳門立法技術規範化的若干思考》，載《一國兩制研究》，2014 年第 2 期（總第 20 期）。

位。用行政法規直接修訂法令，與法治的形式邏輯並不一致。行政法規以下的規範性文件的位階還有待進一步建立。行政法規以下的規範性文件有行政長官發佈的行政命令、批示和司長發佈的批示。這些行政命令和批示既可以用作個別性效力，也可以用作一般性效力。批示用做一般性效力時，有時稱為「對外規範性批示」。應當在實踐中進一步明確這些規範性文件的制定程序、制定依據和制定範圍。

（四）關於立法語文

澳門回歸前，法律僅以葡文公佈，行政事項和司法程序全部運用葡文，以至於華人對公共事務的參與極其有限，華人相對較少的法定權利很大程度上受制於語言不通而難以得到充分保障。這種情況直到澳門進入回歸的過渡期逐漸得到改變。1989 年 12 月 10 日，澳門總督頒佈第 11/89/M 號法令《規定在政府文件內使用中文》，規定「凡本地區自我管理機構以葡文頒佈具有立法及管制性質的法律、法令、訓令及批示時，必須連同中文譯本刊登」，但「遇有疑義時，則以葡文本為準」。1991 年 12 月 31 日葡萄牙政府頒佈第 455/91 號法令。該法令正式宣佈「中文在澳門具有與葡文相等之官方地位及法律效力」。

澳門基本法第 9 條規定，「澳門特別行政區的行政機關、立法機關和司法機關，除使用中文外，還可使用葡文，葡文也是正式語文」。其立法原意是指，中文的使用是必須的，而葡文僅是「還可使用」，是指在必要的情況下使用葡文。澳門基本法第 9 條既沒有規定必須同時使用中文和葡文，也沒有規定葡文與中文具有同等的法律地位。因此，不能將澳門基本法第 9 條理解為確立雙語制。然而，目前生效使用的第 101/99/M 號法令《核准正式語文之地位》規定，法律及行政

法規須以兩種正式語文公佈，並確立兩種正式語文文本具有同等公信力，而行政當局所提供之所有印件、表格或相類文件，均應以兩種正式語文制定。這些規定與澳門基本法第 9 條並不完全一致。

應當根據基本法第 9 條，加快建設澳門特別行政區正式語文制度。進一步確立和完善中文作為澳門特區主要正式語文的地位及其應用規定，以及明確「還可使用葡文」的涵義，界定「在必要時必須附同使用」葡文的條件和範圍。[21] 澳門居民如果不懂葡文，他們對澳門特別行政區的行政、立法和司法機關使用了中文，則沒有涉及到第三方要求使用葡文的情況下，則行政、立法和司法機關對他們的答覆原則上應是中文。在立法過程中，應當是中文而不是葡文主導整個立法過程。

四、進一步推進澳門特別行政區法律體系建設

澳門特別行政區法律改革和法制建設是一項系統工程。其中既涉及到技術改進問題，也設計到理論重建問題。法律改革和法制建設的實質是在中國憲法和澳門基本法的基礎上，重構原先的法律體系。可以根據「先易後難」、「循序漸進」和「頂層設計」的原則，在充分研究的基礎上，逐步推進澳門特別行政區法律體系建設。

第一，夯實法律體系的憲制基礎。

澳門基本法序言第三段規定，「根據中華人民共和國憲法，全國

---

21 參見許昌：《關於葡文作為正式語文問題的研究》，載《一國兩制研究》2012 年第 3 期。

人民代表大會特制定中華人民共和國澳門特別行政區基本法，規定澳門特別行政區實行的制度，以保障國家對澳門的基本方針政策的實施」。這裏就明確指出了憲法和澳門基本法共同構成澳門特別行政區的憲制基礎。澳門基本法是根據中國憲法制定的，在貫徹、執行和遵守澳門基本法的過程中，不但要理解澳門基本法的立法原意，而且還要理解澳門基本法的立法根據。既不能將澳門基本法稱為是澳門特別行政區的根本大法，也不能將澳門基本法稱為是澳門特別行政區法律體系的根基。中國憲法在澳門特別行政區具有最高法律效力，澳門特別行政區法律體系的根基只能是中國憲法。

回歸是一種主權層面上的革命，澳門繼續保留下來的原先法律的憲制基礎改變了。中國憲法取代了葡萄牙憲法，澳門基本法取代了澳門組織章程。被保留下來的原有法律，也不是原封不動地保留，只有在不抵觸基本法的前提下才可以得到保留。採用為澳門特別行政區法律的原有法律，自 1999 年 12 月 20 日起，在適用時，應作出必要的變更、適應、限制或例外，以符合恢復行使主權後澳門的地位和基本法的有關規定，以及對其中的名稱或詞句的解釋或適用，須遵循的替換原則。[22] 在以後制定法律和修改原有法律的過程中，應當逐步落實澳門回歸後中國憲法和澳門基本法共同構成特別行政區憲制基礎的這一根本精神，夯實憲制基礎。

22　原先法律中任何提及「葡萄牙」、「葡國」、「葡國政府」、「共和國」、「共和國總統」、「共和國政府」、「政府部長」等相類似名稱或詞句的條款，如該條款內容涉及基本法所規定的中央管理的事務和中央與澳門特別行政區的關係，則該等名稱或詞句應相應地解釋為中國、中央或國家其他主管機關，其他情況下應解釋為澳門特別行政區政府，等等。1999 年 10 月 31 日全國人大常委會《關於根據中華人民共和國澳門特別行政區基本法第 145 條處理澳門原有法律的決定》。

第二，端正法律體系的發展方向。

我國憲法在其序言部分明確指出：「本憲法以法律的形式確認了中國各族人民奮鬥的成果，規定了國家的根本制度和根本任務，是國家的根本法，具有最高的法律效力。」我國憲法第 5 條和憲法修正案第 13 條規定，「中華人民共和國實行依法治國，建設社會主義法治國家。國家維護社會主義法制的統一和尊嚴。一切法律、行政法規和地方性法規都不得同憲法相抵觸」。目前，我國已經形成和建立了有機統一的中國特色社會主義法律體系。這個法律體系以憲法為統帥，以法律為主幹，以行政法規、地方性法規為重要組成部分，並由憲法相關法、民法商法、行政法、經濟法、社會法、刑法、訴訟與非訴訟程序法等多個法律部門組成。

澳門特別行政區法律體系是中國特色社會主義法律體系的重要組成部分。由於實行「一國兩制」、「澳人治澳」和高度自治，澳葡時期的大量法律在不抵觸基本法的前提下得以保留，從而使得澳門特區法律體系具有很強的獨立性。然而，澳門特區法律體系的建構來自於國家的法律授權，澳門特區法律體系是從屬於中國特色社會主義法律體系的地方性法律體系。澳門的法律改革和法制建設應當自覺定位於我國整個全國性法律體系中的一個相對獨立的子系統，並應當注意澳門法律制度與我國內地法律體系的協調和融合問題。

第三，明確法律體系的淵源構成。

法律淵源是指法的創制方式以及由創制方式決定的法律規範的外

在表現形式。[23] 在大陸法系，制定法是法律的主要淵源，即不同國家機關根據法定職權和程序制定的各種規範性文件。不能將澳門特別行政區法律體系理解為只有繼續保留下來的原有法律，以及澳門特別行政區制定的本地法律。澳門特別行政區法律體系由三部分構成：國家法淵源、本地法淵源，以及國際協議和區際協定。

所謂國家法淵源，是指國家專門為澳門制定或不是專門為澳門制定但需要適用於澳門的法律淵源。憲法和基本法是國家法淵源的最重要部分。另外，基本法規定中央人民政府負責管理與特別行政區有關的外交與防務，全國人大常委會有權將有關國防、外交和其他依照基本法不屬於特別行政區自治範圍內的法律列入附件三，由特別行政區在當地公佈或立法實施，全國人大常委會有權宣佈戰爭狀態或決定澳門特別行政區進入緊急狀態，中央人民政府有權在戰爭狀態或緊急狀態下發佈命令將有關全國性法律在澳門特別行政區實施，全國人大確定澳門特別行政區全國人大代表的名額和產生辦法，全國人大、全國人大常委會和中央人民政府有權向澳門特別行政區授予其他權力，中央人民政府有權就基本法規定的事務向行政長官發出指令，全國人大常委會解釋基本法，等等。這些內容構成了澳門特別行政區法律體系裏的國家法淵源，包括憲法、基本法和列入附件三的全國性法律、全國人大和全國人大常委會的決定、全國人大常委會對基本法的解釋、國務院令等。至於本地法淵源，則包括回歸前的原有法律、法令、訓令、批示和其他規範性文件等，以及回歸後的法律、行政法規、行政

23　有關法律淵源與法律形式的概念及區分，可參考張文顯主編：《法理學》（第三版），高等教育出版社，2007 年，第 89-101 頁；莫紀宏主編：《憲法學》，社會科學文獻出版社，2004 年，第 115-117 頁；等等。

命令、批示和其他規範性文件等。國際協議包括澳門回歸前就已經適用於當地的國際協議，回歸後中央人民政府簽訂而適用於澳門的國際協議，以及澳門自行簽訂的國際協議。區際協定則是指澳門與我國其他地區簽訂的各類安排和合作協議等。在這些法律淵源中，尤其還要進一步研究和探討國家法淵源，尤其是列於附件三的全國性法律在澳門特別行政區的實施機制問題，進一步研究和探討國際協定和區際協定的簽訂程序、法律效力和實施方式等問題。

第四，完善法律體系的部門構成。

法律體系可劃分為若干個法律部門。部門法的劃分問題，不僅涉及到法律所調整的社會關係，而且也涉及到不同的法律調整機制，包括法律調整的方法，法律關係主體權利義務確定的方式和方法，權利的確定性程度和權利主體的自主性程度，法律事實的選擇，法律關係各方主體的地位和性質，保障權利的途徑和手段等。[24] 這些部門法構成一個法律體系整體。[25] 中國特色社會主義法律體系是由憲法相關法、民法商法、行政法、經濟法、社會法、刑法、訴訟與非訴訟程序法等多個法律部門組成的有機統一整體。[26]

澳門回歸前法律體系的部門法劃分自然跟隨葡萄牙的做法。澳門回歸後，隨著法律體系憲制基礎的變化，以及澳門社會經濟的發展，有必要進一步研究和完善澳門法律體系裏的部門構成。這可以將

---

24 孫國華主編：《法學基礎理論》，法律出版社，1982 年，第 263 頁。

25 法律體系通常指的是一個國家或地區的全部法律規範，按照一定的原則和要求，根據不同法律規範調整對象和調整方法的不同，劃分為若干法律門類，並由這些法律門類及其所包含的不同法律規範形成相互有機聯繫的統一整體。全國人大常委會法制工作委員會研究室編著：《中國特色社會主義法律體系讀本》，中國法制出版社，2011 年，第 135 頁。

26 《中國特色社會主義法律體系白皮書》（2011 年 10 月國務院新聞辦公室發佈）。

澳門特別行政區法律體系的部門法劃分為憲法與基本法、民事法、刑事法、行政法、訴訟與仲裁等程序法等。博彩法律制度在澳門社會經濟制度裏佔有較為重要的地位，應當在法律體系的部門法構成裏有時體現。

第五，改進法律體系的技術制度。

法律體系的技術制度，主要包括法的結構技術、法的語言表述技術和法的系統化技術。法的結構技術可以分為內部結構和外部結構，法的內部結構是確立法律體系裏的原則、規則和概念，提高法的規則技術，提高法律調整社會關係的能力和空間。法的外部結構，是指確立法的格式結構，如體例和章節安排，提高立法品質。法的語言表述技術，要求立法者提高運用立法語言的技巧和能力，要求立法語言做到準確、嚴謹、明白。法的系統化技術則是法律彙編、法律清理和法典編撰。[27]

澳門的法律文件在制定過程中，目前已經有一定的技術規範指引，但立法的語言還有很大的改進空間。法律是一門咬文嚼字的學問。法律並不是為法律人制定的，更不是為一部分法律人制定的，法律只有在滿足了社會大眾一般性的需求後，才能獲得長足的生命及成為法律人研究的有價值的特定對象。

（原文《澳門特別行政區法律體系建設的成就和展望》，載《澳門特別行政區法律體系研究》，澳門理工學院一國兩制研究中心，2015 年，及《澳門回歸十七年來法制建設的成就與展望》，發表在 2017 年 1 月 18 日澳門法律工作者聯合舉辦的「澳門回歸十七年來法制建設的回歸與前瞻研討會」上）

---

27 曹海晶：《中外立法制度比較》，商務印書館，2004 年，第 306-317 頁。

第四章

澳門特別行政區法律體系的淵源構成

一、法律淵源的概念和分類

（一）法律淵源的概念

法律淵源（Source of Law）的概念最初來自古羅馬。古羅馬人用法律淵源（Fons Juris/Fontes Iuris）的概念，來指稱各種具備法律效力、能被法官司法適用的法律規範。[1] 後來，隨著法的歷史發展，法律淵源的概念及其使用也得到了擴展。法學文獻、法院判例、國民觀念亦被視為法律淵源的構成要素。因此，法律淵源在有些時候，還用來指法律的歷史淵源、法律的理論或哲學淵源、法律的文獻淵源和法律的文化淵源，等等。[2]

不過，在多數的法學著作中，法律淵源是指法的形式淵源，也是指根據法律的效力來源，來劃分法律的不同形式，即法是由何種國家機關、通過何種方式和程序制定或認可，表現為何種法律文件的形式。也就是說，法律淵源是指法的創制方式以及由創制方式決定的法律規範的外在表現形式。[3]

在大陸法系，制定法是法律的主要淵源，即不同國家機關根據法定職權和程序制定的各種規範性文件。在普通法法系，判例法佔有重要地位，這是一種與制定法相對稱的法律，是指上級法院（特別是最

1　郭忠：《法律淵源含義辨析》，載《法治論叢》第 22 卷第 3 期，2007 年 5 月。

2　〔葡〕孟狄士（Doutor João Castro Mendes）：《法律研究概述》，黃顯輝譯，澳門大學法學院、澳門基金會，1998 年，第 47 頁。

3　有關法律淵源與法律形式的概念及區分，可參考沈宗靈主編：《法理學》（第三版），高等教育出版社、北京大學出版社，2007 年，第 89-101 頁；莫紀宏主編：《憲法學》，社會科學文獻出版社，2004 年，第 115-117 頁；等等。

高法院）對下級法院處理類似案件時具有法律上約束力的判例。

（二）直接法律淵源和間接法律淵源

在許多法學著作中，尤其是歐洲大陸法系，往往將法律淵源分為直接法律淵源和間接法律淵源。

所謂直接法律淵源，是指具有法律條文的形式，並可以被法院直接引為裁判依據的法律淵源。直接法律淵源包括憲法、法律等各種制定法，以及條約和解釋等。

所謂間接法律淵源，是指不具有法律條文形式，但有參考意義和說服力的法律淵源，如習慣、法理和學說等。這些法律淵源是直接法律淵源的補充，法院不得直接引為裁判的依據，而必須優先使用直接法律淵源。只有在直接法律淵源不完備的時候，才可以適用間接的法律淵源。

澳門民法典開篇就明確承認了直接法律淵源和間接法律淵源的區分，其第1條（直接淵源）規定：

一、法律為法之直接淵源。

二、來自澳門地區有權限機關或來自國家機關在其對澳門之立法權限範圍之一切概括性規定，均視為法律。

三、適用於澳門之國際協約優於普通法律。

其第2條（習慣之法律價值）規定：

不違背善意原則之習慣，僅在法律有所規定時，方予考慮。

其第3條（衡平原則之價值）規定：

唯在下列任一情況下，法院方得按衡平原則處理案件：

a）法律規定容許者；

b）當事人有合意，且有關之法律關係非為不可處分者；

c）當事人按適用於仲裁條款之規定，預先約定採用衡平原則者。

澳門民法典的這些規定明確指出法律是直接法律淵源，「來自澳門地區有權限機關或來自國家機關在其對澳門之立法權限範圍之一切概括性規定」，就是指以各種制定法形式表現出來的法律。澳門民法典雖然沒有明文指出間接法律淵源的概念及其表現形式，但其第 2 條和第 3 條將習慣和衡平作為間接法律淵源的意思是明確的。

（三）國家法淵源和本地法淵源

澳門基本法第 2 條規定澳門特別行政區根據全國人大授權實行高度自治，享有行政管理權、立法權、獨立的司法權和終審權。第 8 條規定，澳門原有的法律、法令、行政法規和其他規範性文件，除同基本法相抵觸或經澳門特別行政區立法機關或其他有關機關依照法定程序作出修改者外，予以保留。第 18 條規定，在澳門特別行政區實行的法律為基本法以及基本法第 8 條規定的澳門原有法律和澳門特別行政區立法機關制定的法律，並規定了全國性法律適用於特別行政區的條件。

根據這些條文，我們可以把澳門特別行政區的法律淵源分為國家法淵源和本地法淵源。這是澳門特別行政區法律體系在「一國兩制」憲制架構下的重要特點。

所謂國家法淵源，是指國家為澳門制定或不是為澳門制定但需要適用於澳門的法律淵源。澳門回歸前的法律主要由兩部分構成：一部分是適用於澳門的葡萄牙法律；一部分是澳門本地立法機關制定的法律。澳門回歸後，適用於澳門的葡萄牙法律就成為外國的法律，不能在中國領土上適用，中國憲法取代了葡萄牙憲法，澳門基本法取代

了澳門組織章程。澳門基本法並規定中央人民政府負責管理與澳門特別行政區有關的外交與防務，全國人大常委會有權將有關國防、外交和其他依照基本法規定不屬於特別行政區自治範圍內的法律列入附件三，由特別行政區在當地公佈或立法實施，在戰爭狀態或緊急狀態下，中央人民政府有權發佈命令將有關全國性法律在澳門特別行政區實施，全國人大確定澳門特別行政區參加全國人大的代表名額和代表產生辦法，全國人大、全國人大常委會和中央人民政府有權繼續向澳門特別行政區授予權力，中央人民政府有權就基本法規定的事務向行政長官發出指令，全國人大常委會解釋基本法；等等。這些法律，包括憲法、基本法、全國性法律、全國人大常委會的決定和對基本法的解釋等，就構成了澳門特別行政區的國家法淵源。

澳門回歸前制定的繼續保留下來的原有法律，以及澳門特別行政區成立後由本地機關制定的法律，就構成了澳門特別行政區的本地法淵源。這些法律淵源包括澳門回歸前的繼續保留下來的法律和法令，總督制定的訓令和批示等，以及澳門回歸後立法會制定的法律，行政長官制定的行政法規，以及其他規範性文件。

二、國家法淵源

（一）憲法

法律體系是一個整體，這個整體必須建立在一個基礎上，即所謂的基礎規範（Basic Norm）。這是指在法律體系中，不能從一個更高的

規範中得到自己效力的規範。憲法就是這樣的基礎規範。[4] 我國憲法規定:「本憲法以法律的形式確認了中國各族人民奮鬥的成果,規定了國家的根本制度和根本任務,是國家的根本法,具有最高的法律效力。」因此,憲法作為國家根本法,處於國家法律體系中的最高一級,憲法是國家主權在法律制度上的最高表現形式。我國對澳門恢復行使主權,憲法亦應當在特別行政區適用。憲法是澳門特別行政區最根本的法律淵源。

1949 年 9 月第一屆中國人民政治協商會議第一屆全體會議選舉了中央人民政府委員會,宣告了中華人民共和國的成立,並通過了起臨時憲法作用的《中國人民政治協商會議共同綱領》(《共同綱領》)以及《中央人民政府組織法》和《中國人民政治協商會議組織法》。1954 年 9 月 20 日第一屆全國人民代表大會在《共同綱領》的基礎上制定了我國第一部憲法《中華人民共和國憲法》,史稱「1954 年憲法」。1975 年 1 月 17 日第四屆全國人民代表大會第一次會議通過了我國的第二部憲法,即 1975 年憲法。1978 年 3 月 5 日第五屆全國人民代表大會第一次會議通過了我國的第三部憲法,即 1978 年憲法,其後進行了兩次修改。

1982 年 12 月 4 日,第五屆全國人民代表大會第五次會議通過了我國的第四部憲法,即現行憲法。現行憲法第 31 條明確規定,「國家在必要時得設立特別行政區。在特別行政區內實行的制度按照具體情況由全國人民代表大會以法律規定」。1988 年 4 月 12 日、1993 年 3 月 29 日、1999 年 3 月 15 日和 2004 年 3 月 14 日和 2018 年 3 月 11

4　〔奧〕凱爾森:《法與國家的一般理論》,沈宗靈譯,中國大百科全書出版社,1996 年,第 126 頁。

日，分別進行了五次局部修改，至今共有 52 條憲法修正案。

　　憲法由全國人民代表大會制定和修改。憲法第 64 條規定了其自身的修改程序：「憲法的修改，由全國人民代表大會常務委員會或者五分之一以上的全國人民代表大會代表提議，並由全國人民代表大會以全體代表的三分之二以上的多數通過。」

　　澳門特別行政區法院在裁判中可以援引憲法條文，但不可以根據憲法審查澳門基本法的有效性，也不可以根據憲法審查其他全國性法律，以及全國人大及其常委會、國家主席、國務院和中央軍事委員會等中央機關針對特別行政區發佈的決定、解釋和命令等。澳門基本法第 19 條第 3 款就明確規定法院對國防、外交等國家行為無管轄權。

（二）澳門基本法

　　澳門基本法是我國在澳門特別行政區實行「一國兩制」、「澳人治澳」、高度自治的法律。澳門基本法序言第三段明確規定：「根據中華人民共和國憲法，全國人民代表大會特制定中華人民共和國澳門特別行政區基本法，規定澳門特別行政區實行的制度，以保障國家對澳門的基本方針政策的實施。」澳門基本法第 11 條規定，「根據中華人民共和國憲法第三十一條，澳門特別行政區的制度和政策，包括社會、經濟制度，有關保障居民的基本權利和自由的制度，行政管理、立法和司法方面的制度，以及有關政策，均以本法的規定為依據。澳門特別行政區的任何法律、法令、行政法規和其他規範性文件均不得同本法相抵觸」。

　　澳門基本法是由全國人大根據憲法制定的基本法律，其效力及於全國範圍，是一部全國性法律，同時對於澳門特別行政區而言，是特

別行政區的憲制性法律。澳門特別行政區的任何法律、法令、行政法規和其他規範性文件均不得同澳門基本法相抵觸。

澳門基本法的憲制性表現在：第一，澳門基本法的起草和制定採用了類似憲法規定的程序，成立了專門的基本法起草委員會和諮詢委員會，制定起草工作規則，所有條文必須經全體起草委員會三分之二以上多數才能通過，並公佈基本法徵求意見稿向全國和全澳徵求意見，最後形成最終文本提交全國人大通過。第二，澳門基本法的結構由序言、總則、中央與澳門特別行政區的關係、居民的基本權利與義務、政治體制、經濟、社會與文化事務、對外事務以及基本法的解釋和修改、附則等內容組成，與憲法結構相類似。第三，澳門基本法第11條宣佈了自身在澳門特別行政區的地位和效力，這與憲法的做法如出一轍。[5]

澳門基本法的修改已經由其第144條明確作出規定：修改權屬於全國人民代表大會，修改提案權屬於全國人民代表大會常務委員會、國務院和澳門特別行政區。澳門特別行政區的修改議案，須經澳門特別行政區的全國人民代表大會代表三分之二多數、澳門特別行政區立法會全體議員三分之二多數和澳門特別行政區行政長官同意後，交由澳門特別行政區出席全國人民代表大會的代表團向全國人民代表大會提出，修改議案在列入全國人民代表大會的議程前，先由澳門特別行政區基本法委員會研究並提出意見。

澳門基本法附件一規定了澳門特別行政區行政長官的產生辦法，附件二規定了澳門特別行政區立法會的產生辦法，附件三列舉了在

---

[5]　楊靜輝、李祥琴：《港澳基本法比較研究》，北京大學出版社，1997年，第16-20頁；及焦洪昌主編：《港澳基本法》，北京大學出版社，2007年，第31-33頁。

澳門特別行政區實施的全國性法律。附件與澳門基本法正文具有同等效力。

　　附件一和附件二的修改由其第 7 條和第 3 條明確作出規定，即 2009 年及以後行政長官和立法會的產生辦法如需修改，須經立法會全體議員三分之二多數通過，行政長官同意，並報全國人民代表大會常務委員會批准或者備案。2012 年 6 月 30 日，第十一屆全國人民代表大會常務委員會第二十七次會議批准了《中華人民共和國澳門特別行政區基本法附件一澳門特別行政區行政長官的產生辦法修正案》，並對《中華人民共和國澳門特別行政區基本法附件二澳門特別行政區立法會的產生辦法修正案》予以備案。

（三）全國性法律

　　澳門基本法賦予澳門特別行政區以立法權，有權制定自己的法律，並且澳門原有的法律基本不變。然而，有關外交、防務以及其他不屬於特別行政區自治範圍內的事務，是中央負責管理的事務，中央有權就這些事務制定法律，將有關法律適用於特別行政區。

　　澳門基本法第 18 條第 2、3 和 4 款對此做了明確規定，「全國性法律除列於本法附件三者外，不在澳門特別行政區實施。凡列於本法附件三的法律，由澳門特別行政區在當地公佈或立法實施。全國人民代表大會常務委員會在徵詢其所屬的澳門特別行政區基本法委員會和澳門特別行政區政府的意見後，可對列於本法附件三的法律作出增減。列入附件三的法律應限於有關國防、外交和其他依照本法規定不屬於澳門特別行政區自治範圍的法律。在全國人民代表大會常務委員會決定宣佈戰爭狀態或因澳門特別行政區內發生澳門特別行政區政府不能

控制的危及國家統一或安全的動亂而決定澳門特別行政區進入緊急狀態時，中央人民政府可發佈命令將有關全國性法律在澳門特別行政區實施」。這就指出了在兩種情況下全國性法律適用於特別行政區。

第一，在平常狀態下適用的全國性法律。

這種全國性法律必須列於附件三，而且必須經過徵詢澳門基本法委員會和澳門特別行政區政府的意見的程序，這些法律應限於有關國防、外交和其他不屬於特別行政區自治範圍的法律。到現在為止，列入附件三的全國性法律共有 12 個：（1）《關於中華人民共和國國都、紀年、國歌、國旗的決議》，（2）《關於中華人民共和國國慶日的決議》，（3）《中華人民共和國國籍法》，（4）《中華人民共和國外交特權與豁免條例》，（5）《中華人民共和國領事特權與豁免條例》，（6）《中華人民共和國國旗法》，（7）《中華人民共和國國徽法》，（8）《中華人民共和國領海及毗連區法》，（9）《中華人民共和國專屬經濟區和大陸架法》，（10）《中華人民共和國澳門特別行政區駐軍法》，（11）《中華人民共和國外國中央銀行財產司法強制措施豁免法》，（12）《中華人民共和國國歌法》。**6**

第二，在非常狀態下適用的全國性法律。

這就是指在戰爭狀態和緊急狀態下，中央人民政府發佈命令將有關全國性法律在澳門特別行政區實施。到現在為止，全國人大常委會沒有在澳門特別行政區宣佈進入緊急狀態，或者宣佈進入戰爭狀態。這種非常狀態下適用的全國性法律還沒有成為澳門特別行政區實在法

---

6 1993 年 3 月 31 日澳門基本法通過時，列於附件三的全國性法律共有 8 個，1999 年 12 月 20 日澳門回歸當天，增加了 2 個，2005 年 12 月 27 日又增加了 1 個，2017 年 11 月 4 日又增加 1 個。

上的法律淵源。

（四）其他的國家法淵源

澳門特別行政區法律體系的國家法淵源除了憲法、澳門基本法和適用於澳門特別行政區的全國性法律外，還包括其他的國家法淵源。這些其他的國家法淵源包括以下幾種：

1. 全國人大及其常委會作出的決定、解釋和代表產生辦法

我國憲法第 57 條規定，「中華人民共和國全國人民代表大會是最高國家權力機關。它的常設機關是全國人民代表大會常務委員會」。全國人大及其常委會有權對澳門特別行政區作出有關決定和解釋。澳門基本法對全國人大及其常委會在澳門特別行政區行使有關職權也作出了明確規定。這些職權在法律上採用的形式包括以下幾種：

第一，全國人大為設立特別行政區及籌組成立特別行政區而作出的有關決定。如 1993 年 3 月 31 日作出的《關於中華人民共和國澳門特別行政區基本法的決定》、《關於澳門特別行政區第一屆政府、立法會和司法機關產生辦法的決定》、《關於批准澳門特別行政區基本法起草委員會關於設立全國人民代表大會常務委員會澳門特別行政區基本法委員會的建議的決定》等。

第二，全國人大作出的有關澳門特別行政區全國人大代表的產生辦法。澳門基本法第 21 條規定，「澳門特別行政區居民中的中國公民依法參與國家事務的管理。根據全國人民代表大會確定的代表名額和代表產生辦法，由澳門特別行政區居民中的中國公民在澳門選出澳門特別行政區的全國人民代表大會代表，參加最高國家權力機關的工作」。到現在為止，全國人大已經制定了《中華人民共和國澳門特別

行政區第九屆全國人民代表大會代表的產生辦法》（1999 年 3 月 15 日）、《中華人民共和國澳門特別行政區選舉第十屆全國人民代表大會代表的辦法》（2002 年 3 月 15 日）及《中華人民共和國澳門特別行政區選舉第十一屆全國人民代表大會代表的辦法》（2007 年 3 月 16 日）、《中華人民共和國澳門特別行政區選舉第十二屆全國人民代表大會代表的辦法》（2012 年 3 月 14 日）和《中華人民共和國澳門特別行政區選舉第十三屆全國人民代表大會代表的辦法》（2017 年 3 月 8 日），這些辦法是我國選舉法和選舉制度的組成部分。全國人大專門為澳門特別行政區制定的選舉辦法，構成了澳門特別行政區法律體系的國家法淵源的一個重要方面。

第三，全國人大常委會的解釋。澳門基本法第 143 條規定，「本法的解釋權屬於全國人民代表大會常務委員會」。這是根據我國憲法關於全國人大常委會解釋法律的職權而寫的。澳門基本法是全國人大制定的法律，根據憲法體制，由全國人大常委會解釋基本法，是應有之義。全國人大常委會解釋基本法，既可以主動解釋基本法，也可以被動根據終審法院的提請解釋基本法。全國人大常委會對基本法的解釋權是全面的，既可以解釋關於中央人民政府管理的事務或中央和澳門特別行政區關係的條款，也可以解釋關於特別行政區自治範圍內的條款。全國人大常委會對基本法的解釋由全國人大常委會全體組成人員的過半數通過，通過後由全國人大常委會發佈公告予以公佈。全國人大常委會對基本法的解釋同與基本法具有同等效力。2011 年 12 月 30 日全國人大常委會發佈了《關於〈中華人民共和國澳門特別行政區基本法〉附件一第七條和附件二第三條的解釋》。

第四，全國人大常委會對澳門特別行政區作出的決定，這些決定有：（1）根據基本法第 20 條，授權澳門特別行政區以某種權力，如全

國人大常委會在 2009 年 6 月 27 日作出的《關於授權澳門特別行政區對設在橫琴島的澳門大學新校區實施管轄的決定》；（2）根據 2011 年 12 月 30 日全國人大常委會對基本法附件一第 7 條和附件二第 3 條，對有關政制發展問題作出決定，如全國人大常委會在 2012 年 2 月 29 日作出的《關於澳門特別行政區 2013 年立法會產生辦法和 2014 年行政長官產生辦法有關問題的決定》；（3）根據基本法第 18 條，全國人大常委會就增減列於附件三的全國性法律作出決定。如 1999 年 12 月 20 日、2005 年 10 月 27 日和 2017 年 11 月 4 日全國人大常委會三次作出了關於增加基本法附件三所列全國性法律的決定；（4）全國人大常委會在特別行政區成立過程中根據憲法和基本法作出的其他決定，如《根據〈中華人民共和國澳門特別行政區基本法〉第 145 條處理澳門原有法律的決定》（1999 年 10 月 31 日），《關於〈中華人民共和國澳門特別行政區基本法〉葡萄牙文本的決定》（1993 年 7 月 2 日）等。

2. 國務院等中央國家機關作出的有關規範性文件

澳門基本法規定中央人民政府有權向澳門特別行政區授予權力，有權就執行澳門基本法規定的有關事務向行政長官發出指令，授權澳門特別行政區進行船舶登記和制定民用航空的各項管理制度等。如國務院在 2001 年 11 月 26 日作出的《關於廣東省珠海市和澳門特別行政區交界有關地段管轄問題的批覆》（國函〔2001〕152 號）及 2015 年 12 月 20 日公佈的《中華人民共和國澳門特別行政區行政區域圖》（第 665 號令）等。

三、本地法淵源

（一）法律與法令

澳門在回歸前就享有澳門組織章程賦予的立法權，澳門回歸後澳門基本法規定澳門特別行政區實行高度自治，享有立法權。澳門因行使這種立法權而制定的法律，就成為澳門特別行政區本地法律體系裏最主要的淵源形式。這種法律，包括澳門回歸前立法會和總督制定的、而繼續保留下來適用的法律和法令，以及澳門回歸後立法會根據基本法制定的法律。

澳門回歸前實行雙軌立法體制，即總督和立法會都享有和行使立法權。立法會制定的法律文件稱為法律，而總督制定的與立法會法律具有同等效力的法律文件稱為法令。澳門組織章程第 5 條規定，立法職能由立法會及總督行使。根據澳門組織章程第 31 條和立法會章程第 13、14、15 條規定，總督與立法會的立法權限分配如下：

1. 立法會的絕對專屬立法權限：a）立法會的選舉制度，尤其是關於被選要件、選民登記、選舉資格、間接選舉所代表的社會利益的界定、選舉程序及選舉日期等；b）《議員章程》。

2. 立法會的相對專屬立法權限，所謂相對專屬立法權限是指立法會對該項事務有專屬立法權限，但也可以將此立法權限授予總督。包括：a）羈押、住所搜索、私人通訊保密、相對不定期刑及保安處分等制度，以及有關前提；b）屬總督權限的批給之一般制度；c）稅務制度的要素，訂定每種稅項的課徵對象與稅率，以及給予稅務豁免的條件；d）當地行政區劃；e）地方行政法律制度的大綱，包括地方財政在內；f）當地中央行政機關與地方行政機關之關係的法律制度，以及

地方行政機關得被總督解散的情況；g）當地公共行政制度綱要；h）設立公職新職級或職稱，修改訂定該等職級的表，並訂出編製人員薪俸、工資及其他報酬的方式。

3. 立法會與總督的競合立法權限：a. 人的身份及能力；b. 權利、自由及保障，但抵觸上款 a 項之規定者除外；c. 對犯罪、刑罰及有關前提，以及刑事訴訟程序之訂定，但抵觸上款 a 項之規定者除外；d. 違反紀律之處罰、輕微違反之處罰、違反行政上秩序之行為之處罰，以及有關程序等之一般制度；e. 公用使用及公用徵收之一般制度；f. 租賃之一般制度；g. 貨幣體系及度量衡標準；h. 公共團體、被管理者的保障，以及行政當局的民事責任；i. 公共企業通則的大綱；j. 澳門司法體系的綱要；k. 自然、生態平衡及文化財產的保護系統；l. 社會保障系統及衛生系統。

澳門回歸後，實行單軌立法體制，即立法會行使立法權，行政長官不再行使立法權。澳門基本法第 17 條規定澳門特別行政區享有立法權，其立法機關，即立法會制定的規範文件稱為法律，法律須報全國人大常委會備案，第 18 條全國性法律除列於附件三者外，不在澳門特別行政區實施，而列入附件三的法律應限於有關國防、外交和其他依法不屬於澳門特別行政區自治範圍的法律。這就是說，澳門特別行政區的立法權是廣泛的，除了國防、外交和其他不屬於自治範圍內的法律，都屬於其立法權限。立法會行使澳門基本法賦予的職權，有權就澳門特別行政區自治範圍內的任何事宜制定、修改、暫停實施和廢除法律。

第 13/2009 號法律《關於訂定內部規範的法律制度》規定法律應有確定、準確和充分的內容，應清楚載明私人行為應遵守的法律規範，行政活動應遵循的行為規則，以及對司法爭訟作出裁判所應依據

的準則,並規定下列事項須由法律予以規範:(一)基本法和其他法律所規定的基本權利和自由及其保障的法律制度;(二)澳門居民資格;(三)澳門居留權制度;(四)選民登記和選舉制度;(五)訂定犯罪、輕微違反、刑罰、保安處分和有關前提;(六)訂定行政違法行為的一般制度、有關程序及處罰,但不妨礙第 7 條第 1 款(六)項的規定;(七)立法會議員章程;(八)立法會輔助部門的組織、運作和人員的法律制度;(九)民法典和商法典;(十)行政程序法典;(十一)民事訴訟、刑事訴訟和行政訴訟制度和仲裁制度;(十二)登記法典和公證法典;(十三)規範性文件和其他須正式公佈的文件格式;(十四)適用於公共行政工作人員的基本制度;(十五)財政預算和稅收;(十六)關於土地、地區整治、城市規劃和環境的法律制度;(十七)貨幣、金融和對外貿易活動的法律制度;(十八)所有權制度、公用徵用和徵收制度;(十九)基本法賦予立法會立法權限的其他事項。

澳門基本法第 75 條規定,「澳門特別行政區立法會議員依照本法規定和法定程序提出議案。凡不涉及公共收支、政治體制或政府運作的議案,可由立法會議員個別或聯名提出。凡涉及政府政策的議案,在提出前必須得到行政長官的書面同意」。這就說明,政府和議員都有權提出法案,其中政府的提案起主要作用。澳門立法會在法案提出後,其立法程序要經歷以下幾個程序:

1. 一般性討論和一般性表決

一般性討論的內容包括每個法案的立法精神和原則,以及其在政治、社會和經濟角度上的適時性。一般性討論分為兩個階段。在第一階段,由法案首位簽名議員或者政府代表進行簡要引介,並隨後應議員的要求給予解釋。第二階段專門用於辯論,但亦可另行召集全體會議進行辯論。在有必要時,全體會議得議決將法案的內容分開進行討

論。一般性討論結束後，對法案進行一般性表決，但主席亦得將該表決推遲至下一全體會議進行。未獲得一般性通過的法案視為被確定拒絕。如果法案獲得一般性通過後，立法會主席根據各委員會的工作量及如有的專責範圍，將文本送交有關委員會進行細則性審議。

2. 委員會的細則性審議、細則性討論和表決

委員會的審議是指對每個法案的具體內容進行審議，主要針對：a）法案的具體內容是否與獲一般性通過的法案的立法精神及原則相符；b）尋求最恰當的立法途徑，以利於法案的執行；c）法案對法律原則和法律秩序的影響；d）法律規定在技術上是否妥善。

細則性討論及表決逐條進行，但主席得決定同時對一條以上的條文進行討論及表決；也可以基於事宜或提出的修訂提案的複雜性，或者應議員的申請而逐款或逐項進行。

3. 總體最後表決

經委員會細則性通過的法案文本將送交主席，以便安排在全體會議作總體最後表決。在總體表決前，也可以先行討論由任何議員申請討論的條文。如果法案文本在總體最後表決不獲通過時，全體會議得議決將原文送交一特設臨時委員會，以便重新作細則性審議，討論和表決，或在全體會議中重新作細則性討論和表決。經上述程序仍未獲得通過者視為被確定拒絕。在總體表決通過以後，經立法會主席簽署確認的文本視為確定文本。

澳門基本法第 78 條規定，「澳門特別行政區立法會通過的法案，須經行政長官簽署、公佈，方能生效」。法案在完成以上三讀程序後，視為法案已經通過，須報行政長官簽署和公佈。

（二）行政法規

　　澳門基本法第 50、58、64 條規定行政長官經徵詢行政會意見後制定行政法規。

　　值得指出的是，澳門回歸前，法律文件的名稱並無「行政法規」這一淵源形式，澳門基本法第 8 條規定澳門原有的行政法規可以繼續保留適用，因回歸前既無行政長官，也無行政會，所以，第 8 條所指的行政法規，與澳門基本法第 50、58 和 64 條所指的行政法規，其內涵是不同的，第 8 條所指的行政法規，通常是指總督發佈的訓令和批示，這裏的行政法規是廣義的，是指總督在其行政職權範圍內制定的具有一般性效力的行政規範性文件，可以將其理解為「行政性法規」。[7] 將法律文件的名稱稱為「行政法規」，或者說，行政法規成為法律體系裏的一級淵源形式，是在澳門回歸以後才有的，是澳門基本法第 50、58、64 條所確立的。

　　澳門基本法對行政法規這一級法律淵源形式的創制，源於中國憲法的有關規定。中國憲法就明確規定了國務院有權制定行政法規，行政法規的效力低於法律。根據澳門基本法確立的立法體制，行政長官制定的行政法規，其效力亦低於立法會通過的法律。第 13/2009 號法律《關於訂定內部規範的法律制度》就明確規定，法律優於其他所有的內部規範性文件，即使該等文件的生效後於法律。這就明確了法律高於行政法規的原則。

7　王禹：《行政法規的概念再辨析》，載《澳門日報》，2007 年 9 月 19 日。有關行政法規的概念及與法律的關係，可集中參閱王禹主編：《法律、法令與行政法規討論文集》，濠江法律學社，2012 年。

第 13/2009 號法律《關於訂定內部規範的法律制度》還將行政法規分為兩類：獨立行政法規和補充性行政法規。獨立行政法規得就法律沒有規範的事宜設定初始性的規範。補充性行政法規得為執行法律而訂定所必需的具體措施。獨立行政法規和補充性行政法規的效力都低於法律。

獨立行政法規得就以下事項作出規定：（一）充實、貫徹和執行政府政策的規範；（二）管理各項公共事務的制度和辦法；（三）政府的組織、運作及其成員的通則；（四）公共行政當局及其所有的部門及組織單位的架構和組織，包括諮詢機關、具法律人格的公共部門、公務法人、公共實體、自治部門及基金組織、公共基金會、其他自治機構及同類性質機構的架構及組織，但不包括屬於立法會、法院、檢察院、審計署及廉政公署的機構或納入其職能或組織範圍內的機構，以及對基本權利和自由及其保障具有直接介入權限的機構，尤其是刑事調查機關；（五）行政會的組織、運作及其成員的通則；（六）行政違法行為及其罰款，但罰款金額不超過澳門幣 $500,000.00（五十萬元）；（七）不屬於本法第六條規定的其他事項。

（三）總督的訓令與批示、行政長官的行政命令與對外規範性批示

澳門回歸前，總督有權制定訓令與批示。澳門組織章程（Estatuto Orgânico de Macau）第 16 條第 2 款規定，「在行使其執行職能時，總督發出訓令後應命令在《政府公報》內公佈，而作出批示後得按其性質訂定公佈方式」。這裏說的執行職能，就是指總督行使的行政權限和行政職能。澳門組織章程第 16 條第 1 款就規定了「非保留予葡萄牙的主權機關而屬於總督的執行職能之權限」，這種權限包括：a）指導

當地的總政策；b）領導整個公共行政；c）經為實施在當地生效但欠缺規章的法律及其他法規而制訂規章；d）經保障司法當局的自由、執行職務的全權性，以及其獨立性；e）管理當地財政；f）訂定貨幣及金融市場的結構，並管制其運作；g）如因國民或外國人之存在引致內部或國際秩序出現嚴重不適宜時，為著公共利益得拒絕其入境或根據法律驅逐其出境，但關係人有權向共和國總統提出訴願。

澳門回歸以後，這些訓令與批示，根據澳門基本法第 8 條規定，除同基本法相抵觸或經澳門特別行政區的立法機關或其他有關機關依照法定程序作出修改者外，予以保留。其中有些訓令與批示，不是針對個別事項作出而具有一般性效力的，即屬於行政性法規的範疇。

澳門回歸後，澳門基本法不再規定行政長官有權發佈訓令，澳門基本法第 50 條第（四）項規定，行政長官決定政府政策，發佈行政命令。行政長官並沿用總督原來的做法，有權繼續發佈批示，這些批示既可以針對個別事項作出而具有個別效力，也可以針對一般事項作出而具有一般性效力。第 3/1999 號法律《法規的公佈與格式》第 3 條（須公佈於第一組法規）就明確指出，行政命令及行政長官對外規範性批示，須公佈於《澳門特別行政區公報》，否則不產生法律效力。

行政長官發佈行政命令主要用於以下場合：（1）作為人事任命之用，如第 1/1999 號行政命令任命了推薦法官的獨立委員會委員，第 2/1999 號行政命令委任了第一屆立法會七名議員，等等。（2）作為臨時代任職務的決定之用。澳門基本法第 55 條第 1 款規定行政長官不能短期履行職務時，由各司司長按照各司的排列順序臨時代理其職務，在這種情況下，由行政命令指定臨時代任行政長官職務的司長。（3）作為訂定行政授權之用，這種授權性行政命令包括分類總體性授權，即將若干行政長官的執行權限分別授予各司司長，如第 120-124/2010

號行政命令，也包括某項具體性授權，如授權司長代表澳門特別行政區政府與其他實體訂定協定，或者授權處理相關事宜，如第 2/2010 號行政命令和第 4/2010 號行政命令，等等。（4）作為訂定政府部門的人員編制之用。這方面的行政命令數量不少，如第 3、5-7、9、12、13、15、16、19、22、27-30、33-35、41、43-48、54/2010 號行政命令，等等。（5）根據法律而訂定者，如第 3/2004 號法律《行政長官選舉法》第 57 條和第 3/2001 號法律《澳門特別行政區立法會選舉制度》第 26 條第 1 款規定選舉日期由行政長官以行政命令訂定。[8]

行政長官的批示在回歸後主要用於以下幾種情況：（1）法律規定某些具體事項由行政長官以批示訂定。如第 4/2010 號法律《社會保障制度》第 16 條第 6 款和第 26 條規定該條所涉及的供款比例和給付金額，「由行政長官經聽取社會協調常設委員會的意見後，以公佈於《澳門特別行政區公報》的批示訂定」，第 3/2001 號法律第 93 條第 6、7款和第 3/2004 號法律第 55 條第 8 款規定，行政長官選舉和立法會選舉中的競選開支限額由行政長官以批示訂定，但不能超過該年澳門特別行政區總預算中總收入的百分之零點零二為上限。（2）行政法規規定某些事項由行政長官批示訂定。這類的批示數量很多，而且均需公佈於《澳門特別行政區公報》第一組。（3）行政長官根據澳門基本法第 50 條賦予的職權而作出的批示。這類批示數量很多，涉及內容也更為廣泛，包括核准各種規章、計劃、課程，以及人事任免、機構續期，等等。[9]

訓令、行政命令和批示，是總督和行政長官在其行政權限內發佈

---

[8] 趙向陽：《行政規範之初步探討》，載《行政》第 24 卷，總第 93 期，2011 年 9 月。

[9] 趙向陽：《行政規範之初步探討》，載《行政》第 24 卷，總第 93 期，2011 年 9 月。

的行為，既可以用於個別性效力，也可以用於一般性效力。其中行政長官發佈的具有一般性效力的批示，第 3/1999 號法律《法規的公佈與格式》將其稱為「對外規範性批示」，而且必須公佈在政府公報上，才能發生法律效力。訓令、行政命令和批示用於一般性效力的場合包括：

第一，用訓令、行政命令和批示核准某個列於其附件內的規範性文件。如 12 月 2 日第 469/99/M 號訓令並公佈核准了《澳門理工學院章程》，並明確指出《澳門理工學院章程》載於本訓令的附件內，而該附件係本訓令的組成部分。如第 112/2010 號行政命令核准並公佈了《澳門特別行政區主要官員守則》，該行政命令正文只有兩條內容，其第 1 條規定，「核准載於本行政命令附件並為其組成部分的《澳門特別行政區主要官員守則》」，其第 2 條規定，「本行政命令自公佈翌日起生效」。

第二，直接用訓令、行政命令和批示發佈某個規範性文件。

第三，利用訓令和行政命令作分類總體性授權。澳門回歸前，澳門組織章程就規定，政務司有行使總督以訓令授予的執行職能的權限。澳門回歸後沿用了這種做法，用行政命令將行政長官將其若干執行權限授予各司司長。如第 120-124/2010 號行政命令。

（四）司長的對外規範性批示

澳門回歸後，在行政長官下面組建了五個司：行政法務司、經濟財政司、保安司、社會文化司和運輸工務司。各司司長有權發佈批示。第 3/1999 號法律《法規的公佈與格式》規定司長發佈的對外規範性批示，必須公佈在《澳門特別行政區公報》上，否則不產生法律效力。

（五）規章問題

在澳門原有法律體系裏，規章是在兩個含義上的使用的：

第一種「規章」的意思是指等同於「行政規範性文件」。根據葡萄牙憲法，葡萄牙法律體系裏的立規行為（Acto Normativo），即制定規範性文件的行為，分為立法行為和制定規章行為（Actos Regulamentares）。立法行為包括三種形式：共和國議會法律、政府法令和自治區議會立法命令。制定規章行為，也可以簡稱為「立章行為」，主要就是指制定行政規章。

《澳門行政程序法典》第四部分第一章以「規章」為標題，將行政當局的行為分為制定規章和作出行政行為兩類，這裏說的規章，就相當於我國大陸行政法裏所說的「抽象行政行為」，行政行為則是相當於具體行政行為。因此說的公共行政當局制定的規章，是指公共行政當局制定的行政規範性文件，這裏說的規章的內容是廣泛的，既包括澳門基本法所指的行政法規制定的行政法規，也包括總督和行政長官制定的其他具有一般性效力的規範性文件，如訓令、命令和批示等，也包括各司司長發佈的具有一般性效力的規範性文件，等等。這種規章包括以下幾個特點：（1）規章的制定主體是行政當局；（2）規章是行政當局在其行政權限內的作為；（3）規章是一種規範性文件；（4）規章的效力低於法律。

第二種是將規章作為法律的名稱來使用。這裏說的規章，相當於我國內地立法技術所指的法律標題裏的條例、規定和辦法等。這種意思的規章，既可以用於行政立法，如第 28/2004 號行政法規《公共地方總規章》，也可以用立法會通過的法律和總督制定的法令，如第 90/99/M 號法令《核准海事活動規章》、第 19/96/M 號法律《通過

旅遊稅規章》、第 32/97/M 號法令《擋土結構與土方工程規章》、第 17/93/M 號法令《核准道路法典規章》、第 5/2002 號法律《通過機動車輛稅規章》。這些例子裏的規章，同樣都用來指稱法律名稱，其法律地位是不同的，有些屬於法律的範疇，有些屬於行政法規的範疇。

就第一種意思所說的「規章」，包括所有的行政規範性文件，也相當於上文所說的「行政性法規」。也就是說，在澳門特別行政區的法律體系裏，其本地法的淵源形式，除了立法會通過的法律和總督制定的法令外，其他法律淵源還包括以行政法規為表現形式的規章、以訓令、行政命令和行政長官批示為表現形式的規章，以及以司長批示為表現形式的規章。規章包括了行政法規，行政法規包括在規章內。

考慮到澳門基本法裏的行政法規的概念是根據我國憲法確立的，而我國憲法體制下國務院有權制定行政法規、國務院各部委及地方政府有權制定規章，規章的效力低於行政法規，因此，在中國憲法和澳門基本法為基礎的澳門特別行政區法律體系裏，不適宜將行政法規規定在規章的種類下面。而且，第 3/1999 號法律《法規的公佈與格式》裏就沒有提到規章，而是在行政法規下面列舉了行政命令和行政長官對外規範性批示、以及司長的對外規範性批示，因此，本文在討論澳門特別行政區法律體系的本地法淵源形式的過程中，亦採用了第 3/1999 號法律《法規的公佈與格式》的做法。

四、國際協議

第 3/1999 號法律《法規的公佈與格式》第 5 條（須公佈的第二組法規）規定，（1）適用於澳門特別行政區的國際協議；（2）在中央人

民政府協助或授權下，與其他國家或地區簽訂的司法互助協定及互免簽證協定，須公佈於《澳門特別行政區公報》第二組。國際協議是澳門特別行政區法律體系裏的重要法律淵源之一。

在澳門特別行政區適用的國際協議分為兩種：一種是澳門特別行政區在中央人民政府的協助或授權下簽訂的國際協定，其內容涉及司法互助協定和互免簽證協定。澳門基本法第 94 條和第 140 條對此作了明確規定。澳門基本法第 94 條規定，「在中央人民政府協助和授權下，澳門特別行政區可與外國就司法互助關係作出適當安排」。第 140 條規定，「中央人民政府協助或授權澳門特別行政區政府同有關國家和地區談判和簽訂互免簽證協議」。一種是中國加入而適用於澳門特別行政區，或者中國未加入而繼續適用於澳門特別行政區的國際協議。對此，澳門基本法第 138 條有明確的規定，「中華人民共和國締結的國際協議，中央人民政府可根據情況和澳門特別行政區的需要，在徵詢澳門特別行政區政府的意見後，決定是否適用於澳門特別行政區。中華人民共和國尚未參加但已適用於澳門的國際協議仍可繼續適用。中央人民政府根據情況和需要授權或協助澳門特別行政區政府作出適當安排，使其他與其有關的國際協議適用於澳門特別行政區」。

澳門回歸前，對澳門生效的國際協議就構成澳門本地法律的一部分。澳門組織章程第 2 條規定，「澳門地區為一公法人，在不抵觸共和國憲法與本章程的原則，以及在尊重兩者所定的權利、自由與保障的情況下，享有行政、經濟、財政、立法及司法自治權」。第 3 條規定，「共和國的主權機關除法院外，在當地以總督為代表。與外國發生關係及締結國際協定或國際協約時，代表澳門之權限屬共和國總統，而涉及專屬本地區利益的事宜，共和國總統得將代表澳門之權限授予總督。未授予上款所指之權而締結的國際協定或國際協約在當地施行

時，應先聽取當地本身管理機關的意見」。這就說明，第一，澳門屬於葡萄牙管治下的一個內部法人，是葡萄牙管治下的一個地區性非主權實體，不具有國際法主體資格，葡萄牙有權將其簽訂的國際條約延伸適用到澳門地區。第二，經葡萄牙總統授權，澳門總督有權自行處理那些僅涉及澳門本地利益的對外事務，有權對外簽訂和履行某些特定協議。這兩部分的國際協定，都構成了澳門回歸前的法律制度的一部分。

1978 年葡萄牙憲法第 8 條規定，「一般或共同之國際法規範及原則，為葡萄牙法律之組成部分。經正式批准或通過之國際協約所載之規範，一經正式公佈，只要在國際上對葡萄牙國家有約束力，即在國內秩序中生效。葡萄牙所參加之國際組織內之有權限機關所制定之規範，亦直接在國內秩序中生效，但必須在設立該等組織之有關條約內有此訂定方可」。第 122 條第 1 款則明確規定國際條約和有關批准的通告以及其他與之有關的通告，必須在官方報刊《共和國公報》上公佈。這些規定表明，葡萄牙法律有關國際條約在國內法中的地位問題主要有三個特點：（1）一個在國際上已生效的國際條約，其規定是否在葡萄牙所接受並在國內適用，需以葡國是否依法定程序批准或加入為前提。（2）國際條約在葡萄牙的適用，是納入的方式，直接成為葡萄牙共和國法律體系的組成部分，直接適用而無需轉化。（3）國際條約在葡國法律體系中的地位低於憲法而高於一般的制定法。[10]

對於澳葡管治時期已經適用於澳門的國際條約，就其與中國的相關性而言，既包括中國已參加的，也有中國尚未參加的。對於這些條

---

[10] 《澳門法律概述》，中國政法大學出版社，1993 年，第 421-422 頁。

約在澳門回歸後的效力問題，1999 年 12 月 13 日，中國駐聯合國大使秦華孫就繼續適用於澳門的國際公約問題，發表了致聯合國秘書長的照會。該照會包括兩份附件，詳細列出了中國承諾澳門回歸後繼續適用於澳門的國際公約名單。其中附件一列出了約 100 個公約，都是中國已成為當事國的條約，其內容涉及外交、國防、民航、禁毒、經濟金融、教育、科技、文化、資源環保、衛生、知識產權、國際犯罪、勞工、海事、國際私法、郵政電信、建立國際組織等共 15 個領域。附件二列出了 57 個公約，屬於中國尚不是當事方，但在 1999 年 12 月 20 日前已適用於澳門的國際公約，涉及民航、海關、禁毒、經濟金融、衛生、人權、勞工、海事、國際私法、道路交通、郵政電信、建立國際組織公約等 12 個類別。中國政府承諾這些公約將繼續適用於澳門特別行政區。[11]

澳門基本法第 40 條還對兩個國際人權公約作出特別規定：「《公民權利和政治權利國際公約》、《經濟、社會與文化權利的國際公約》和國際勞工公約適用於澳門的有關規定繼續有效，通過澳門特別行政區的法律予以實施。澳門居民享有的權利和自由，除依法規定外不得限制，此種限制不得與本條第一款規定抵觸。」這就是說，《公民權利和政治權利國際公約》、《經濟、社會與文化權利的國際公約》和國際勞工公約在澳門特別行政區的適用是一種間接的轉化適用。

11　饒戈平：《國際條約在澳門適用問題研究》，澳門理工學院一國兩制研究中心，2011 年，第 33-35 頁。

五、區際協定

　　澳門基本法第 93 條規定，「澳門特別行政區可與全國其他地區的司法機關通過協商依法進行司法方面的聯繫和相互提供協助」。第 3/1999 號法律《法規的公佈與格式》第 5 條（須公佈的第二組法規）規定，與全國其他地區的司法機關簽訂的司法互助協定，須公佈在《澳門特別行政區公報》上。這就說明，區際協定也是澳門特別行政區法律體系裏的法律淵源之一。如《關於內地與澳門特別行政區法院就民商事案件相互委託送達司法文書和調取證據的安排》（2001 年 8 月 15 日）、《內地與澳門特別行政區關於相互認可和執行民商事判決的安排》（2006 年 2 月 28 日）、《關於內地與澳門特別行政區相互認可和執行仲裁裁決的安排》（2007 年 10 月 30 日），等等。

六、其他淵源：習慣、統一司法見解和學說

（一）習慣

　　習慣是指某人的特定行為，在某地區或某階層經常為他人共同遵循，且經過一定時間後，該特定行為成為社會上一般行為之具拘束力準繩時，即為習慣。習慣必須具有以下要件，方可成為習慣法（Direito Consuetudinário 或 Direito Costumeiro）：（1）外部要素（O "Corpus"）：指在社會上反覆仿效或遵循的行為；（2）內部要素（O "Animus"）：指人人所具有之遵守上述行為之意識，亦即社會大眾甘

願受其約束而無爭議；（3）為廣義法律准用；（4）非違背善意原則。[12]

　　澳門民法典第 3 條第 1 款規定，習慣僅為間接法源之一，只有在法律容許之情況下，習慣才發生法律效力。但澳門回歸前，根據葡萄牙憲法第 8 條第 1 款規定的原則及精神，國際慣例應為澳門法律體系裏的直接法源。[13]

（二）統一司法見解

　　澳門屬於成文法法系地區，判例不具有法律上的拘束力。然而，澳門在回歸前有一種統一司法見解制度，如《司法組織綱要法》第 419 條規定，「在同一法律範圍內，如終審法院就同一法律問題，以互相對立的解決辦法為基礎宣示兩個合議庭裁判，則檢察院、嫌犯、輔助人或民事當事人得對最後宣示的合議庭裁判提起上訴，以統一司法見解」。統一司法見解的判例對法院具有強制拘束力。

（三）學說

　　學說乃法律學者（Jurisconsultos）以研究或學術理論為基礎，對法律解釋或填補法律漏洞而發表的個人意見或見解。學說通常以法律著作、法例條文注解、法律研究、法律雜誌等方式傳播。法院為審判活動時亦普遍援引有關學說，以支援其適用法律之根據。但是，學說

---

12 黃顯輝：《澳門政治體制與法淵源》，（IPOR）東方葡萄牙學會贊助出版，第 101 頁。

13 黃顯輝：《澳門政治體制與法淵源》，（IPOR）東方葡萄牙學會贊助出版，第 101 頁。

本身在法律上無拘束力。[14]

（原文載《澳門特別行政區法律體系研究》，澳門理工學院一國兩制研究中
心，2015 年 5 月）

14　黃顯輝：《澳門政治體制與法淵源》，（IPOR）東方葡萄牙學會贊助出版，第 103 頁。

第五章
行政長官制的
設計與運作

一、澳門特別行政區政治體制的設計原則

澳門回歸前，在政治體制上實行總督制。總督是除法院外，葡萄牙共和國主權機關在澳門地區的總代表。葡萄牙主權機關通過總督實施其對澳門的管治。總督由葡萄牙共和國總統任命並授予職權，向總統負責。總督的任期沒有法律規定，一般認為，總督的任期從屬於葡萄牙總統的任期，在公務員職級上，總督相當於葡萄牙政府的部長。未經葡萄牙總統事先同意，總督不得離開澳門前往其他地區。[1]

總督是整個政治體制的核心，總督不僅行使行政管理權，主持整個澳門地區的行政，而且還享有立法權。[2] 總督可以通過頒佈法令行使部分立法權，也可接受立法會的立法授權，制定法令。總督有權建議總統解散立法會，在澳門立法會被解散後，總督可以行使葡萄牙賦予澳門地區的全部立法權。總督甚至在有需要時有權臨時限制或臨時中止憲法的權利、自由及保障。

總督對澳門社會的日程行政管理，由各政務司輔助。政務司人數不超過七人，由總督提請葡萄牙總統任命。政務司本身不具有職權，所有執行權限一概屬於總督，其可通過訓令將權限授予政務司。總督可自「不授予任何權限」至「授予一切可以授予的權限」之間作出取捨，在前者情況下，總督保留一切權限，而政務司僅為總督就有關事

---

1 1976 年澳門組織章程還曾規定英屬殖民地香港不在此限。但 1990 年修改澳門組織章程時刪去了此規定。另外，總督離開澳門或不能履行職務時，應當由總統指定的人選擔任有關職務，但在總統指定人選前，總督有權在各政務司中指定一人為護督，代行總督職務。當總督職務空缺時，則由任職最久的政務司擔任護督職位，直至新總督上任為止。見澳門組織章程第 9 條。

2 有關總督的具體職權，可參見澳門組織章程第 11 條和第 16 條。

宜的最終決定作出準備，在後者的情況下，政務司被賦予作確定性決定的自主性，而無需事先諮詢總督。[3]

這樣一種政治體制是為葡萄牙的殖民統治服務的，澳門回歸後，當然不能繼續沿用這樣一種政治體制。我國內地實行社會主義制度，在政治制度上實行人民代表大會制，澳門回歸後，實行「一國兩制」、「澳人治澳」和高度自治，澳門原有法律基本不變，澳門的法律體系與司法體制也與內地迥異，當然也不能照搬內地的政治體制。因此，在我國對澳門恢復行使主權時，需要設計一種新的政治體制。

這種政治體制的設計，關係到「一國兩制」方針和中央對澳門基本方針政策的貫徹落實，關係到中央與澳門特別行政區的關係，關係到澳門社會各方面的利益及長期繁榮穩定，因此是澳門基本法起草過程中一個比較重大的理論和實踐問題。這裏有三個方面值得考慮：第一，《中葡聯合聲明》對政治體制有一些規定，但比較簡要，不很詳細具體；第二，不能將澳門回歸前的總督制原封不動地保留下來，但可以吸收其中一些行之有效的因素；第三，香港基本法有關政治體制的規定可以參考，但是澳門的具體情況與香港又有不同，也不能完全照抄。

1990 年 5 月澳門基本法起草委員會政治體制專題小組討論了設計澳門特別行政區政治體制的指導原則，認為這些原則是：（1）必須符合「一國兩制」的方針和中葡聯合聲明的精神，既要維護國家的統一、主權和領土完整，又要體現澳門特別行政區享有高度的自治權，澳門人自己管理自己；（2）保持澳門的資本主義制度，兼顧澳門各階

---

3 〔葡〕簡能思：《政治學研究初階》，馮文莊、黃顯輝譯，法律翻譯辦公室、澳門大學法學院，1997 年，第 302 頁。

層的利益；（3）要從澳門的實際情況出發，既要考慮澳門政制現有的特點，又要考慮其存在的問題，以利於澳門的長期穩定和發展。[4]

澳門基本法起草委員會姬鵬飛主任在 1993 年 3 月 20 日在第八屆全國人民代表大會第一次會議上的《關於〈中華人民共和國澳門特別行政區基本法（草案）〉和有關文件及起草工作的說明》裏明確指出，「在政治體制方面，從有利於特別行政區的穩定發展，兼顧社會各階層的利益，循序漸進地發展民主制度的原則出發，制定行政機關、立法機關和司法機關之間既互相配合又互相制約的原則，規定了行政長官、行政機關、立法機關和司法機關的職權」。這裏指出了澳門特別行政區政治體制的設計指導思想。

根據這種指導思想，澳門基本法規定了行政長官既是澳門特別行政區的地區首長，又是澳門特別行政區政府的首長（第 45 條和第 62 條）。澳門特別行政區行政長官在當地通過選舉或協商產生，由中央人民政府任命（第 47 條）。行政長官行使廣泛職權：領導澳門特別行政區政府；負責執行基本法和其他法律；簽署立法會通過的法案，公佈法律；決定政府政策，發佈行政命令；制定行政法規並頒佈執行；提名並報請中央人民政府任命和免除政府主要官員和檢察長；委任部分立法會議員，依照法定程序任免各級法院院長和法官、檢察官和其他公職人員；依法赦免或減輕刑事罪犯的刑罰；處理請願和申訴事項；等等（第 50 條）。澳門基本法並規定行政長官在行政會協助下決策，行政長官委任行政會委員並主持行政會會議，行政會的委員由行政長官從政府主要官員、立法會議員和社會人士中委任，其任免由行政長

4　全國人大常委會澳門基本法辦公室編：《中華人民共和國澳門特別行政區基本法起草委員會文件彙編》，中國民主法制出版社，2011 年，第 57 頁。

官決定，行政長官在作出重要決策、向立法會提交法案、制定行政法規和解散立法會前，須徵詢行政會的意見，但人事任免、紀律制裁和緊急情況下採取的措施除外，行政長官如不採納行政會多數委員的意見，應將具體理由記錄在案（第 56、57 和 58 條）。行政長官如認為立法會通過的法案不符合澳門特別行政區的整體利益，可在九十日內提出書面理由並將法案發回立法會重議（第 51 條），行政長官在一定條件下有權解散立法會：（1）行政長官拒絕簽署立法會再次通過的法案；（2）立法會拒絕通過政府提出的財政預算案或行政長官認為關係到澳門特別行政區整體利益的法案，經協商仍不能取得一致意見（第 52 條）。

澳門基本法規定澳門特別行政區政府是澳門特別行政區的行政機關（第 61 條）。政府主要官員由行政長官提名並報請中央人民政府任命，並由行政長官建議中央人民政府免除其職務（第 50 條）。政府的職權為：制定並執行政策；管理各項行政事務；辦理中央人民政府授權的對外事務；編製並提出財政預算、決算；提出法案、議案、草擬行政法規；委派官員列席立法會會議聽取意見或代表政府發言（第 64 條）。政府必須遵守法律，對立法會負責：執行立法會通過並已生效的法律；定期向立法會作施政報告；答覆立法會議員的質詢（第 65 條）。

澳門基本法規定澳門特別行政區立法會是澳門特別行政區的立法機關（第 67 條）。立法會行使下列職權：制定、修改、暫停實施和廢除法律；審核、通過政府提出的財政預算案，審議政府提出的預算執行情況報告；根據政府提案決定稅收，批准由政府承擔債務；聽取行政長官的施政報告並進行辯論；就公共利益問題進行辯論；接受澳門居民申訴並作出處理；對行政長官提出彈劾案，報請中央人民政府決定；及在行使上述各項職權時，如有需要，可傳召和要求有關人士作

證和提供證據（第 71 條）。立法會議員可個別或聯名提出不涉及公共收支、政治體制或政府運作的議案，涉及政府政策的議案，在提出前必須得到行政長官的書面同意（第 75 條）。立法會在兩種情況下，有權迫使行政長官辭職：（1）行政長官兩次拒絕簽署立法會通過的法案而解散立法會，重選的立法會仍以全體議員三分之二多數通過所爭議的原案，而行政長官在三十日內仍然拒絕簽署；（2）因立法會拒絕通過財政預算案或關係到澳門特別行政區整體利益的法案而解散立法會，重選的立法會仍拒絕通過所爭議的原案（第 54 條）。

澳門基本法規定了法院行使審判權，法院獨立進行審判，只服從法律，不受任何干涉，亦不聽從任何命令或指示，但涉及國家行為的情況除外，法官履行審判職責的行為不受法律追究（第 82、83 和 89 條）。澳門基本法規定檢察院獨立行使法律賦予的檢察職能，不受任何干涉（第 90 條）。各級法院的法官，根據當地法官、律師和知名人士組成的獨立委員會的推薦，由行政長官任命。法官的選用以其專業資格為標準，符合標準的外籍法官也可聘用（第 87 條）。各級法院院長由行政長官從法官中選任（第 88 條）。終審法院法官的免職由行政長官根據立法會議員組成的審議委員會的建議決定，須報全國人大常委會備案（第 87 條）。檢察長由行政長官提名並報請中央人民政府任命，並由行政長官建議免除其職務（第 50、90 條）。

澳門基本法起草者以行政、立法與司法既互相配合又互相制約作為總的原則來設計特別行政區政治體制。這一原則既包含著行政主導的主要特徵，也包含著立法監督和司法獨立的內涵。行政主導、立法監督、司法獨立都是在行政、立法與司法既互相配合又互相制約這一

總的原則下運作的。[5]

這樣的一種政治體制是以行政長官為核心的，我們可以將其稱為「行政長官制」。

二、行政長官制的三個特點

行政長官是澳門特別行政區的地方政權組織形式，在這個地方政權組織形式下，行政長官是整個政治體制的核心。離開了行政長官，澳門特別行政區整個政治體制就無法運作。這樣一種地方政權組織形式，是與我國在澳門特別行政區實行「一國兩制」、「澳人治澳」和高度自治的基本方針政策是一致的。[6]

行政長官制具有以下三個特點：

第一，行政長官具有雙重法律地位，既是特別行政區的地區首長，又是特別行政區的行政首長。行政長官作為特別行政區的地區首長，代表澳門特別行政區，行政長官作為特別行政區的行政首長，領導特別行政區政府。

行政長官的這種雙重法律地位是由澳門特別行政區的法律地位決定的。澳門特別行政區是我國單一制國家結構形式下的一個享有高度自治權的地方行政區域，直轄於中央人民政府。就澳門特別行政區

---

[5] 王禹：《港澳政治體制中行政、立法與司法既互相配合又互相制約原則的探討》，載《政治與法律》，2018 年第 8 期。

[6] 有關行政長官制的基本內容，還可以參考蕭蔚雲主編：《論澳門特別行政區行政長官制》，澳門科技大學，2005 年，第 2 頁；及王禹編：《蕭蔚雲論港澳政治體制》，三聯出版（澳門）有限公司，2015 年，第 267 頁。

與中央人民政府的關係而言，行政長官起到了承上啟下的作用，就澳門特別行政區的對外關係而言，澳門特別行政區可以「中國澳門」的名義，在文化、經濟等領域，單獨地同世界各國、各地區及相關國際組織和地區性組織保持及發展關係，簽訂和履行有關協定，這些情況都需要在政治體制上設置一個職位，作為地區首長，使其能夠集中代表澳門特別行政區，行使有關權力。在澳門這樣一個微型的國際城市裏，這樣的一個地區首長亦應該有權領導政府，掌握最高的行政管理權。如果在這個地區首長下面，再設置一個行政首長，要麼形成各自為政的鬆散狀態，要麼其中一人形同虛設。[7] 這不僅不符合澳門回歸前的政治傳統，也無法與原有保留下來的行政制度具體銜接。

這是一種單頭制的政治體制：行政長官既是地區首長，也是行政首長。所謂單頭制，在國家體制的形態上，通常是指國家元首和政府首腦由一人擔任，國家元首與政府首腦的職權集於一人，典型的例子是美國總統。如果這兩個職位由不同的人擔任，則稱為「雙頭制」（Dualism），如英王與首相，法國的總統與總理，日本的天皇與首相。如果一個國家的國家元首職位與政府首腦職位，分別由不同的個人或兩個以上的集體擔任的制度，則稱為「多頭制」（Pluralism）。例如聖馬力諾和瑞士。[8]

這種的雙重法律地位決定了行政長官必須具有廣泛職權。澳門基本法第 50 條規定行政長官行使下列職權：（1）領導澳門特別行政區

---

[7]　蕭蔚雲：《論澳門基本法》，北京大學出版社，2003 年，第 65 頁。

[8]　有關單頭制、雙頭制和多頭制的概念，可參考龔祥瑞：《比較憲法與行政法》，法律出版社，2003 年，第 184 頁；楊祖功、顧俊禮：《西方政治制度比較》，世界知識出版社，1992 年，第 97 頁；及王蔚、施雪華：《美國「行政單頭制」政府領導體制的特點及其成因》，載《中國行政管理》2006 年第 6 期；等等。

政府；（2）負責執行本法和依照本法適用於澳門特別行政區的其他法律；（3）簽署立法會通過的法案，公佈法律；簽署立法會通過的財政預算案，將財政預算、決算報中央人民政府備案；（4）決定政府政策，發佈行政命令；（5）制定行政法規並頒佈執行；（6）提名並報請中央人民政府任命下列主要官員：各司司長、廉政專員、審計長、警察部門主要負責人和海關主要負責人；建議中央人民政府免除上述官員職務；（7）委任部分立法會議員；（8）任免行政會委員；（9）依照法定程序任免各級法院院長和法官，任免檢察官；（10）依照法定程序提名並報請中央人民政府任命檢察長，建議中央人民政府免除檢察長的職務；（11）依照法定程序任免公職人員；（12）執行中央人民政府就本法規定的有關事務發出的指令；（13）代表澳門特別行政區政府處理中央授權的對外事務和其他事務；（14）批准向立法會提出有關財政收入或支出的動議；（15）根據國家和澳門特別行政區的安全或重大公共利益的需要，決定政府官員或其他負責政府公務的人員是否向立法會或其所屬的委員會作證和提供證據；（16）依法頒授澳門特別行政區獎章和榮譽稱號；（17）依法赦免或減輕刑事罪犯的刑罰；（18）處理請願、申訴事項。不僅如此，澳門基本法還在其他許多條文裏對行政長官的職權作了規定。如第 51 條規定行政長官將立法會法案發回重議，第 52 條規定行政長官解散立法會，第 53 條規定行政長官批准臨時短期撥款，第 58 條規定行政長官主持行政會，以及第 144 條、附件一和附件二對澳門特別行政區內部對基本法的修改、附件一和附件二的修改的同意權，等等。

這些職權，有些是基於行政長官的地區首長身份而規定的，有些是基於行政長官的行政首長身份而規定的。這些職權都體現了行政長官在整個政治體制中的核心地位。澳門基本法並設置了行政會協助行

政長官決策。行政長官在作出重要決策、向立法會提交法案、制定行政法規和解散立法會前，須徵詢行政會的意見，但人事任免、紀律制裁和緊急情況下採取的措施除外。行政長官如不採納行政會多數委員的意見，應將具體理由記錄在案。行政會的委員由行政長官從政府主要官員、立法會議員和社會人士中委任，其任免由行政長官決定。行政會委員的人數為七至十一人。行政長官認為必要時可邀請有關人士列席行政會會議。行政會的設置不僅體現了行政與立法互相配合的政治體制原則，而且也體現了行政長官在整個政治體制中的核心地位。

第二，行政長官實行雙重負責，即行政長官既向中央人民政府負責，也向澳門特別行政區負責。這兩種負責都是實質性的。與這兩種負責相一致的，是行政長官的產生辦法由兩部分構成，即行政長官先在澳門當地通過選舉或協商產生，再由中央人民政府任命。

行政長官的這兩種負責和兩部分的產生辦法，是由澳門特別行政區的法律地位決定的。澳門特別行政區實行高度自治，這種高度自治的權力非其本身所固有，行政長官是由中央人民政府任命，無論是其作為地區首長行使的職權，還是作為行政首長行使的職權，其本身就來自中央的授權，自然要對中央人民政府負責。同時，澳門特別行政區實行「澳人治澳」，行政長官是「澳人治澳」的集中代表和體現，行政長官在澳門當地通過選舉或協商產生，也自然要對澳門特別行政區負責。

行政長官制的這個特點與總督制有很大不同。澳門組織章程第 7 條規定，「總督由共和國總統任免，並授予職權。對總督的任命應預先諮詢當地居民，該項諮詢主要透過立法會及在社會基本利益方面有代表性的機構為之」。這就是指，總督由葡萄牙總統任命產生，並對宗主國葡萄牙負責。葡萄牙總統對總督的任命，雖然需要諮詢澳門當地

居民的意見，但這種諮詢缺乏明確的法律效力。這與行政長官既需要對上負責，也需要對下負責，構成了鮮明的對比。

行政長官既向中央人民政府負責，又向澳門特別行政區負責，不能將這兩種負責對立起來。這兩種負責在根本上是統一的。[9] 這是因為國家的根本利益和特區的根本利益是一致的，即維護國家主權、安全和發展利益，既是特區的根本利益所在，也是國家的根本利益所在；保持澳門長期繁榮穩定，既是特區的根本利益所在，也是國家的根本利益所在。[10]

第三，行政長官領導下的政府向立法會負責，行政長官受到立法會一定程度的制約。

中葡聯合聲明附件一第二項規定：「行政機關必須遵守法律，對立法機關負責。」澳門基本法第 61 條規定澳門特別行政區政府是澳門特別行政區的行政機關，澳門基本法第 50 條第（一）項明確規定行政長官領導特別行政區政府。第 62 條規定，「澳門特別行政區政府的首長是澳門特別行政區行政長官。澳門特別行政區政府設司、局、廳、處」。澳門基本法第 64 條規定了政府的六項職權。

澳門基本法對澳門宏觀行政架構的規定體現了相當大的原則性與靈活性，並無具體設計，澳門回歸前對此問題進行了討論，後來最終確定為設立五司架構。澳門第 2/1999 號法律《政府組織綱要法》第 5

---

9   有關行政長官向中央人民政府負責的制度，可參見江華：《論澳門特別行政區行政長官對中央人民政府負責》，及紀熠：《如何建立特別行政區行政長官述職、彙報制度》，載楊允中、饒戈平主編：《一國兩制理論的豐富和發展：紀念澳門基本法頒佈 20 周年學術研討會論文集》，澳門基本法推廣協會，2013 年 9 月。

10   吳邦國在「澳門社會各界紀念澳門基本法頒佈二十周年啟動大會」上的講話，載《澳門日報》，2013 年 2 月 22 日，A6 版。

條規定，「政府各司的名稱及排列順序如下：（一）行政法務司；（二）經濟財政司；（三）保安司；（四）社會文化司；（五）運輸工務司。各司設司長一名，領導該司的工作」。

澳門組織章程既沒有規定政府的法律概念，也沒有政府的職權。澳門在回歸前，葡萄牙通過澳門總督來管治澳門，總督大權獨攬，從政治學的角度看，當時不存在著嚴格意義上的政府概念，政府在某種意義上是總督的辦事處，總督通過從上到下逐級授權進行施政，這種授權帶有私人授權的性質。[11] 澳門基本法第 65 條規定，澳門特別行政區政府必須遵守法律，對澳門特別行政區立法會負責：執行立法會通過並已生效的法律；定期向立法會作施政報告；答覆立法會議員的質詢。這是行政長官制不同於總督制的一個重要特點。

在美國總統制下，總統無須向國會負責，政府部長對總統負責而不對國會負責。法國既有總統，也有總理，政府成員也可以同時兼任議員，政府成員首先對總統負責，然後集體對議會負責。美國政治體制是單頭制，法國政治體制是雙頭制。澳門基本法規定的政治體制是單頭制，政府主要官員由行政長官提名並報請中央人民政府任命，政府主要官員守則則進一步規定政府主要官員對行政長官負責。

澳門基本法規定政府向立法會負責，是有特定內涵的。這就是指政府對立法會負責有三種形式，是指執行立法會通過並已生效的法律；定期向立法會作施政報告；答覆立法會議員的質詢。澳門基本法這裏在負責後面用了冒號，而非分號。這個標點符合限定了負責的內涵，而不能將負責的內涵作無限擴大理解。不能將議會內閣制裏行政

---

11 見吳志良、陳欣欣：《澳門政治社會研究》，澳門成人教育學會，2000 年，第 45 頁。

對立法的負責內涵搬到澳門基本法第 65 條裏去理解。

　　同時，行政長官受到立法會一定程度的制約。行政長官與立法會採用不同的產生辦法產生，互不隸屬。行政長官的產生辦法由附件一規定，立法會的產生辦法由附件二規定；行政長官目前由一個有廣泛代表性的選舉委員會選出報中央人民政府任命，立法會則由三種議員結構組成。立法會無權罷免行政長官，也無權對政府主要官員提出不信任案，但立法會有權對行政長官提出彈劾案報中央人民政府決定，立法會有權在法定條件下迫使行政長官辭職。

三、澳門回歸後行政與立法的關係及其運作

　　從回歸前的總督制到澳門回歸後的行政長官制，行政與立法的關係發生了根本性的變化。這些根本性變化表現在：第一，總督轉變為行政長官，總督由原來的僅對宗主國葡萄牙負責轉變為行政長官既對中央人民政府負責，也要對澳門特別行政區負責。第二，立法會的地位在政治生活中上升。行政長官不再像總督那樣，與立法會共同行使立法權，雙軌立法體制轉變為單軌立法體制，立法會成為唯一的立法機關，立法會的立法權限比回歸前的立法會有明顯擴大。第三，澳門組織章程既沒有規定政府的概念，也沒有規定政府的職權，澳門基本法不僅規定了政府的概念，而且還規定了政府的職權，並規定特別行政區政府必須向立法會負責。這些變化為澳門回歸後行政與立法的關係運作在原有制度基本不變的基礎上帶來了運作上的新挑戰。

　　當香港各界把焦點放在爭論行政主導是否存在的問題時，澳門特別行政區已經運用行政主導的政制設計原則，為推動經濟復甦和迅速

發展採取了一系列的變革和立法。[12] 在澳門基本法裏尤其需要指出的有兩個制度設計，行政長官有權委任部分立法會議員，及行政長官有權制定行政法規並頒佈執行。澳門特別行政區行政長官的這兩項職權是香港基本法所沒有寫的。再加上，行政長官有權從立法會任免一些議員進入行政會，而且行政會的會議內容需要保密，這就使得被委任為行政會委員的立法會議員，即所謂的「雙料議員」，也可成為行政長官在立法會裏穩定的「鐵票」。[13] 澳門基本法第 75 條規定政府有公共收支、政治體制或政府運作的專屬提案權，立法會議事規則進一步規定對相關修訂提案的決定權屬於政府。[14] 這就為澳門特別行政區政治體制中行政主導原則的順利展開提供了重要條件。

澳門回歸以來，行政與立法形成了良性的互動、溝通與配合的關係。重在配合是其特色。[15] 行政主導體制牢固建立及行政主導的觀念深入人心，以及澳門特定的微型熟人社會和社團政治為行政與立法的互相配合通過了重要的社會土壤。行政會作為協助行政長官決策的機構，對行政與立法的互相溝通發揮了一定功能。這就使得從對政府法案的審議工作，到政府施政方針以及重大政策的制定與完善，以及對政府財政預算案的審議通過，對政府日常工作進行監督等，立法會均以全力配合。[16] 然而，行政主導不能理解為行政獨大，行政與立法互相配合又互

---

12 宋小莊、何曼盈：《澳門行政主導下行政立法關係簡析》，載《「一國兩制」與澳門特區法制建設 —— 大型學術研討會論文集》，澳門理工學院一國兩制研究中心，2010 年。

13 宋小莊、何曼盈：《澳門行政主導下行政立法關係簡析》，載《「一國兩制」與澳門特區法制建設 —— 大型學術研討會論文集》，澳門理工學院一國兩制研究中心，2010 年。

14 第 1/1999 號決議《澳門特別行政區立法會議事規則》第 104 條。

15 徐靜琳、賀斌：《行政主導體制下澳門立法會的定位及運作》，載《「一國兩制」與澳門特區法制建設 —— 大型學術研討會論文集》，澳門理工學院一國兩制研究中心，2010 年。

16 曹其真：《立法會主席十年工作情況的總結報告》，載《九鼎》2009 年第 10 期。

相制約不能理解為行政與立法只講配合，不講制約，行政與立法互相制約也不能理解為只講立法對行政的配合，不講行政對立法的配合。

立法會主要有兩個功能：立法功能和監督功能。立法功能主要是體現在澳門基本法第 71 條第（一）項：立法會依照本法規定和法定程序制定、修改、暫停實施和廢除法律；監督功能主要體現在第 71 條第（一）項以外的其他項條文及第 65 條和第 76 條等上，具體包括：（1）財政的審核和審議：（2）辯論施政報告和公共利益；（3）質詢；（4）彈劾。立法會對行政的制約作用主要體現在立法功能和監督功能上。

法律、法令與行政法規的關係，是澳門回歸後政府與立法會長期爭議的問題。2009 年立法會制定了第 13 號法律《關於訂定內部規範的法律制度》，消除了部分爭議。還有必要進一步建立嚴密的法律位階制度，科學的立法規劃制度和規範的立法技術制度。

有必要進一步修改立法會的議事規則，改進立法會的內部工作制度。改進議員質詢制度，提高議員質詢的質量和成效，健全立法會的辯論制度。適當增強立法會的監督能力和制約功能，進一步發揮立法會作為立法機關應有的政治功能。[17]

四、2012 年政制發展的深遠影響

有關行政長官與立法會的產生辦法，澳門基本法在結構上有特殊

---

17 參見徐靜琳、賀斌：《行政主導體制下澳門立法會的定位及運作》，載《一國兩制與澳門特區法制建設 —— 大型學術研討會論文集》，澳門理工學院一國兩制研究中心，2010 年；及鄞益奮：《港澳地區立法會與行政長官的制約配合關係》，澳門大學法學院網站。

的安排，即將兩個產生辦法的原則性規定寫進基本法，而具體的產生辦法由在正文後面設置的附件一和附件二加以規定。附件一規定了行政長官的產生辦法，附件二規定了立法會的產生辦法，附件一和附件二並規定了各自的修改程序，這個修改程序比正文修改要簡單些和靈活性。有關附件一行政長官產生辦法和附件二立法會產生辦法是否修改和如何修改的問題，就構成我們通常所說的「政制發展問題」。

澳門基本法第 47 條規定，「澳門特別行政區行政長官在當地通過選舉或協商產生，由中央人民政府任命。行政長官的產生辦法由附件一《澳門特別行政區行政長官的產生辦法》規定」。澳門基本法附件一共七條，規定了以下四個內容：（1）行政長官由一個具有廣泛代表性的選舉委員會選出，報中央人民政府任命，選舉委員會共三百人，任期五年，由四個界別組成，其中工商、金融界一百人，文化、教育、專業等界八十人，勞工、社會服務、宗教等界八十人，立法會議員的代表，市政機構成員的代表、澳門地區全國人大代表、澳門地區全國政協委員的代表四十人；（2）規定了選舉委員會提名行政長官候選人和投票的基本原則，並授權澳門特別行政區制定具體的選舉辦法，其中明確規定不少於五十名的選舉委員會委員可聯合提名行政長官候選人；（3）規定本辦法不適用第一任行政長官的選舉；（4）規定本附件一的修改程序，即須經立法會全體議員三分之二多數通過，行政長官同意，並報全國人大常委會批准。

澳門基本法第 68 條第 2 款和第 3 款規定，「立法會多數議員由選舉產生。立法會的產生辦法由附件二《澳門特別行政區立法會的產生辦法》規定」。澳門基本法附件二共三條，規定了以下四個內容：（1）規定本辦法不適用於第一屆立法會；（2）規定了立法會由三種結構組成：直接選舉的議員、間接選舉的議員和委任的議員，其中第二屆

立法會由二十七人組成，直選議員十人、間選議員十人和委任議員七人，第三屆及以後各屆立法會由二十九人組成，直選議員十二人，間選議員十人，委任議員七人；（3）授權澳門特別行政區制定具體的議員選舉辦法；（4）規定本附件二的修改程序，即須經立法會全體議員三分之二多數通過，行政長官同意，並報全國人大常委會備案。

政制發展實際上包括了兩個問題：第一，是關於政制發展的程序問題，第二，是關於政制發展的實體問題。

政制發展的程序問題，是指附件一和附件二的修改程序應當怎樣進行？附件一第 7 條和附件二第 3 條的規定指出，2009 年及以後澳門特別行政區行政長官和立法會的產生辦法如需修改，須經立法會全體議員三分之二多數通過，行政長官同意，並報全國人民代表大會常務委員會批准或備案。這裏有四個問題需要解決：（1）附件一和附件二修改的啟動問題。附件一第 7 條和附件二第 3 條所指的「如何修改」，是指可以修改，也可以不修改，那麼，誰可以作出修改的判斷？（2）附件一和附件二修改草案的提出問題，「須經立法會全體議員三分之二多數通過」，應該理解為是政府向立法會提出修改草案呢？還是議員向立法會提出修改草案？（3）附件一和附件二修改的主導權和最終決定權問題，以及附件二第 3 條的「備案」應當怎樣理解？

政制發展的實體問題，就是指附件一和附件二的實體內容進行修改的問題。就附件一來說，主要涉及兩個方面：（1）要不要改變目前的間接選舉制度，而改由全澳居民普選產生行政長官；（2）在保持目前的間接選舉制度的基礎上，要不要增加選舉委員會的人數，以及這些人數應當怎樣增加。就附件二的修改來看，主要涉及兩個問題：（1）要不要改變澳門立法會目前三種議員的組成結構，（2）在保持三種議員結構的前提下，要不要增加立法會議員的總數，以及這些人數應當

怎樣增加。

2011 年 11 月，行政長官崔世安在 2012 年財政年度施政報告中指出，「基於 2013 年第五屆立法會選舉、2014 年行政長官選舉的日漸接近，特區政府決定，把處理澳門基本法附件一和附件二規定的行政長官和立法會產生辦法是否修改問題，作為明年施政的重要內容」。為了進一步明確修改基本法附件一和附件二的具體程序，行政長官崔世安先生於 2011 年 11 月 17 日致函全國人大常委會委員長，請全國人大常委會酌定是否需要對澳門基本法附件一第 7 條和附件二第 3 條的規定作出解釋。

2011 年 12 月 31 日，全國人大常委會對澳門基本法附件一第 7 條和附件二第 3 條作出解釋，進一步明確了行政長官和立法會產生辦法的修改程序，即政制發展「五部曲」：（1）行政長官向全國人大常委會提出報告；（2）全國人大常委會對是否需要修改作出決定；（3）特區政府向立法會提出修改行政長官和立法會產生辦法的議案，並經立法會全體議員三分之二多數通過；（4）行政長官同意經立法會通過的行政長官和立法會產生辦法的修改法案；（5）行政長官將有關修改法案報全國人大常委會批准或備案。全國人大常委會的解釋還指出，只有經過全國人大常委會的批准或備案程序，附件一和附件二的修改才可以生效。這就解決了澳門特別行政區政制發展的程序問題。

澳門特別行政區政府在全國人大常委會對澳門基本法附件一第 7 條和附件二第 3 條作出解釋後，展開了為期一個月（2012 年 1 月 1 日

至 31 日）的首階段聽取意見活動，集中聽取各方面的意見。[18] 在此基礎上，行政長官根據基本法和全國人大常委會解釋的相關規定，於 2012 年 2 月 7 日向全國人大常委會提交報告，認為有必要在澳門基本法的框架內，按照澳門特別行政區的實際情況，對 2013 年立法會產生辦法和 2014 年行政長官產生辦法作出適當修改。2 月 29 日，全國人大常委會通過了《關於澳門特別行政區 2013 年立法會產生辦法和 2014 年行政長官產生辦法有關問題的決定》。這就走完了政制發展的「第一步」和「第二步」。

2012 年 2 月 29 日全國人大常委會決定指出，有關澳門特別行政區行政長官產生辦法和立法會產生辦法的任何修改，都應當符合澳門基本法第 47 條和第 68 條的有關規定，並遵循從澳門的實際情況出發，有利於保持澳門特別行政區基本政治制度的穩定，有利於行政主導政治體制的有效運作，有利於兼顧澳門社會各階層各界別的利益，有利於保持澳門的長期繁榮穩定和發展等原則。全國人大常委會進一步指出：「澳門基本法附件一第一條關於行政長官由一個具有廣泛代表性的選舉委員會選舉產生的規定，澳門基本法附件二第一條關於立法會由直接選舉的議員、間接選舉的議員和委任的議員三部分組成的規

---

[18] 這次諮詢共舉辦了八場各界代表人士及市民座談會，並推動各界人士、社團組織和廣大市民以各種方式積極參與、理性探討，自由發表看法。包括澳區全國人大代表和全國政協委員、立法會議員、行政會委員、行政長官選委會委員、法官委員會委員和檢察官委員會委員、工商金融界、勞工界、社會服務界、教育界、文化界、專業界、體育界、傳媒界、公務員團體，政府諮詢組織成員等不同層面的人士和市民共 1,119 人次參加。其他社會組織、學術團體及傳媒機構亦舉辦多場座談會、研討會、公眾論壇等活動，為政制發展建言獻策。政府通過會議記錄、網站、郵寄、傳真、親身遞交、電話等方式收集到 2,692 份意見和建議。見《政制發展諮詢文件：關於修改 2013 年立法會產生辦法、2014 年行政長官產生辦法及本地區選舉法相關規定的建議》，澳門特別行政區政府，2012 年 3 月。

定，是符合上述原則的基本制度安排，並得到澳門社會各界的普遍肯定和認同，應當長期保持不變。」這個決定解決了 2013 年立法會產生辦法和 2014 年行政長官產生辦法修改的基本框架問題。

其後，澳門特區政府公佈了《政制發展諮詢文件》，就修改 2013 年立法會產生辦法、2014 年行政長官產生辦法及本地選舉法相關規定，展開為期四十五天（2012 年 3 月 10 日至 4 月 23 日）的公開諮詢活動。在公眾諮詢期間，澳門社會各界就修改 2013 年立法會和 2014 年行政長官產生辦法應堅持的原則和方案進行了更加深入的討論，形成了更為廣泛的共識。關於 2014 年行政長官產生辦法，社會的主流意見認為應當將行政長官選舉委員會增加到四百人，其中並應該將新增名額更多地分配給專業界、勞工界、社會服務界等界別。關於 2013 年立法會產生辦法，社會的主流意見認為應當增加直選議員和間選議員各兩人，委任議席不變。[19]

在這些共識的基礎上，澳門特區政府向立法會提交了《中華人民共和國澳門特別行政區基本法附件一澳門特別行政區行政長官的產生辦法修正案（草案）》和《中華人民共和國澳門特別行政區基本法附件二澳門特別行政區立法會的產生辦法修正案（草案）》。附件一修正案草案將 2014 年行政長官選舉委員會的人數增加到四百人，其中工商、金融界增加到一百二十人，文化、教育、專業等界增加到一百一十五

---

[19] 在特區政府收集到的 153,092 個意見中，有 133,431 個意見認為應增加行政長官選舉委員會到 400 人，在收到的 54,100 個意見有關新增選舉委員會委員名額的分配意見中，有 28,362 個意見主張將新增加的選舉委員會委員名額更多地分配給專業界、勞工界、社會服務界等界別。見澳門立法會第二常設委員會第 4/IV/2012 號意見書《澳門特別行政區行政長官的產生辦法修正案（草案）決議案》。在特區政府收集到 159,837 個意見中，有 138,251 個意見認為直選議席和間選議席各增加 2 席，而委任議席不變。見澳門立法會第二常設委員會第 5/IV/2012 號意見書《澳門特別行政區立法會的產生辦法修正案（草案）決議案》。

人，勞工、社會服務、宗教等界增加到一百一十五人，立法會議員的代表，市政機構成員的代表、澳門地區全國人大代表、澳門地區全國政協委員的代表增加到五十人，選舉委員會委員提名行政長官候選人的人數改為不少於六十六名，附件二修正案草案將立法會議員總數由原來的二十九人增加到三十三人，直接選舉議員和間接選舉議員各增加兩名，委任議員不變。

2012 年 6 月 5 日，《澳門特別行政區行政長官的產生辦法修正案（草案）》決議案、《澳門特別行政區立法會的產生辦法修正案（草案）》決議案，獲立法會全體議員三分二多數細則性通過。6 月 6 日，行政長官就「兩個產生辦法」修正案（草案）報請全國人大常委會批准或備案。6 月 30 日，全國人大常委會批准澳門行政長官報請的《澳門行政長官產生辦法修正案（草案）》，以及對《澳門立法會產生辦法修正案（草案）》予以備案，標誌修改「兩個產生辦法」的法律程序全部順利完成。

由於 2012 年政制發展的討論內容僅限於 2013 年立法會產生辦法和 2014 年行政長官產生辦法，附件一修正案和附件二修正案也只能對 2014 年行政長官產生辦法和 2013 年立法會產生辦法作出明確規定，從立法技術上看，屬於個別性規定，而澳門基本法附件一有關選舉委員會共三百人組成的規定並沒有指明具體年分，是一種「一般性的規定」，附件二則明確指出第三屆及以後各屆立法會由二十九人組成，因此，基於法律的嚴密性，附件一修正案和附件二修正案都明確規定，第五任及以後各任行政長官產生辦法和第六屆及以後各屆立法會的產生辦法，在

依照法定程序作出進一步修改前，按本修正案的規定執行。[20]

　　循序漸進、均衡參與是澳門特別行政區推進政制發展和民主建設必須遵循的原則。澳門特區的政制發展和民主建設根據澳門基本法有關規定及精神穩妥有序向前進步，這是確保社會和諧穩定、經濟繁榮穩定的基本保障，也是推進「一國兩制」行穩致遠、正確驗證「一國兩制」的必要條件。

（原文《新型政治體制的設計與運作》，載《「一國兩制」成功實踐的啟示 —— 對澳門回歸十五年巨變必然性的基本認知》，澳門學者同盟，2014 年 11 月。收入本書時有修改）

20　有關附件一修正案和附件二修正案裏繼續適用條款的立法技術分析，可參見王禹：《澳門基本法附件一和附件二修改的法律技術問題》，《澳門日報》，2012 年 4 月 25 日。

第六章
兼顧各階層利益的民主
政制設計原則

一、兼顧各階層利益原則在澳門基本法中的體現

所謂政制，也就是指政治體制或政體，亦被稱為「政治架構」。香港基本法第四章以「政治體制」為標題，規定了行政長官、行政機關、立法機關、司法機關、區域組織和公務人員六節內容，澳門基本法第四章亦以「政治體制」為標題規定了行政長官、行政機關、立法機關、司法機關、市政機構、公務人員和宣誓效忠七節內容，政治體制也包括了這些機構的地位、產生方式、職權和互相關係。

香港和澳門在回歸前是英國和葡萄牙的殖民地，實行總督制的政治體制，這種體制賦予總督極大的權力，總督代表宗主國英國女王和葡萄牙總統在香港和澳門進行管治，擁有立法權、行政權和軍權等，這種政治體制是為實現英國和葡萄牙的殖民利益而服務的，回歸後不能將其完全保留下來。而我國內地實行的人民代表大會制，也不能將其搬到香港和澳門來。所以，中國在對香港和澳門恢復行使主權、建立特別行政區以後，面臨著建立一個什麼樣的政治體制問題。

在不同的政治體制中，社會各階層有不同的地位和發言權。政治體制的設計涉及到社會各階層政治利益的分配，進而影響到各階層的經濟利益的分配。因此，如何設計特別行政區政治體制在起草香港基本法的過程中引起了廣泛而激烈的討論，1986 年香港基本法起草委員會政治體制專題小組第三次會議上，就歸納出香港各界人士對行政長官產生的辦法有二十六種方案和意見，香港基本法諮詢委員會在 1987 年提出的《行政長官的產生辦法（最後報告）》和《行政長官的產生

辦法方案歸納報告》兩份文件中共收集了三十多種建議。[1]

　　為了解決香港各界的爭論，香港基本法起草委員會政治體制專題小組提出了先探討設計政治體制的指導原則，然後再討論如何具體起草法律條文。蕭蔚雲教授是當時政治體制專題小組的中方負責人，他在自己文章裏指出，這些指導原則，具體說來，有以下幾項：（一）要符合「一國兩制」方針與中英聯合聲明的精神；（二）要有利於香港的繁榮、穩定，兼顧各階層的利益；（三）保持原有政治體制中的優點，逐步發展適合於香港的民主參與。[2] 基本法的起草實踐證明，先研究一些指導原則，取得一些共識，再來討論具體的法律條文，這樣的做法是必要的和正確的。值得注意的是，在起草基本法政治體制部分一開始，兼顧各階層的利益就是設計特別行政區政治體制的一個重要指導原則。

　　1990 年 3 月，香港基本法草案提交全國人大審議，起草委員會主任姬鵬飛作了《關於〈中華人民共和國香港特別行政區基本法（草案）〉及其有關文件的說明》，在談到政治體制部分時，指出：「香港特別行政區的政治體制，要符合『一國兩制』的原則，要從香港的法律地位和實際情況出發，以保障香港的穩定繁榮為目的。為此，必須兼顧社會各階層的利益，有利於資本主義經濟的發展；既保持原政治體制中行之有效的部分，又要循序漸進地逐步發展適合香港情況的民主制度。」1993 年 3 月，澳門基本法草案提交全國人大審議，起草委員會主任姬鵬飛向全國人大作了澳門基本法起草工作的說明，亦明確指出：「在政治體制方面，使有利於特別行政區的穩定發展，兼顧社會各

1　蕭蔚雲：《論香港基本法》，北京大學出版社，2003 年，第 74 頁。
2　蕭蔚雲：《論香港基本法》，北京大學出版社，2003 年，第 376-383 頁。

階層的利益，循序漸進地發展民主制度的原則出發，制定行政機關、立法機關和司法機關之間既互相配合又互相制約的原則，規定了行政長官、行政機關、立法機關和司法機關的職權。」由此可見，「兼顧各階層的利益」是在設計香港和澳門特別行政區政治體制時的一個比較明確的原則，是當時的立法原意。

2003 年以來，關於香港政治體制的檢討引起了很大的爭議，2004 年 4 月 26 日，全國人大常委會根據香港行政長官的報告作出了《關於香港特別行政區 2007 年行政長官和 2008 年立法會產生辦法有關問題的決定》，指出：香港行政長官和立法會產生辦法的任何改變，必須遵循四個原則：（1）與香港社會經濟、政治的發展相協調，（2）有利於社會各階層、各界別、各方面的均衡參與，（3）有利於行政主導體制的有效運行，（4）有利於保持香港的長期繁榮穩定。這就進一步揭示了兼顧各階層利益的民主政治體制設計原則。

實際上，兼顧各階層利益的原則在澳門特別行政區政治體制中的體現是比較明顯的：

第一，澳門基本法附件一規定行政長官由一個具有廣泛代表性的選舉委員會選出，由中央人民政府任命。選舉委員會委員共三百人，由下列各界人士組成：工商、金融界一百人，文化、教育、專業等界八十人，勞工、社會服務、宗教等界八十人，立法會議員的代表、市政機構成員的代表、澳門地區全國人民代表、澳門地區全國政協委員的代表四十人。澳門基本法作這樣的規定，其目的是選舉委員會具有廣泛代表性，讓澳門各階層都有機會和意願參與行政長官的選舉，從而有利於協調、緩和澳門社會各階層的關係，有利於調動各方面的力量積極參與澳門特別行政區的各項管理。2012 年 6 月 12 日全國人大常委會批准的澳門基本法附件一修正案將行政長官選舉委員會人數增

加到四百人，上述各個界別人數分別調整為一百二十人、一百一十五人、一百一十五人和五十人。

第二，澳門基本法附件二規定立法會由直接選舉的議員、間接選舉的議員、委任的議員組成。澳門基本法作這樣的規定，其目的是讓各階層的人士能夠通過不同的渠道，選舉自己的代表進入立法會。譬如直接選舉的方式可以讓基層的民眾有更多的聲音發出；間接選舉則由工商金融界、勞工界、專業界、社會服務及教育界、文化及體育界按不同名額選出，可以讓不同界別的代表進入立法會反映他們的意見和要求[3]；而行政長官委任部分立法會議員，可以使一些社會人士有機會進入立法會。

第三，澳門立法會直接選舉部分採用漢迪比例代表制計算當選票數。這種選舉方式以多候選人名單方式選出，分別核算每一候選名單的得票數目，並將每一候選名單的得票數目順次除以一、二、四、八及續後的二的乘冪，所除次數為供分配議席的數目，將所有商數由大至小排成一序列，而組成該序列的商數數目相等於議席的數目；議席歸於按上述規則排成的序列中的商數所屬的候選名單，每一候選名單取得本身在序列中所佔商數數目的議席。這種選票計算方式相比於其他比例代表制而言，在很大程度上更加有利於小黨或小的競選組別。間接選舉計算方法與直接選舉相同。

第四，澳門基本法第 26 條規定，「澳門特別行政區永久性居民依

3　第 3/2001 號法律《澳門特別行政區立法會選舉法》將間選議員劃屬四個界別：僱主利益選舉組別、勞工利益選舉組別、專業利益選舉組別、慈善、文化、教育及體育利益組別。2005年修改立法會選舉法，將上述四個界別和名稱加以修改，使其與行政長官選舉委員會選舉中的界別分類相一致：工商、金融界選舉組別、勞工界選舉組別、專業界選舉組別、社會服務及教育界選舉組別、文化及體育界選舉組別。

法享有選舉權和被選舉權」。根據澳門現有法律，年滿十八周歲的永久性居民就擁有選舉權，年滿十八周歲的永久性居民擁有被選舉權，而且擁有選舉權不以取得中國國籍為必要條件，只要具有永久性居民身份即可。[4] 澳門的選舉制度基本上將選舉權擴展到澳門社會的各個階層和各個方面，這也是兼顧各階層利益原則在澳門特別行政區政治體制中的最好體現。

二、兼顧各階層利益原則與西方的混合政體理論不謀而合

香港特別行政區和澳門特別行政區的政治體制設計為什麼要以兼顧各階層利益作為其中一個指導原則？

這是因為基本法起草者認為香港和澳門的繁榮、穩定和發展是港澳本地的工商業者、工人和其他階層共同努力的結果，香港和澳門今後的繁榮、穩定和發展仍然需要這種努力，所以，在政治上、經濟上需要兼顧各階層的利益。政治體制與每一個居民的政治利益和經濟利益密切相關。政治體制的設計必須兼顧各階層的利益，妥善處理政治權力的分配，以達到合理分享各階層所努力創造出來的財富。不慎重地解決政治體制中的這個問題，特別行政區的經濟繁榮和社會穩定也難以較好的實現。[5]

4　1976 年以來，澳門居民享有被選舉權的年齡資格一直為二十一周歲，享有投票權的年齡資格為年滿十八周歲。2008 年立法會選舉法修改時，將享有被選舉權的年齡資格由二十一周歲改為十八周歲。

5　蕭蔚雲：《論香港基本法》，北京大學出版社，2003 年，第 78 頁。

我在這裏想指出的，兼顧各階層利益的民主政制設計原則，並非香港基本法和澳門基本法所獨創，而是與西方社會的憲政傳統相契合的。實際上，西方的憲政理論傳統中有一種學說認為，最優良的政治體制是混合政體，即分別採用各個政體的某一個優點折合而成一個新的政體，從而達到兼顧各個階層的利益。香港基本法和澳門基本法中民主政制設計必須兼顧社會各階層的利益的思想，實際上與西方社會歷來贊成混合政體的理論傳統是不謀而合的。

　　古希臘的柏拉圖最早在他的《法律篇》裏提出，最優良的政體是民主政體和僭主政體的混合。亞里士多德認為，國家最高治權的執行者既可以是「一人」、也可以是少數人，又可以是多數人，只有當統治者是為了全城邦利益而不是為了自己或自己集團的私利時進行統治時，才是正宗的政體，他稱為君主制、貴族制和共和制。如果統治者為了自己或自己集團的私利而不顧全體的利益時，這種政體就是變態的政體，他稱為僭主制、寡頭制和平民制。三種變態政體與正宗政體相比的共同特徵是「都不能照顧城邦全體公民的利益」，所以，正宗的政體是符合正義，而變態的政體則是不正義的。他還強調說，凡是良好的共和政體看來應當兼備平民和寡頭政體的因素，且又好像是兩者都不具備，使人分辨不出其為平民抑或寡頭政體，這樣便是混合得很周到，可以說是成功的共和政體。[6]

　　此後，古羅馬的波利比烏斯和西塞羅都曾闡述過混合政體理論，波利比烏斯還結合羅馬帝國的政治制度，系統闡述了混合政體的優越性。中世紀的阿奎那則認為，最好而又無危險的制度是能夠使智慧和

6　　徐祥民、劉惠榮等：《政體學說史》，北京大學出版社，2002 年，第 87 頁。

美德與多數人的「同意」結合起來，即實行混合政體，將君主制、貴族制和民主制的優點統一在一起。

近代憲法在英國產生以後，隨著代議制的發展，最佳的政治體制是一種君主、貴族院和平民院分享政府權力的結合體的思想亦同時發展起來，混合政體理論成為十七世紀英國佔主導地位的政治理論。洛克在他的《政府論》裏將混合政體與其他的民主制、寡頭制和君主制相並列，並提出應當將民主制和君主制相結合而構成混合政體，顯然，洛克的混合政體實際上是指經過 1688 年光榮革命建立起來的君主立憲議會制。[7]

其後，法國的孟德斯鳩提出了著名的權力分立與制衡學說，這種學說是指國家的權力應當被分成立法權、行政權和司法權三種。孟德斯鳩以當時的英國憲政制度為例，認為立法權由代表貴族利益的貴族院和代表平民利益的平民院組成，兩者的選舉方式不同，由各自的代表，由各自獨立的會議，代表獨立的利益。兩院互相制約，共同組成立法機關。行政權則由君主掌握，行政權有自己本質上的界限範圍，立法權不應過多干涉行政權，但行政權可以參與立法，這種參與僅僅限於否決立法機關制定的法律。孟德斯鳩的權力分立與制衡學說是混合政體學說的延續。在孟德斯鳩的權力分立與制衡理論中，君主、貴族及平民三個階層都可以參與政治，不同階層有自己的代表，他們分別組成不同的機關，通過機關之間的分立與制約，從而實現三個階層之間利益的均衡，達致一種和諧的國家狀態。[8]

---

[7]　徐祥民、劉惠榮等：《政體學說史》，北京大學出版社，2002 年，第 146-147 頁。

[8]　徐祥民、劉惠榮等：《政體學說史》，北京大學出版社，2002 年，第 186 頁。

三、兼顧各階層利益原則在西方各國憲法制度上的表現

兼顧各階層利益原則在當代世界各國憲法制度裏有深刻的體現，具體說來，大致有以下幾種方式：

第一，從限制選舉權發展到普遍選舉權原則。近代憲法在西方社會產生以後，選舉權和被選舉權僅僅限於少數公民行使，在法律上，對選舉資格採取各種各樣的限制，如財產、受教育程度、種族、性別和年齡等，有些國家所定的標準還很高，因此就將廣大的普通民眾排除在選舉制度之外。直到二十世紀，西方各國才逐漸取消了這些限制，僅僅保留了行使選舉權的幾個必不可少的要求，即國籍、年齡和精神狀態等。當代世界各國，有的以十八周歲為界，有的以二十周歲為界，有的以二十一周歲為界，凡是這個年齡以上的本國公民，精神狀態正常的，不受民族、種族、性別、家庭出身、社會地位、宗教信仰、教育程度、財產狀況等條件限制，均有權行使憲法上的選舉權和被選舉權。普遍選舉權制度是當代世界各國選舉法中的最基本制度。

我國憲法第34條規定，「中華人民共和國年滿十八周歲的公民，不分民族、種族、性別、職業、家庭出身、宗教信仰、教育程度、財產狀況、居住期限、都有選舉權和被選舉權；但是依照法律被剝奪政治權利的人除外」。意大利憲法第56條規定，「凡在選舉之日年滿二十五歲的選民均有資格當選為眾議員」。日本憲法第44條規定，「兩議院的議員及其選舉人的資格，以法律定之。但不得因人種、信仰、性別、社會身份、門第、教育、財產或收入不同而有所差別」。等等。普遍選舉制盡可能將憲法上的選舉權利擴展到本國每一個成年公民身上，實際上是兼顧各階層利益的最大體現。

第二種方式是採用職業代表制。所謂職業代表制，是指以相同職

業或功能團體為單位，如以商會、工會、軍人等為單位，選舉產生議員或代表組成代議機關。職業代表制是針對地域代表制的缺點發展起來的。所謂地域代表制，是指以一定的地理區域為基礎，選舉產生議員或代表組成代議機關。在地域代表制下，由於區域內的居民由不同職業或階層組成的，各自有自己不同的職業或階層利益，而被他們所選出的代表本身亦處於一定階層，有自己特定階層的利益，所以，在理論上可以說是無法代表本地區全部居民的利益。

譬如，按照地域代表制，某選區十萬居民選出一名議員。這十萬居民中由工人、資本家、農民以及其他不同階層組成。這名被選出的議員只能屬於某一特定階層，或者屬於工人階層，或者屬於資本家階層，或者是農民階層或其他階層，所以，實際上他是無法代表本區域內所有階層的利益的。職業代表制以相同的職業或功能團體為單位選出代表參加立法機關的工作，可以使議會能更全面地反映不同職業和不同團體的利益，以達到兼顧各階層利益。

現在，有些國家往往將地域代表制和職業代表制相結合來產生議員或代表，如我國憲法第 59 條規定「全國人民代表大會由省、自治區、直轄市、特別行政區和軍隊選出的代表組成」，即是採用地域代表制和職業代表制相結合，省、自治區、直轄市和特別行政區即是地域代表制，軍隊即是職業代表制。

第三種方式是採用比例代表制。與比例代表制相對應的是多數代表制，也稱「多數當選制」或「多數選舉制」，是指獲得一個選區多數選票的政黨或候選人即可當選的選票計算制度。其中，要求必須獲得過半數選票才能當選的，稱為「絕對多數代表制」，如果只要求獲得多數，而不問其是否超過半數，則稱為「相對多數代表制」。不管是絕對多數制，還是相對多數制，奉行的是「贏者全得」規則，這對大黨是

有利的，對小黨則是不利的。譬如，某國將全國劃分為三百個選區，每一個選區只選出一名議員，得票多者勝出，假設全國只有兩個政黨參與競選，一個為大黨，一個為小黨，在一般情況下，選民就將選票投給了大黨，小黨候選人的勝出機率就比較少，甚至可能是零。

所以，為了兼顧各階層利益，在立法機關中能有各階層各方面的代表參與，就產生了所謂比例代表制的選舉制度。這種選舉制度又稱為「比例當選法」，或「比例選舉法」，是指在大選區制下，按各政黨在選區內所得票佔總票數中的比例在各政黨之間分配議席，比例代表制的選舉結果往往是多數黨佔多數議席，少數黨佔少數議席，「較能反映多元民意的走向」，「使得各種不同政見、意識形態，甚至社會階層與類群團體」都有機會擁有本身的代言人。[9] 它最早出現於 1855 年的丹麥選舉中，歐洲大陸多數國家都採用這種制度，但具體的計算辦法則有不同。譬如澳門現在採用的改良漢迪比例代表制，就是一種比較有利於小黨或較小選舉組別的計算法。

第四，有些國家採用兩院制，上下兩院各自採用不同的選舉方式產生。如英國，下院由全國選舉產生，稱平民院，上院為貴族院，採用非選舉方式產生。採用兩院制的國家還有美國、日本、法國和德國等四十幾個國家。

第五，有些國家的憲法規定了部分議員委任產生的制度，由國家元首任命小部分的國會議員。如意大利憲法規定總統有權在任期內任命五位終身參議員，意大利憲法第 59 條規定，「共和國總統可以任命在社會、科學、藝術和文學方面以傑出成就為祖國增光的公民五人為

---

9 王業立：《比較選舉制度》，五南圖書出版公司，2001 年，第 51 頁。

終身參議員」。

　　第六，有些國家採用混合選舉制選出議員或代表組成立法機關。一種是地域代表制和職業代表制相結合，如我國的全國人大即由省、自治區、直轄市和軍隊選出的代表組成。另一種是採用多數代表制和比例代表制相結合，即部分議員採用多數代表制當選，而另一部分採用比例代表制當選。如德國自第二次世界大戰結束後，聯邦議院中的一半議員按小選區制選出，獲得絕對多數者當選，另一半議員則由全國選區選舉產生，由各政黨提出候選人名單，根據政黨得票數按比例分配。選舉分兩次進行，第一次選出小選區的議員，第二次選舉全國選區的議員。日本在 1994 年進行了選舉改革，將全國選區劃分為三百個小選區，每個選區產生一名眾議員；同時，同時又將全國再分為十一個大選區，以比例代表制方式產生其餘的三百名眾議員。意大利於 1993 年的選舉法則規定，75% 的參議員以多數代表制選出，其餘的參議員則以比例代表制選出。有些學者更指出，從意大利和日本近年出現的變化來看，多黨制的國家有一種跡象，試圖以混合代表制的做法，取代原來的純粹的比例代表制。[10]

四、啟示和思考

　　中國傳統文化主張和而不同，多元包容。「一國兩制」恰恰就是建立在這種哲學思辨上，「我們更應該堅持這種理念來處理『一國兩制』

---

[10]　胡盛儀、陳小京、田穗生：《中外選舉制度比較》，商務印書館，2000 年，第 216-217 頁。

和基本法實施過程中的問題」。[11] 建設和諧包容社會，既是中央對澳門一貫期待[12]，也是歷屆特區政府努力方向。兼顧社會各階層利益是設計澳門特別行政區民主政制的重要指導原則。從澳門回歸後的情況來看，該原則讓各階層和各界別都有機會參與政治意志的表達，起到了平衡各界、促進社會團結和建構和諧社會的作用。

兼顧社會各階層的利益與民主並不矛盾，反而是民主真諦的反映和要求。民主的本意是人民當家作主，然而社會對立、族群撕裂，絕非真正的民主。選舉制度是民主的反映，「不僅是組成政府機構的辦法，也是處理社會衝突的工具」。[13] 兼顧各階層利益原則可以讓選舉制度變得包容和更有生命力。

兼顧各階層利益的原則是澳門基本法設計民主政治體制的重要原則，也是修改澳門基本法附件一和附件二的重要原則。討論行政長官和立法會產生辦法是否修改的問題，應當以能否兼顧到社會各階層的利益作為其中一個指導原則和考量標準。唯有如此，才能在政治上確保社會各階層各方面有機會參與政治意志的表達，亦能真正建設一個包容共濟的澳門和諧社會。

---

11 駱偉建：《論構建澳門和諧社會的若干問題——從基本法的視角談社會和諧》，載楊允中、饒戈平主編：《基本法：構建和諧社會的根本保障——紀念〈澳門基本法〉頒佈 13 周年學術研討會論文集》，澳門基本法推廣協會，2006 年 5 月。

12 參考胡錦濤：《在慶祝澳門回歸祖國十周年大會暨澳門特別行政區第三屆政府就職典禮上的講話》（2009 年 12 月 20 日），見《胡錦濤文選》（第三卷），人民出版社，第 290 頁；及習近平：《在慶祝澳門回歸祖國二十周年大會暨澳門特別行政區第五屆政府就職典禮上的講話》（2019 年 12 月 20 日）。

13 安德魯·雷諾茲（Andrew Reynolds）、班·萊利（Ben Reilly）安德魯·埃利斯（Andrew Ellis）：《選舉制度設計手冊》，魯閩譯，商務印書館（香港）有限公司，2013 年，第 15 頁。

（原文《「兼顧各階層利益」的澳門政制設計原則與構建澳門和諧社會》，載《基本法：構建和諧社會的根本保障——紀念〈澳門基本法〉頒佈 13 周年學術研討會論文集》，澳門基本法推廣協會，2006 年 5 月。收入本書時有修改）

第七章

澳門行政審判體制
和行政法院

一、歷史沿革

澳門回歸前的司法制度是葡萄牙司法制度在澳門的延伸，是葡萄牙在澳門進行殖民統治的組成部分。葡萄牙的法律體系屬於大陸法系，葡萄牙在澳門建立起來的法律體系，自然亦屬於大陸法系。

大陸法系強調公法與私法的劃分，在行政訴訟方面，認為行政案件不同於普通民事和刑事案件的法律爭議，行政訴訟必須適用獨立的行政訴訟法，而不能如同英美法系適用民事訴訟程序來解決行政爭議。法國、德國、奧地利和葡萄牙等國因此設立了專門的行政法院系統裁決行政案件。在這些國家，行政法院審理行政案件，普通法院審理民事和刑事案件，兩者互不隸屬，各自獨立。當事人對行政法院的判決不服的，不能上訴到普通法院；當事人對普通法院的判決不服的，也不能上訴到行政法院。如果行政法院和普通法院在管轄權上有衝突的，則由專門設立的權限爭議法庭裁決。[1]

葡萄牙仿照法國體制建立了行政法院系統，設立最高行政法院（以前也有人譯為最高評政院），及分別作為第一審和第二審的行政和稅務法院，審理對行政和稅務法律關係中產生的爭端和申訴。行政與稅務法院的組成和運作由有關的行政與稅務法院的組織法確定。

---

1 行政法院通常認為最早出現在法國。法國大革命後，1790 年由制憲會議制定的關於司法組織的法律第 13 條規定，「司法職能和行政職能不同，現在和將來永遠分離，法官不得以任何方式干擾行政機關的活動」。從此，法國的普通法院喪失了行政審判權。1799 年，拿破崙一世成立了國家參事院，國家參事院除起草和審查法律和法規外，受理公民對於行政機關申訴的案件，但只能以國家元首的名義作出裁決。1870 年，國家參事院一度被國防政府取消。1872 年法律在恢復國家參事院的同時，規定它以法國人民的名義行使審判權力，從而使國家參事院在法律上成為最高行政法院。

澳門回歸前作為葡萄牙司法組織的其中一環，隸屬於里斯本大法區，其設立的法院本身沒有獨立且自成體系的架構和制度，並在相當長的時間內都是一審初級法院。1927 年 8 月，澳門總督巴波沙（Artur Tamagnini de Sousa Barbosa）頒佈第 47 號立法條例《澳門評政、稅務和審計法院章程》，設立專門法院審計評政院，在澳門地區行使行政、稅務和審計方面的司法管轄權，負責有關對政府的行政訴訟、徵稅事務的申訴、賬目的審查等案件的第一審審理。其中有關行政和稅務管轄權部分的上訴法院是葡萄牙最高行政法院，有關審計管轄權部分的上訴法院是葡萄牙審計法院。

不過，長期以來，澳門審計評政院沒有專職法官來審理案件。1982 年以前，澳門審計評政院由澳門普通管轄法院一名法官兼任主席，其他成員包括主管民政事務的官員和登記局長。1982 年澳門總督高斯達（Vasco Leote de Almeida e Costa）頒佈法令，規定除澳門法區法院一名法官兼任審計評政院院長外，另外兩名法官由總督委任。1989 年底，澳門政府取消了總督委任審計評政院法官的制度，規定其成員全由法官組成。1990 年起，澳門普通管轄法院院長兼任審計評政院院長，另外兩名法官也同時兼任審計評政院法官。[2]

1991 年為了適應過渡期的需要，葡萄牙通過了澳門《司法組織綱要法》（第 112/91 號法律）將原來的審計評政院一分為二，分別設立了行政法院（評政院）和審計法院。其中行政法院（評政院）作為一審法院繼續運作，審計法院為二審法院，享有財政監督權和審判權，在多數的情況下，其審判具有終審性質。

2　澳門法律概述編寫組：《澳門法律概述》，中國政法大學出版社，1993 年，第 48 頁。

行政法院（評政院）不再負責審理審計案件，並增加了有權審理海關訴訟案件，成為對於為使由行政、稅務及海關上之法律關係而產生之爭議獲解決之訴訟及司法上述案件有權予以審判的專門法院。1991 年澳門《司法組織綱要法》（第 112/91 號法律）詳細規定了行政法院在行政審判權、稅務審判權和海關審判權，並規定有權審理法律賦予之其他事宜。對行政法院的裁決不服，可以上訴到澳門高等法院，由其行政、稅務和海關審判權分庭管轄。

審計法院則是對行政當局進行財政監督的專門行政法院。審計法院由院長和兩名法官組成，以獨任庭或合議庭運作。合議庭由院長主持，兩名法官參加；獨任庭則由一名法官組成，分別行使預先監察的權力和事後監督的權力。所謂預先監察，旨在審查被監督者所作出的行為或訂立的合同是否與現行法律相符，並審查有關負擔是否與預算款項相符合。所謂事後監察，則對被監督者所提供的收支賬目進行審核，判斷有關收支是否合法，如果牽涉到合同，還須審核在合同訂立時合同的條件是否最有利於行政當局，從而防止公款濫用。[3] 審計法院還兼有一定的諮詢功能，這表現在審計法院還可就本地區總賬目編寫意見書。根據《審計法院通則》（第 18/92/M 號法令）第 9 條規定，澳門總督應在本地區總賬目有關年度的翌年七月底前，向審計法院遞交該賬目，而審計法院則應在院長領導下編寫意見書，並應在該賬目有關年度的翌年十一月底送交總督。

關於行政機關財政方面的監督，有些國家和地區是採取直屬於議會的審計機關來進行監督，有些國家和地區設立審計法院，有的國

---

3 藍天主編：《一國兩制法律問題研究》（澳門卷），法律出版社，1999 年，第 816 頁。

家和地區採取在行政系統內設立監察機關的方式。葡萄牙就採用設立審計法院的模式，而我國採用在行政系統內部設立審計署的方式。澳門回歸後，澳門基本法取消了審計法院，並規定設立審計署，獨立工作，審計長對行政長官負責。

二、澳門行政審判體制的特點

所謂行政審判體制，是指行使行政審判權的法院組織系統的設置問題。行政審判體制的設置，通常認為有兩種模式：單軌制和雙軌制。

在英國，古代曾在國王的行政部內設立特別行政法院。「光榮革命」後，行政案件由普通法院安排普通法程序進行裁判。[4] 這就是單軌制。單軌制主要由英美法系國家所採用，即由普通法院受理行政訴訟，不僅如此，亦沒有制定獨立的行政訴訟法典，行政訴訟適用民事訴訟的程序。所謂雙軌制，主要是由大陸法系國家採用的制度。大陸法系在理論上強調公法與私法的劃分，而且制定獨立的行政訴訟法典調整行政訴訟案件的程序，並設立了專門的行政法院。行政法院系統與普通法院系統互不隸屬，各自獨立。行政法院管轄行政訴訟，普通法院管轄民事訴訟和刑事訴訟。這種模式因此被稱為「雙軌制」。

不過，還有第三種模式，有些學者稱為「折衷式」，主要是為日

4　楊建順：《日本行政法通論》，中國法制出版社，1998 年，第 699 頁。

本和我國內地所採用。[5] 其特點是一方面制定獨立的行政訴訟法，但另一方面不另設專門的行政法院，如我國內地在法院內部設立專門的行政審判庭審理行政案件，行政審判庭適用行政訴訟法而不是民事訴訟法。但是，這種模式同雙軌制的特點都是制定了專門的行政訴訟法，並由專門的法官從事行政審判，因此有些學者將雙軌制和折衷式都稱為行政審判的專門化模式。

澳門基本法第 86 條規定，「澳門特別行政區設立行政法院。行政法院是管轄行政訴訟和稅務訴訟的法院。不服行政法院裁決者，可向中級法院上訴」。[6] 這就指出了行政法院的性質是管轄行政訴訟與稅務訴訟的專門法院，其上訴審法院為中級法院。行政法院與初級法院的地位都屬於法院系統中的基層組織。不服行政法院裁決的，在符合法定條件下，可以向中級法院提起上訴。不服中級法院關於行政訴訟方面

5　日本是典型的大陸法系國家，在十九世紀明治維新的時候，日本借鑒了德國的行政法學，在 1890 年頒佈《行政裁判法》，設立了行政法院（行政裁判所），負責行政訴訟。二戰以後，受到美國佔領軍的影響，憲法第 76 條規定「司法權屬於最高法院及其下屬的法院」，因此，行政法院不能獨立於最高法院之外。日本便將行政訴訟置於最高法院以下，並同時針對行政訴訟的程序，於 1948 年制定了《行政事件訴訟特例法》，1962 年制定《行政事件訴訟法》。所以，有些學者認為日本的行政訴訟是把行政法院降格成最高法院的行政審判庭，是類似「新瓶裝舊酒」的改制。見陳新民：《中國行政法學原理》，中國政法大學出版社，2002 年，第 310 頁；及〔日〕鹽野宏：《行政法》，楊建順譯，法律出版社，1999 年，第 300 頁；楊建順：《日本行政法通論》，中國法制出版社，1988 年，第 700 頁。

6　1991 年公佈的《中華人民共和國澳門特別行政區基本法（草案）徵求意見稿》和 1992 年《中華人民共和國澳門特別行政區基本法（草案）》第 87 條都是規定，「澳門特別行政區設立評政院。評政院是管轄行政訴訟和稅務訴訟的法院。不服評政院裁決者，可向中級法院上訴」。當時，有建議將前兩句合併成一句，修改為「澳門特別行政區設立管轄行政訴訟和稅務訴訟的評政院」。這種意見沒有被採納。另一種意見認為，「評政院」為舊名稱，當時已由政府法律翻譯辦公室正式譯為「行政法院」，因此應當採用「行政法院」的名稱。澳門基本法起草委員會後來採納了這種意見，因此改為「行政法院」。

的裁決的，在符合法定條件下，可以向終審法院提起上訴。

澳門基本法關於行政法院的規定及其設置，是澳門司法體制的重要特點。這個重要特點表現在澳門制定獨立的行政訴訟法典，並設立專門的行政法院受理行政訴訟。這與大陸法系的其他國家和地區無異。但是，澳門特別行政區行政法院只是設在最低的層次上，澳門基本法並非仿照其他大陸法系的國家與地區，設立自成一體的行政法院系統，而是規定對行政法院不服的，可向中級法院上訴。在中級和終審層次上，澳門基本法並沒有設立行政法院，而由中級法院和終審法院行使行政審判權。所以，這種設置模式既不同於英美法系的單軌制，和於大陸法系的雙軌制，也與我國內地和日本的折衷式有異。

澳門基本法和澳門《司法組織綱要法》在中級法院和終審法院的層次上，沒有建立專門的行政審判庭受理行政訴訟。因此有一種意見指出，「令人難以理解的是為何先建立一個以專門化劃分管轄權的組織性架構，但之後在更需要該專門化的領域上即在行政行為的爭訟領域上，使其與該專門化脫離」。[7] 這種意見表達了行政審判是否能夠得到專門化保證的擔心。不過，澳門《司法組織綱要法》對中級法院和終審法院受理行政訴訟的專門化也已經作出一定的努力。這就是澳門《司法組織綱要法》第 38 條第 2 款的規定，「中級法院內所有行政、稅務及海關方面的司法爭訟卷宗，應僅分發予法官委員會預先指定的兩名法官」。[8]

---

[7]　蘇哲賢：《澳門特別行政區行政訴訟的制度》，載《行政》第十五卷，總第 55 期。

[8]　但是，澳門《司法組織綱要法》第 38 條並沒有規定將僅屬於該性質的卷宗分發給這兩名法官。因此，有一種批評認為，該規定可違反法院工作平等分發原則，「因為單純以卷宗數目的相等並不構成數量平等分發的要素」。見蘇哲賢：《澳門特別行政區行政訴訟的制度》，載《行政》第十五卷，總第 55 期。

在以後條件允許的情況下，在中級法院和終審法院建立專門的行政審判法庭可能是一種更好的安排。

三、行政法院的運作現狀

澳門回歸後，1999 年 12 月 20 日通過的澳門第 9/1999 號法律《司法組織綱要法》規範著澳門司法制度的具體運作，並經第 7/2004 號法律、第 9/2004 號法律、第 9/2009 號法律及第 4/2019 號法律作了修改。在關於行政法院的設置方面，澳門《司法組織綱要法》第 10 條規定澳門特別行政區設有第一審法院、中級法院及終審法院。第一審法院包括初級法院和行政法院。第 23 條規定，第一審法院由一名第一審法院的法官擔任院長，其係由行政長官在屬該等法院本地編制的法官中任命，任期為三年，並可續任。澳門《司法組織綱要法》附件一並規定了第一審法院法官編製，其中合議庭主席四名，初級法院法官二十四名，行政法院法官兩名。不過，目前行政法院只有一名法官。

行政法院在審判案件時以合議庭或獨任庭方式運作。如無特別法律規定，法院則以由一名法官組成的獨任庭審理案件。合議庭的組成有：由法官委員會預先指定的合議庭主席主持審判、負責卷宗的法官及另一名由法官委員會預先指定的法官。

行政法院辦事處的監管權由屬該法院編製的法官負責，並由其擔任澳門《司法組織綱要法》第 33 條第 4 款第（二）項至第（五）項規定的相應職務。這些職務包括監管法院辦事處、在法官數目變更時，就重新分發卷宗作出安排，辦事處的書記長授予職權；以及每年編製一份關於法院工作狀況的報告書，並將之交予法官委員會等。該等職

務由年資最久的法官開始及按年資順序輪流擔任，為期三年。

行政法院有管轄權解決行政、稅務及海關方面的法律關係所生的爭議。對行政法院不服的，可向中級法院及至終審法院上訴。法定上訴利益限額方面：（1）在行政上的司法爭訟方面的訴訟及請求，如案件或請求的利益係可確定者，第一審法院的法定上訴利益限額為澳門幣十萬元，中級法院的法定上訴利益限額為澳門幣一百萬元；（2）在稅務及海關上的司法爭訟方面，如案件的利益係可確定者，第一審法院的法定上訴利益限額為澳門幣一萬五千元，中級法院的法定利益限額為澳門幣一百萬元；（3）行政、稅務及海關上的其他司法爭訟案件，以及監察規範的合法性方面，不設法定上訴利益限額。[9] 澳門《司法組織綱要法》並非常詳細規定了行政法院在行政上的司法爭訟方面、在稅務上的司法爭訟方面、及海關上的司法爭訟方面的管轄權。

在行政上的司法爭訟方面，在不影響中級法院的管轄權的情況下，行政法院有管轄權審理：（一）對以下實體所作的行政行為或屬行政事宜的行為提起上訴的案件：（1）局長以及行政當局中級別不高於局長的其他機關；（2）公務法人的機關；（3）被特許人；（4）公共團體的機關；（5）行政公益法人的機關；（二）其他法院無管轄權審理的關於公法人機關選舉上的司法爭訟；（三）下列訴訟：（1）關於確認權利或受法律保護的利益的訴訟；（2）關於提供資訊、查閱卷宗或發出證明的訴訟；（3）關於行政合同的訴訟；（4）關於澳門特別行政區、其他公共實體及其機關據位人、公務員或服務人員在公共管理行為中受到損害而提起的非因合同而產生的民事責任的訴訟，包括求償訴

9　澳門《司法組織綱要法》（第 9/1999 號法律，並經第 7/2004 號法律、第 9/2004 號法律、第 9/2009 號法律及第 4/2019 號法律修改）第 18 條第 2、3.5 款。

訟；（5）關於命令作出屬（一）項所指實體權限的依法應作出的行政行為；（四）要求勒令作出一行為的請求；（五）在涉及行政上的司法爭訟事宜的自願仲裁方面，適用的法律規定由初級法院審理的問題，但訴訟法律另有規定者除外。[10]

在稅務上的司法爭訟方面，在不影響中級法院的管轄權的情況下，行政法院有管轄權審理：（一）對涉及稅務及準稅務問題的行政行為提起上訴的案件；（二）對稅務收入及準稅務收入的結算行為提起上訴的案件；（三）對可獨立提出司法爭執的確定財產價值的行為提起上訴的案件；（四）對可獨立提出司法爭執、屬（二）項及（三）項所指行為的準備行為提起上訴的案件；（五）就（二）項、（三）項及（四）項所指的行為提出行政申訴被全部或部分駁回時，對可通過司法爭訟予以上訴的駁回行為提起上訴的案件；（六）對稅務行政當局部門有權限的實體在稅務執行程序中所作的行為提起上訴的案件；（七）在稅務執行程序中提出的禁制、對執行的反對、債權的審定及債權受償順序的訂定、出售的撤銷及訴訟法律規定的所有訴訟程序中的附隨事項；（八）關於確認權利或受法律保護的利益，以及提供資訊、查閱卷宗或發出證明的稅務事宜訴訟；（九）要求勒令作出一行為的請求；（十）

---

10 澳門《司法組織綱要法》（第 9/1999 號法律，並經第 7/2004 號法律、第 9/2004 號法律、第 9/2009 號法律及第 4/2019 號法律修改）第 30 條第 2 款。這裏立法者除了使用「行政行為」的法律術語以外，還使用了「或屬行政事宜之行為」。有一種批評意見認為，「行政事宜之行為」這個術語之意思太過廣泛，並未能給法律解釋者 / 適用者帶來任何指引。例如：局長決定如何佈置部門內之格局，如何安放枱椅及如何分配辦公室，這都是行政事宜之行為，但肯定不能對這些行為提起行政司法上訴。見馮文莊：《行政法與行政法院之新挑戰》，http://www.macaudata.com/macauweb/book132/html/06601.htm（最後瀏覽時間：2007 年 3 月 13 日）。

要求為擔保稅務債權採取保全措施的請求。[11]

　　在海關上的司法爭訟方面，在不影響中級法院的管轄權的情況下，行政法院有管轄權審理：（一）對涉及海關但不應在稅務執行程序中審理的問題的行政行為提起上訴的案件；（二）對海關收入的結算行為提起訴訟的案件，以及對可獨立提出司法爭執的有關準備行為提起上訴的案件；（三）就上項所指的行為提出行政申訴被全部或部分駁回時，對可針對其提起訴訟的駁回行為提起上訴的案件；（四）關於確認權利或受法律保護的利益，以及提供資訊、查閱卷宗或發出證明的海關事宜訴訟；（五）要求勒令作出一行為的請求。[12]

　　另外，在行政、稅務及海關上的司法爭訟方面，行政法院尚有管轄權審理：（一）對引致不同公法人的機關出現職責衝突的行為提起上訴的案件；（二）要求中止某些行政行為的效力的請求，只要該法院正審理對該等行政行為所提起的上訴；以及審判關於在該法院待決或將提起的上訴的其他附隨事項；（三）在該法院待決的程序內或就將提起的程序要求預先調查證據的請求；（四）對行政機關在處理行政違法行為的程序中科處罰款及附加制裁的行為，以及法律規定的其他行為提起上訴的案件；（五）要求審查上項所指的科處罰款及附加制裁的決定的請求；（六）根據法律由行政法院審理或上級法院無管轄權審理而屬行政、稅務及海關司法爭訟方面的上訴、訴訟及程序上的其他手段。[13]

11　澳門《司法組織綱要法》（第 9/1999 號法律，並經第 7/2004 號法律、第 9/2004 號法律、第 9/2009 號法律及第 4/2019 號法律修改）第 30 條第 3 款。

12　澳門《司法組織綱要法》（第 9/1999 號法律，並經第 7/2004 號法律、第 9/2004 號法律、第 9/2009 號法律及第 4/2019 號法律修改）第 30 條第 4 款。

13　澳門《司法組織綱要法》（第 9/1999 號法律，並經第 7/2004 號法律、第 9/2004 號法律、第 9/2009 號法律及第 4/2019 號法律修改）第 30 條第 5 款。

在這裏，澳門《司法組織綱要法》規定行政法院還有權審理上級法院無管轄權審理而屬行政、稅務及海關司法爭訟方面的上訴、訴訟及程序上的其他手段的案件，這就是說，只要是基於行政訴訟方面而引起的爭議，而中級法院和終審法院無管轄權的，則由行政法院審理。行政法院因此具有行政訴訟的一般管轄權或剩餘管轄權。但是，如果不屬於行政訴訟方面而引起的爭議，則由初級法院管轄。[14]

值得指出的是，澳門基本法第 86 條僅規定行政法院是有權管轄行政訴訟和稅務訴訟的法院，而澳門《司法組織綱要法》第 30 條第 1 款規定行政法院有管轄權解決行政、稅務及海關方面的法律關係所生的爭議。因而這裏容易產生疑問：這兩個規定是否一致？為什麼要將行政訴訟和稅務訴訟、行政與稅務和海關並列？

澳門基本法第 36 條第 2 款規定：「澳門居民有權對行政部門和行政人員的行為向法院提起訴訟」，這就是在澳門建立民告「官」的行政訴訟制度的依據。澳門基本法第 86 條規定行政法院是有權管轄行政訴訟和稅務訴訟的法院，不服行政法院裁決的，可以向中級法院提起上訴。澳門基本法的立法原意就是行政法院管轄行政訴訟的基層法院。因此，通常認為，「『行政訴訟和稅務訴訟』的一般條款的使用，就充分地清楚意味把實質上行政爭議的審判交予行政法院負責」。[15]

至於為什麼將行政訴訟和稅務訴訟、行政與稅務和海關並列？這與葡萄牙的法制傳統有關。葡萄牙原來設有專門的稅務法院，並有獨

---

14 澳門《司法組織綱要法》（第 9/1999 號法律，並經第 7/2004 號法律、第 9/2004 號法律、第 9/2009 號法律及第 4/2019 號法律修改）第 28 條規定，「民事法庭有管轄權審判不屬於其他法庭管轄的民事性質的案件，以及有管轄權審判不屬於其他法庭或法院管轄的其他性質的案件，包括審判該等案件的所有附隨事項及問題」。

15 蘇哲賢：《澳門特別行政區行政訴訟的制度》，載《行政》第十五卷，總第 55 期。

立的《稅務執行法典》和《稅務訴訟法典》。1974年制定的葡萄牙憲法第212條規定，「可設立行政法院、稅務法院、海事法院及仲裁法院」。後來在憲法修訂過程中則將行政法院和稅務法院合併，成立行政及稅務法院，第214條規定，「行政及稅務法院對於為使由行政及稅務上之關係而產生之爭議獲解決之訴訟及司法上訴案件，有權限予以審判」。澳門回歸前設立的澳門高等法院以全會和兩個分庭運作，這兩個分庭通常稱為「一般審判權庭」（負責民事和刑事）及「行政、稅務和海關審判權分庭」。因此，澳門基本法和澳門《司法組織綱要法》保留了原來的有關提法和表述。

中級法院審理對下列人士及機關所作的行政行為或屬行政事宜的行為，或所作的有關稅務、準稅務或海關問題的行為提起上訴的案件：（1）行政長官、立法會主席及終審法院院長；（2）司長、廉政專員、審計長、檢察長、警察總局局長及海關關長；（3）立法會執行委員會；（4）推薦法官的獨立委員會及其主席、法官委員會及其主席、中級法院院長、第一審法院院長及監管辦事處的法官；（5）檢察官委員會及其主席、助理檢察長及檢察官；（6）在行政當局中級別高於局長的其他機關。審理命令作出屬上述實體權限的依法應作出的行政行為的訴訟，審判對行政機關履行行政職能時制定的規定提出爭執的案件；審判要求中止某些行政行為及規範的效力請求，只要該法院正審理該等行政行為所提起的司法上訴及對該等規範提起的申訴，以及審判關於在該法院待決或將提起的上訴的其他附隨事項、審判在該法院待決的行政、稅務或海關上的司法爭訟程序內，或就將提起的上述程序要求預先調查證據的請求；及審查有管轄權的第一審法院在審理行

政違法行為的程序中所作的科處罰款及附加制裁的裁次。[16] 澳門終審法院審判要求中止某些行政行為效力的請求，只要該法院正審理對該等行政行為所提起之司法上訴；以及審判關於在該法院待決或將提起之上訴之其他附隨事項；審判在該法院待決的行政上的司法爭訟程序內，或就將提起的上述程序要求預行調查證據的請求。[17]

有一種意見認為，既然澳門基本法規定行政法院是管轄行政、稅務及海關爭議的專門法院，因此也可以將所有的行政、稅務和海關方面的爭議都下放到行政法院作為第一審級來審理。[18] 當然，這種意見必須與澳門《司法組織綱要法》的整個修改聯繫起來看待。

四、管轄權衝突的解決

在大陸法系國家，因為建立雙軌制法院系統，行政法院受理行政訴訟，普通法院受理民事訴訟，因而就會出現管轄權的衝突問題。管轄權的衝突通常認為管轄權的積極衝突和管轄權的消極衝突。所謂管轄權的積極衝突，是指普通法院和行政法院都認為自己對同一個案件有管轄權而發生爭議。所謂管轄權的消極衝突，是指普通法院和行政法院都不認為自己有權受理某個具體案件而拒絕受理。在法國，為解決行政法院和普通法院的管轄權糾紛，於 1848 年建立了權限爭議

16　澳門《司法組織綱要法》（第 9/1999 號法律，並經第 7/2004 號法律、第 9/2004 號法律、第 9/2009 號法律及第 4/2019 號法律修改）第 36 條。

17　澳門《司法組織綱要法》（第 9/1999 號法律，並經第 7/2004 號法律、第 9/2004 號法律、第 9/2009 號法律及第 4/2019 號法律修改）第 44 條。

18　蘇哲賢：《澳門特別行政區行政訴訟的制度》，載《行政》第十五卷，總第 55 期。

法庭。[19]

　　在澳門，所謂管轄權衝突，原來是指管轄權的衝突是指行使行政權、立法權及司法權之機關就具體案件所發生的權力範圍界定的爭議。譬如某私人向行政法院提起行政訴訟，但被該法院裁定不具有管轄權而拒絕受理。之後，該私人往行政機關要求解決，但又被拒絕受理，因而產生爭議。[20] 但是，僅僅將管轄權的衝突理解為司法權和行政、立法等權力的衝突是不全面的。

　　1999 年制定的澳門《司法組織綱要法》大大改進了管轄權衝突的內涵。澳門《司法組織綱要法》沒有設立專門的權限爭議法庭，第 36 條第（十五）項和第（十六）項規定中級法院審理第一審法院間的管轄權衝突，以及審理行政法院與行政、稅務或海關當局間的管轄權衝突；第 44 條第（十四）項和第（十五）項規定終審法院審理中級法院與第一審法院間的管轄權衝突，審理中級法院與行政、稅務及海關當局間的管轄權衝突。

---

19 法國的權限爭議法庭由九名正式法官組成。最高（普通）法院和最高行政法院各選出三名法官，共得六名。這六名法官再聯合選出兩名正式法官，兩名候選法官。法官名額的分配，兩個法院系統相等。法官任期三年，可連選連任。司法部長為權限爭議法庭的當然主席。法國的權限爭議法庭除解決積極管轄權的衝突和消極管轄權的衝突外，還有權解決判決之間的衝突。見胡建淼：《比較行政法 —— 20 國行政法評述》，法律出版社，1998 年，第 236-238 頁。

20 在澳門，管轄的衝突除包括管轄權的衝突外，還包括職責的衝突和權限的衝突。所謂職責的衝突，是指涉及不同法人之間的機關，如原澳門市政廳某機關與澳門政府公務運輸司之間的職責衝突。澳門《行政程序法典》第 44 條第 2 款規定，「如職責之衝突涉及不同法人之機關，則藉司法上訴，由行政法院解決之」。因此職責衝突由行政法院解決。所謂權限的衝突，是指同一法人內不同機關的職權爭議，這通常是通過對該機關行使監管權的上級機關中最低一級機關來解決，即通過行政手段解決。見朱永梅、唐小波：《行政訴訟法比較研究》，澳門基金會，1998 年，第 79-81 頁。

因此，按照澳門《司法組織綱要法》的規定，管轄權衝突的概念包括以下內容：第一，在行使行政審判權、民事審判權或刑事審判權內部，而產生的級別上的管轄衝突問題。譬如澳門《司法組織綱要法》規定終審法院審理中級法院與第一審法院間的管轄權衝突，即屬此類。第二，在法院系統內部，因行使行政審判權和民事審判權而引起的管轄權衝突問題。譬如澳門《司法組織綱要法》規定中級法院審理第一審法院間的管轄權衝突，即審理行政法院和初級法院的管轄權衝突，即屬此類。第三，因行使司法權和行政權而發生的管轄權衝突問題。譬如澳門《司法組織綱要法》規定中級法院審理行政法院與行政、稅務或海關當局間的管轄權衝突，以及由終審法院審理中級法院與行政、稅務及海關當局間的管轄權衝突，即屬此類。

管轄權衝突的概念包括著如此眾多的內涵，是同管轄權的概念包括著眾多的內涵是分不開的。管轄權的概念通常包括著三層涵義，第一層涵義是指「訴訟管轄權」，是指某個具體的訴訟案件由哪一個法院管轄。第二層涵義是指在不同的法院系統及法院不同審判庭之間受理某一案件的權限分工。這就是通常所說的「受案範圍」或「爭議範圍」的問題。第三層涵義是指法院對哪些事項可以運用司法予以裁斷，而對哪些事項卻不能介入裁斷其糾紛。在澳門的法律體系中，同樣存在著管轄權的這三層涵義合在一起使用而不加區分的問題。[21]

澳門基本法第 19 條規定：「澳門特別行政區享有獨立的司法權和終審權。澳門特別行政區法院除繼續保持澳門原有法律制度和原則

21　有關管轄權的三層涵義及其分析，請參見王禹：《論澳門基本法對澳門特別行政區法院管轄權的規定及其限制》，2006 年 6 月 3 日台灣「中央研究院」舉辦的「兩岸四地法律發展學術研討會」上主題發言論文。

對法院審判權所作的限制外，對澳門特別行政區所有的案件均有審判權。」這裏的「審判權」就是指第三層涵義上的管轄權。第三層涵義上的管轄權是指法院作為司法機關受理訴訟案件的範圍，它是第二層涵義和第一層涵義上管轄權的基礎。只有法院對此事項具有第三層涵義上的管轄權，才能談得上屬於民事案件、行政案件或是刑事案件的受案範圍，由刑庭、民庭或是行政審判庭受理，亦才能談得上地域管轄和訴訟管轄，具體分配到某家法院受理。

第三層涵義上的管轄權的實質是指法院在某些事項上，與其他國家機關存在著一定的權限分工。譬如在我國內地，行政訴訟法規定法院不能受理就國防、外交等國家行為及行政法規、規章或者行政機關制定、發佈的具有普遍約束力的決定、命令和指示提起的訴訟。[22] 這是因為國防、外交等國家行為是由最高權力機關、國家元首、最高行政機關和最高軍事機關參與判斷其是非對錯，以及行政法規、規章或者行政機關制定、發佈的具有普遍約束力的決定、命令和指示等抽象行政行為則由同級權力機關和上級行政機關判斷是否予以撤銷或改變，法院不能介入審查。

因此，澳門《司法組織綱要法》所規定的法院與行政、稅務或海關當局間的管轄權衝突，實際上涉及到法院和政府的權限劃分，是第三層涵義上的管轄權界定問題，在一定程度上，可能涉及到法院和以行政長官為首長的政府的權限劃分，以及行政管理權和司法權的界定和劃分問題。這種法院和行政長官、政府的衝突可能就演變成「政治

---

22 《中華人民共和國行政訴訟法》第 12 條。

問題」，而對於「政治問題」，法院應當是無管轄權。[23] 因此，澳門《司法組織綱要法》規定由中級法院和終審法院處理這種問題，在理論上仍然有重新探討的空間。

管轄權的第二層涵義是指哪些事項由行政審判權審理，而哪些事項由民事審判權審理，涉及到不同性質審判權的內部權限分工。這就是通常所說的「受理範圍」或「爭議範圍」問題。澳門《司法組織綱要法》第 30 條第 1 款規定，「行政法院有管轄權解決行政、稅務及海關方面的法律關係所生的爭議」，這是從正面肯定行政法院的受案範圍。《司法組織綱要法》第 19 條並從反面否定的方式對受案範圍進行界定：「涉及下列事項的問題不屬行政、稅務及海關上的司法爭訟範圍：（一）不論以作為或不作為的方式行使政治職能時作出的行為，以及對行使該職能時產生的損害的責任；（二）不論以作為或不作為的方式行使立法職能時產生的法律性規定，以及對行使該職能時產生的損害的責任；（三）關於偵查及預審的行為，以及關於實行刑事訴訟的行

---

23 任何國家和地區法院的管轄權都不是無限制的。譬如司法管轄權要受到國家行為和政治問題的限制。澳門基本法第 19 條第 3 款規定：「澳門特別行政區法院對國防、外交等國家行為無管轄權。」這裏的國家行為是指中華人民共和國針對澳門作出的國家行為，而不是通常與之互訓的政治問題。這是因為：第一，國防和外交的權限屬於中央的權限，而非澳門本地的權限。第二，第 19 條所規定的「國家行為」被安排在第二章「中央與澳門特別行政區的關係」，而不是指澳門內部事務。澳門基本法雖然沒有對法院是否可以受理政治問題作出規定，但是，澳門法院應當對澳門內部的政治問題無管轄權。譬如行政長官將立法會通過的法案發回重議，解散立法會，向立法會申請臨時撥款，任免行政成員和立法會部分議員，赦免或減輕刑事罪犯的刑罰等，又如制定有關貨幣金融政策、自由貿易政策，辦理基本法規定的由中央人民政府授權的對外事務，編製並提出財政預算決算等，以及立法會開會時間的確定，特別會議和緊急會議的召開，立法會主席的互選，等等。有關澳門的政治問題及法院對政治問題無管轄權的分析，可參見王禹：《論港澳基本法上的國家行為和政治問題》，載《澳門研究》2005 年第 10 期。

為；（四）將財產定為屬公產的行為，以及將之與其他性質的財產劃定界限的行為；（五）私法問題，即使任一當事人為公法人。」

澳門《司法組織綱要法》第 19 條第 1 項和第 2 項所指的行使政治職能時作出的的行為和行使立法職能時作出的行為，不僅僅不屬於行政訴訟的爭議範圍，而且也是所有性質的管轄權所不能受理的範圍，也就是說，在澳門，不論是何種法院，也不論是何種等級的法院，對此均無管轄權。這就是第三層涵義上的管轄權意義。除此之外，澳門基本法第 19 條第 3 款規定，「澳門特別行政區法院對國防、外交等國家行為無管轄權」。這就是指所有法院對國家行為無管轄權，當然包括行政法院，以及行使行政審判權的中級法院和終審法院對此也無管轄權。

澳門《司法組織綱要法》第 19 條第（三）項、第（四）項和第（五）項所指的偵查及預審、刑事訴訟的行為，公產劃定行為、以及即使任一當事人為公法人的私法問題，屬於第二層涵義上的管轄權。行政審判權不將其作為受案範圍，但是由其他的性質的審判權予以解決。譬如關於偵查及預審的行為，以及關於實行刑事訴訟的行為由刑事審判權予以裁斷糾紛，即使任一當事人為公法人的私法問題由民事審判權予以裁斷糾紛，在第一審的層級上，這些都屬於初級法院的管轄範圍。

這種意義上的「不屬於爭議範圍」的，還有審判行為及由此產生的賠償責任，澳門三個公證署之公證員、民事登記局局長、物業登記局局長、商業及動產登記局局長、經濟局局長在其各自的權限範圍內作出的拒絕給予公證或登記的行為，以及行政當局在其權限範圍內處罰「勞動違例」時作出的行為，因為被認為它們的基礎法律關係是民事或商事法律關係，屬於私法問題，因此也被排除在行政審判權的管

轄範圍之外。[24] 在法國，類似的爭議而引起的管轄權衝突由權限爭議法庭。在澳門，因這些受案範圍而引起的爭議，屬於初級法院和行政法院的管轄權衝突，由中級法院裁決。

第三層涵義的管轄權是指訴訟管轄權。在澳門，引起訴訟管轄權衝突的只有不同級別的法院對某個具體案件是否受理的問題，只有級別衝突，沒有地域衝突問題。因此，澳門《司法組織綱要法》只是規定終審法院審理中級法院與第一審法院間的管轄權衝突。

五、所謂第一審法院問題

1999 年澳門《司法組織綱要法》在規定法院的組織系統及種類方面，出現了「第一審法院」的提法，並規定第一審法院包括初級法院和行政法院。其原意可能是指第一審法院為最基層的法院組織，不服第一審法院裁決的，在符合法律要求的情形下，可以向中級法院上訴；不服中級法院裁決的，在符合法律要求的情形下，可以向終審法院上訴。問題在於澳門基本法裏並沒有「第一審法院」的概念表述。而以第一審法院中文意思本身來說，並非僅僅只有初級法院和行政法院才是第一審法院，在很多情況下，中級法院和終審法院也是第一審法院。[25] 因此，將第一審法院作為一個法定法院名稱的概念表述是不恰

---

24 劉高龍、趙國強主編：《澳門法律新論》，澳門基金會，2000 年，第 227-230 頁。

25 澳門《司法組織綱要法》（第 9/1999 號法律，並經第 7/2004 號法律、第 9/2004 號法律、9/2009 號法律及第 4/2019 號法律修改）第 36 條第（二）、（三）、（四）項等及第 44 條第 2 款第（五）、（六）項等。

當的。

　　澳門《司法組織綱要法》第一章第一節「第一審法院」從第 27 條
至第 35 條，其中第 27 條規定下列者屬第一審法院：（一）初級法院；
（二）行政法院。初級法院由民事法庭、刑事起訴法庭、輕微民事案件
法庭、刑事法庭、勞動法庭、家庭及未成年人法庭組成。第 28 條、第
29 條、第 29-A 條、第 29-B 條、第 29-C 條、第 29-D 條分別規定了民
事法庭的管轄權、刑事起訴法庭、輕微民事案件法庭的管轄權、刑事
法庭的管轄權、勞動法庭的管轄權、家庭及未成年人法庭的管轄權。
第 30 條規定了行政法院的性質及其在行政方面的爭訟、稅務方面的爭
議和海關方面的爭議的管轄權。這種法律編排方式實際上將行政法院
矮化為第一審法院的一個行政審判庭。

　　第一審法院設立第一審法院院長，由行政長官從該等法院屬本地
編制的法官中任命，任期三年，可續任。第一審法院院長面對其他當
局時代表第一審法院。**26**

　　澳門基本法第 50 條第（九）項規定行政長官依照法定程序任免各
級法院院長和法官，第 88 條第 1 款規定，「澳門特別行政區各級法院
的院長由行政長官從法官中選任」。這裏所謂的各級法院，當然包括
了終審法院、中級法院，但是，是包括第一審法院，還是包括行政法
院和初級法院？也就是說，經行政長官任命的法院院長除了包括終審
法院院長、中級法院院長外，是只有第一審法院院長，還是包括了初
級法院院長和行政法院院長？按照澳門基本法，各級法院院長的任命

26　因此有一種意見驚呼說：「更叫人驚奇的，既然《基本法》將其定為一個法院，而非一個法
　　庭，無本身的院長。」見馮文莊：《行政法與行政法院之新挑戰》，http://www.macaudata.
　　com/macauweb/book132/html/06601.htm）（最後瀏覽時間：2007 年 3 月 13 日）。

權是由行政長官行使的，行政法院不再設立院長，是否減損了行政長官在司法方面的權限？

值得指出的是，行政長官在行使任命法院院長的職權時，並沒有採用澳門《司法組織綱要法》裏「第一審法院院長」的概念，而是採用「初級法院及行政法院院長」的概念。[27]

> （原文《論行政法規在澳門基本法上的地位》，載《行政》第二十一卷，總第
> 80 期，2008 年 6 月）

27　見行政長官何厚鏵發佈的第 4/1999 號行政命令。

第八章

澳門《維護國家安全法》的制定及過程、主要內容和後續配套

一、澳門《維護國家安全法》的制定過程

澳門基本法第 23 條規定，「澳門特別行政區應自行立法禁止任何叛國、分裂國家、煽動叛亂、顛覆中央人民政府及竊取國家機密的行為，禁止外國的政治性組織或團體在澳門特別行政區進行政治活動，禁止澳門特別行政區的政治性組織或團體與外國的政治性組織或團體建立聯繫」。這就明確了澳門特別行政區有維護國家的獨立、主權、統一和領土完整的憲制責任，給澳門特別行政區提出了制定《維護國家安全法》的要求。

早在 2002 年，《維護國家安全法》已經納入了澳門特區政府的立法計劃，2003 年又將其明確作為施政綱領的內容之一，幾年以來，澳門政府為落實二十三條立法作了大量的準備工作，包括比較法律資料準備、調查研究和論證諮詢等。2008 年 10 月 22 日，澳門特別行政區行政長官何厚鏵宣佈，澳門特區政府根據澳門基本法第 23 條的規定，已經完成了《維護國家安全法》（草案）的草擬工作，並即時啟動《維護國家安全法》的諮詢工作，諮詢期由即日起，至 11 月 30 日結束，為期四十天。

其後，為充分了解澳門社會和居民的意見和建議，澳門特區政府於 22、23、24、27 及 28 日晚上舉辦五場《維護國家安全法》（草案）介紹及諮詢會，分別邀請經濟界別、社會文化界別、運輸工務界別和行政法務界別的代表出席，並在於 11 月 5 日舉辦了一場針對廣大市民的公眾諮詢會。政府當局同時還開設專門網站，通過不同管道，廣泛收納各界的意見及建議。

在廣泛聽取和吸收諮詢意見的基礎上，2008 年 12 月 16 日澳門特區政府向立法會提交了《維護國家安全法》法案。2009 年 1 月 5 日，

澳門立法會一般性通過《維護國家安全法》。[1] 2 月 25 日進行細則性審議，對《維護國家安全法》法案進行逐條表決。所有條文均獲高票通過，其中大部分條文獲全票通過，這標誌著《維護國家安全法》法案的審議工作完成。2 月 26 日行政長官何厚鏵簽署了《維護國家安全法》法案，即第 2/2009 號法律，並刊登於特區公報後翌日，即 2009 年 3 月 3 日生效。

二、澳門《維護國家安全法》（草案）的主要內容

2008 年 10 月 22 日澳門特區政府推出的《維護國家安全法》（草案）分十五個條文，其中第一條（標的）明確指出該法的立法宗旨，「本法律旨在按照《中華人民共和國澳門特別行政區基本法》第 23 條的規定，禁止和懲治危害國家安全的犯罪」。

第二條（禁止叛國行為）規定了「叛國罪」，指出中國公民作出下列行為，即構成該罪：（1）加入外國武裝部隊械抗國家；（2）意圖促進或引發針對國家的戰爭或武裝行動，而串通外國的政府、組織、團體或其人員；（3）在戰時或在針對國家的武裝行動中，意圖幫助或協助執行敵方針對國家的軍事行動，或損害國家的軍事防衛，而直接或間接與外國協議，或作出具有相同目的的行為；並處十五年至二十五年徒刑。

第三條（禁止分裂國家行為）規定了「分裂國家罪」，指出以暴力

1　當天在出席會議的二十八位議員中，其中二十五人投了贊成票，兩人投了反對票，一人投了棄權票。

或其他嚴重非法手段，試圖將國家領土的一部分從國家主權分離出去或使之從屬於外國主權者，處十五年至二十五年徒刑，並界定了「其他嚴重非法手段」在本法中的內涵：（1）侵犯生命、身體完整或人身自由；（2）破壞交通運輸、通訊或其他公共基礎設施，或妨害運輸安全或通訊安全，該等通訊尤其包括電報、電話、電台、電視或其他電子通訊系統；（3）縱火，釋放放射性物質、有毒或令人窒息氣體，污染食物或食水，傳播疾病等；（4）使用核能、火器、燃燒物、爆炸性裝置或物質、內有危險性裝置或物質的包裹或信件。

第四條（禁止顛覆中央人民政府行為）規定了「顛覆中央人民政府罪」，指出以暴力或其他嚴重非法手段，試圖推翻中央人民政府，或強迫中央人民政府作出或不作出某一行為者，處十五年至二十五年徒刑。

第五條（禁止煽動叛亂行為）規定了「煽動叛亂罪」，指出公然及直接煽動他人實施該法所規定的叛國罪、分裂國家罪、顛覆中央人民政府罪，或公然及直接煽動中國人民解放軍駐澳門部隊的成員放棄職責或叛變者，處一年至八年徒刑。

第六條（禁止竊取國家機密行為）規定了「竊取國家機密罪」，並針對竊取、刺探或收買國家機密的不同情況和不同主體，作了不同的量刑幅度，最低兩年，最高可達十五年；並將「國家機密」定義為涉及國防、外交或澳門基本法規定的其他屬於中央和澳門關係的有關事項而應予以保密的文件、資訊或物件；司法機關應取得行政長官就特定文件、資訊或物件屬於國家機密的證明文件，行政長官在發出證明文件前，須取得中央人民政府的證明書。

第七條（禁止外國的政治性組織或團體在澳門作出危害國家安全的行為）規定外國的政治性組織或團體的機關或其人員在澳門作出該

法所規定的「叛國罪」、「分裂國家罪」、「顛覆中央人民政府罪」、「煽動叛亂罪」、「竊取國家機密罪」或其預備行為的，除行為人應負相應刑事責任外，對該組織或團體科處主刑（罰金）和附加刑。

第八條（禁止澳門的政治性組織或團體與外國的政治性組織或團體建立聯繫作出危害國家安全的行為）規定澳門的政治性組織或團體的機關或其人員與外國的政治性組織或團體建立聯繫，作出「叛國罪」、「分裂國家罪」、「顛覆中央人民政府罪」、「煽動叛亂罪」、「竊取國家機密罪」及其預備行為者，除行為人應負相應的刑事責任外，對該本地組織或團體科處主刑和附加刑。主刑包括罰金和法院命令的解散。並在第二款將「聯繫」界定為兩種情況，一種是接受外國實體或人員的指示、指令，或收受金錢或有價物；另一種是協助外國實體或人員進行：（1）收集、預備或公然散佈虛假或明顯有所歪曲的消息；（2）招募人員或為招募活動而提供集會地點、資助或宣傳等便利；（3）作出承諾或贈送；（4）恐嚇或欺詐他人。

第九條（預備行為）規定了該法第二條、第三條、第四條、第五條或第六條所指的「叛國罪」、「分裂國家罪」、「顛覆中央人民政府罪」、「煽動叛亂罪」、「竊取國家機密罪」的預備行為亦應處罰，可處最高三年徒刑。

第十條（法人的刑事責任）規定除外國的政治性組織或團體和澳門的政治性組織或團體外，其他的法人及不合規範設立或無法律人格的實體，觸犯《維護國家安全法》的，亦構成犯罪，而且並不排除有關行為人的個人責任。該條還規定了法人犯罪被判處罰金的限度和日額問題，以及解散的條件。

第十一條（附加刑）規定行為人的附加刑包括：（1）中止政治權利，（2）禁止執行公共職務，（3）驅逐出境或禁止進入澳門（僅限於

非本地居民），（4）受法院強制命令約束，包括禁止或限制其在澳門活動；法人的附加刑包括：（1）禁止進行活動，（2）剝奪獲公共部門或實體給予津貼或補貼的權利，（3）封閉場所，（4）永久封閉場所，（5）受法院強制命令約束，（6）公開有罪裁判。

第十二條（適用範圍）規定了《維護國家安全法》既適用於任何人在澳門或在澳門註冊的船舶或航空器作出的犯罪行為，也適用於澳門居民在澳門以外的犯罪行為，體現了「屬地原則」和「屬人原則」。

第十三條（修改《刑事訴訟法典》）規定《維護國家安全法》所規定的「叛國罪」、「分裂國家罪」、「顛覆中央人民政府罪」為《刑事訴訟法典》第 129 條所規定的「暴力或高度組織罪行」，檢察院可以命令被拘留之人於首次詢問前，除與辯護人聯繫外，不得與任何人聯繫。並規定涉及國家機密的案件，刑事訴訟行為一般不公開進行。

第十四條（補充法律）規定「本法無專門規定者，補充適用《刑法典》及《刑事訴訟法典》的規定」。

第十五條（生效）規定「本法於公佈後第三十日開始生效」。

2008 年 10 月 22 日政府推出的諮詢草案後，在澳門社會以及香港等地引起了廣泛關注和熱烈討論。2008 年 12 月 16 日澳門特區政府公開介紹草案諮詢的總結報告。據行政法務司司長陳麗敏表示，在諮詢期內，特區政府透過各種管道和途徑，收到共 784 份意見，當中 657 份屬個人及 127 份屬團體所提供的意見。個人意見中，贊成立法的有 570 份（佔 86.76%），反對的有 17 份（佔 2.59%），未表達傾向性意見的有 70 份（佔 10.65%）；團體意見中，贊成立法的有 123 份（佔 96.85%），反對的有 3 份（佔 2.36%），未表達傾向性意見的有 1 份

（佔 0.79%）。[2] 這就充分說明澳門的主流社會是支持立法的。

三、《維護國家安全法》的主要內容

立法會最後通過的第 2/2009 號法律《維護國家安全法》維持原來草案共十五個條文的結構，但是在原來的草案基礎上作了較大的調整和修訂。這些調整和修訂主要表現在以下幾個方面：

第一，將原來草案的結構和標題作了調整。將原來草案的第一條（標的）改為類似序言的簡單表述：「立法會根據《中華人民共和國澳門特別行政區基本法》第 71 條（一）項和第 23 條的規定，為禁止危害國家安全的犯罪，制定本法律。」並刪去了原來草案第 2 條至第 8 條的標題裏的「禁止」字眼，如原來的「禁止叛國行為」改為「叛國」，「禁止分裂國家行為」改為「分裂國家」，「禁止顛覆中央人民政府行為」改為「顛覆中央人民政府」。

第二，刪去原來草案第 9 條關於預備行為的條文，但是保留對原來草案關於叛國、分裂國家及顛覆中央人民政府犯罪的預備行為的處罰，並將上述三種犯罪的預備行為的規定分拆至各主罪的條文中，同時刪除對「禁止煽動叛亂行為」和「禁止竊取國家機密行為」的預備行為的處罰。

第三，新增「減輕」和「公開進行」兩個條文。第 11 條（減輕）規定：「就本法中涉及產生危險的犯罪，如行為人在重大損害發生前主

2　特區政府介紹《維護國家安全法》草案諮詢總結報告，2008 年 12 月 16 日，澳門政府新聞局網站。

動使該行為產生的危險有相當程度的減輕，或排除該危險，可特別減輕刑罰或不處罰該事實。」第 12 條（公開進行）從原第 13 條（修改《刑事訴訟法典》）拆出，並將原來關於涉及國家機密的案件一般不公開進行，改為由法官決定是否公開進行。

第四，將「國家機密」界定涉及國防、外交或澳門基本法規定的其他屬於中央和澳門關係的有關事項且已經被確定為應予以保密的文件、資訊或物件，這樣明確了國家機密從產生的一刻起就是確定的，而不是在行為人獲取後才確定，如有需要，可取得行政長官或通過行政長官向中央政府取得證明文件。

第五，將叛國罪、分裂國家罪、顛覆中央人民政府罪的量刑幅度將原來的十五年至二十五年改為十年至二十五年。

第六，將原來草案規定的生效時間從「公佈後第三十日開始生效」改為「公佈翌日起生效」。

第七，在文字上作了大量修訂，使《維護國家安全法》更加嚴密，打擊犯罪更加準確。如將原來草案第 3 條第 2 款所規定的「其他嚴重非法手段」裏的第一項「侵犯生命、身體完整或人身自由」改為「侵犯他人生命、身體完整或人身自由」，第（四）項「使用核能、火器、燃燒物、爆炸性裝置或物質、內有危險性裝置或物質的包裹或信件」再增加「生物武器、化學武器」，將原來草案第 4 條所規定的顛覆中央人民政府罪中的「強迫中央人民政府作出或不作出某一行為者」改為「阻止、限制中央人民政府行使職能者」，將原來草案第 5 條「煽動叛亂罪」中的「公然及直接煽動他人」改為「公然和直接煽動他人」，等等。

經過以上修訂，澳門立法會正式通過的《維護國家安全法》的主要內容如下：

第 1 條（叛國）規定中國公民作出下列任一行為，處十年至二十五年徒刑：（1）加入外國武裝部隊械抗國家；（2）意圖促進或引發針對國家的戰爭或武裝行動，而串通外國的政府、組織、團體或其人員；（3）在戰時或在針對國家的武裝行動中，意圖幫助或協助執行敵方針對國家的軍事行動，或損害國家的軍事防衛，而直接或間接與外國協議，或作出具有相同目的的行為。作出上款所指犯罪的預備行為，處最高三年徒刑。

第 2 條（分裂國家）以暴力或其他嚴重非法手段，試圖將國家領土的一部分從國家主權分離出去或使之從屬於外國主權者，處十年至二十五年徒刑。作出上款所指犯罪的預備行為，處最高三年徒刑；並將「其他嚴重非法手段」界定為下列任一行為：（1）侵犯他人生命、身體完整或人身自由；（2）破壞交通運輸、通訊或其他公共基礎設施，或妨害運輸安全或通訊安全，該等通訊尤其包括電報、電話、電台、電視或其他電子通訊系統；（3）縱火，釋放放射性物質、有毒或令人窒息氣體，污染食物或食水，傳播疾病等；（4）使用核能、火器、燃燒物、生物武器、化學武器、爆炸性裝置或物質、內有危險性裝置或物質的包裹或信件。

第 3 條（顛覆中央人民政府）規定以暴力或其他嚴重非法手段，試圖推翻中央人民政府，或阻止、限制中央人民政府行使職能者，處十年至二十五年徒刑。作出上款所指犯罪的預備行為者，處最高三年徒刑。

第 4 條（煽動叛亂）規定公然和直接煽動他人實施該法所規定的叛國罪、分裂國家罪和顛覆中央人民政府罪，或公然和直接煽動中國人民解放軍駐澳門部隊的成員放棄職責或叛變，處一年至八年徒刑。

第 5 條（竊取國家機密）規定竊取、刺探或收買國家機密，危及

或損害國家的獨立、統一、完整或者內部或對外安全利益者，處兩年至八年徒刑；接受澳門特別行政區以外的政府、組織、團體或其人員的指示、指令、金錢或有價物進行竊取、刺探或收買國家機密的間諜活動，或明知該等實體或其人員從事上述活動但仍為其招募人員、提供協助或任何方式的便利者，處三年至十年徒刑；並將「國家機密」界定為涉及國防、外交或澳門基本法規定的其他屬於中央和澳門關係的有關事項且已經被確定為應予以保密的文件、資訊或物件。如有需要，司法機關可向行政長官或通過行政長官向中央人民政府取得前述文件、資訊或物件是否已經被確定為國家機密的證明文件。

第 6 條（外國的政治性組織或團體在澳門作出危害國家安全的行為）規定外國的政治性組織或團體的機關或其人員以該組織或團體的名義並為其利益在澳門特別行政區作出「叛國罪」、「分裂國家罪」、「顛覆中央人民政府罪」或其預備行為者、又或作出「煽動叛亂罪」、「竊取國家機密罪」，除行為人應負相應的刑事責任外，對該組織或團體科處主刑（罰金）和附加刑。

第 7 條（澳門的政治性組織或團體與外國的政治性組織或團體建立聯繫作出危害國家安全的行為）規定澳門的政治性組織或團體的機關或其人員以該本地組織或團體的名義並為其利益與外國的政治性組織或團體建立聯繫，作出該法所規定的「叛國罪」、「分裂國家罪」、「顛覆中央人民政府罪」或其預備行為者、又或作出「煽動叛亂罪」、「竊取國家機密罪」，除行為人應負相應的刑事責任外，對該本地組織或團體科處主刑（罰金和法院命令的解散）和附加刑。第 2 款將「聯繫」界定為兩種情況，與原來草案相同。

第 8 條（法人的刑事責任）、第 9 條（附加刑）、第 10 條（適用範圍）對原來草案第 10 條、第 11 條和第 12 條沒有太多的實質性調

整。第 11 條（減輕）為一個新增的條文，「就本法中涉及產生危險的犯罪，如行為人在重大損害發生前主動使該行為產生的危險有相當程度的減輕，或排除該危險，可特別減輕刑罰或不處罰該事實」。

第 12 條（公開進行）為一新增的條文，實際上是從原來草案第 13 條（修改《刑事訴訟法典》）拆出，「本法所規定犯罪的刑事訴訟程序須按《刑事訴訟法典》的規定公開進行，但涉及本法第 5 條的刑事訴訟程序，如公開進行會對國家安全的利益造成損害，法官可決定不公開進行某些訴訟行為」。

第 13 條（修改《刑事訴訟法典》）僅僅保留了原來的增加暴力或高度組織罪行的內容，第 14 條（補充適用）將原來草案的標題「補充法律」改為「補充適用」，沒有太多的實質性調整，第 15 條（生效）則改為「本法自公佈翌日起生效」。

四、澳門制定《維護國家安全法》的意義

澳門制定第 2/2009 號法律《維護國家安全法》的意義主要有：

第一，《維護國家安全法》的制定落實了澳門特別行政區維護國家安全的憲制責任。「一國」是「兩制」的前提和基礎。澳門基本法序言明確指出，「為了維護國家的統一和領土完整，有利於澳門的社會穩定和經濟發展，考慮到澳門的歷史和現實情況」，國家決定在對澳門恢復行使主權時，設立澳門特別行政區，實行「一國兩制」。澳門基本法第 1 條規定澳門特別行政區是中華人民共和國不可分離的部分，第 12 條規定澳門特別行政區是中華人民共和國的一個享有高度自治權的地方行政區域，直轄於中央人民政府。這些規定都說明澳門特別行政區

作為我國單一制國家結構形式下的一個地方行政區域，負有維護國家的獨立、主權、統一和安全的義務。

澳門基本法第 23 條的規定明確指出澳門特別行政區有維護國家安全的義務，立法落實澳門基本法第 23 條是其必須承擔的憲制責任。澳門第 2/2009 號法律《維護國家安全法》就落實了這個重大的憲制責任。

第二，《維護國家安全法》的制定完善了澳門本地的法律體系，填補了相關領域的法律空白。澳門原來適用的葡萄牙 1886 年刑法典設立專章，將「危害國家安全罪」作為刑法分則五大類犯罪之一，其中規定了叛國罪、煽動危害葡國罪、陰謀危害葡國外部安全罪、間諜罪、投奔敵國罪等，打擊以葡國政權為侵犯物件的犯罪活動。1995 年刑法典實行「法律本地化」，「過戶」為澳門《刑法典》，這些罪名被刪除。1995 年澳門《刑法典》裏沒有打擊危害國家安全的罪名，在維護國家安全方面存在著法律的完全真空。[3] 1995 年澳門《刑法典》設有第五編「妨害本地區罪」，對「以暴力或以暴力相威脅，試圖破壞、變更或顛覆已在澳門確立之政治、經濟或社會制度者」，以及公然煽動作出上述行為者，以及「意圖破壞、變更或顛覆已在澳門確立之政治、經濟或社會制度」，予以刑事打擊。這些條文所保護的「已在澳門確立之政治、經濟或社會制度」，主要是指「一國兩制」裏澳門「這一制」，因此，出現了破壞「兩制」有罪，破壞「一國」無罪的情況，這不符合「一國兩制」原則。因此，落實基本法二十三條立法，更是完善澳門本

3　澳葡政府雖然刪去了打擊危害國家安全的罪名，但是，總督韋奇立在第 58/95/M 號法令第 9 條指出，「廢止由 1886 年 9 月 16 日之命令通過且公佈於 1886 年 12 月 14 日第 49 期《澳門政府公報》副刊之《刑法典》，但該法典第二卷第二編《妨害國家安全罪 —— 第 141 條至第 176 條》除外，該編繼續生效至 1999 年 12 月 19 日」。

地立法所需要。

　　第三，《維護國家安全法》的制定過程中廣泛聽取民意，體現了科學立法和立法民主。法律草案在制定過程中公開徵求意見，廣泛聽取民意和集中民智，這是科學立法和民主立法的重要舉措。澳門《維護國家安全法》的制定就體現了這個特點。一是在立法過程中專門設定了為期四十天的諮詢期，向社會公開諮詢，廣泛徵求意見。這在澳門普通的立法過程中是少見的。二是政府採用諮詢的方式多種多樣，在為期四十天的諮詢期間，特區政府不僅舉辦六場介紹會，派代表出席十九場座談會，而且還通過郵寄、傳真、電郵、諮詢會等途徑收集各種意見和建議。三是政府的諮詢活動不是走形式和走過場，而是確確實實將諮詢過程中收集到的各種意見和建議都吸納進來，澳門特區政府根據這些意見和建議對法律草案做了大量修改，進一步完善了法律草案。《維護國家安全法》可以說是集中全澳居民集體智慧制定出來的一部法律。

　　第四，《維護國家安全法》的制定過程是一次生動的愛國主義教育。不僅澳門特區政府舉辦多次介紹會和座談會，許多社團和學校也自發舉辦各種座談會，組織社員和學生學習《維護國家安全法》（草案），探討立法原意，並提出立法上的改進意見。澳門基本法推廣協會還推出《國安法五十問》同時並刊登在主要報紙上。這些諮詢活動和座談活動，甚至通過對《維護國家安全法》條文的不同解讀和爭議，促進人們去理解：什麼是國家，什麼是國家安全，什麼是「一國」是「兩制」的基礎和前提等，推動人們去理解：國家的強大是澳門特別行政區保持社會穩定和經濟發展的根本保障，國家安全是澳門特別行政區的根本利益所在。諮詢期間，國家安全和國家利益至上的觀念被進一步明確認識，整個澳門煥發出樸素的愛國主義情懷，整個社會彌

漫著植根在每個人心中的愛國愛澳的感情。「廣大市民在立法過程中所凝聚和展現出的愛國愛澳情懷將成為特區持續團結進步的重要精神財富。」[4]

第五，澳門《維護國家安全法》的制定對香港落實相關立法有一定借鑒的作用。香港特別行政區與澳門特別行政區一樣，都負有維護國家安全，落實二十三條立法的憲制責任。香港特別行政區政府原計劃在 2003 年啟動二十三條立法，並推出《國家安全刑事條例》（草案）進行諮詢，但是在「七一遊行」後擱置立法。2020 年 5 月 28 日，全國人大通過了《關於建立健全香港特別行政區維護國家安全的法律制度和執行機制的決定》，授權全國人大常委會就建立健全香港特別行政區維護國家安全的法律制度和執行機制制定相關法律，切實防範、制止和懲治任何分裂國家、顛覆國家政權、組織實施恐怖活動等嚴重危害國家安全的行為和活動以及外國和境外勢力干預香港特別行政區義務的活動。《決定》要求香港特別行政區應當盡早完成香港基本法規定的維護國家安全立法。2020 年 6 月 30 日全國人大常委會制定了《中華人民共和國維護國家安全法》。澳門《維護國家安全法》的成功制定，相信對香港特別行政區完成二十三條立法，會起到積極和正面的作用。

4　澳門政府行政法務司司長在立法會通過《維護國家安全法》當天全體會議上之表示。澳門特區立法會通過《維護國家安全法》，新華網，2009 年 2 月 26 日。

五、不斷推進澳門維護國家安全的法律制度和執行機制建設

　　維護國家安全，不應當僅僅限於刑事制裁，刑法只是調整社會關係的最後法律手段。澳門立法會通過的《維護國家安全法》雖然名稱為「維護國家安全法」，其實質內容是一項單項的刑事立法，而不是一部維護國家安全的綜合性法律。

　　因此，不能將維護國家安全，僅僅限於《維護國家安全法》所規定的刑事打擊。維護國家安全，包括從政治上、經濟上、文化上和法律上去維護國家安全，應當是多方面的，全方位的。應當以總體國家觀推進澳門特別行政區維護國家安全的法律制度和執行機制建設。尤其是澳門基本法第 23 條所規定的「禁止外國的政治性組織或團體在澳門特別行政區進行政治活動，禁止澳門特別行政區的政治性組織或團體與外國的政治性組織或團體建立聯繫」中的兩項「禁止」，其中還涉及行政手段規管的，應當根據澳門特別行政區的其他法律予以處理。

　　《維護國家安全法》是一部補充性的單項刑事法律，填補了澳門《刑法典》打擊危害國家安全的犯罪活動的空白，其與澳門《刑法典》的關係主要是刑法分則和刑法總則的關係。有關刑法的一般原則、刑罰的具體適用和刑事訴訟程序等內容，仍然需要適用《刑法典》和《刑法訴訟法典》的有關規定。因此，《維護國家安全法》第 14 條（補充適用）規定「本法無專門規定者，補充適用《刑法典》和《刑事訴訟法典》的規定」。

　　2018 年行政長官頒佈第 22/2018 號行政法規，成立由行政長官擔任主席的維護國家安全委員會。2019 年澳門立法會通過了第 4/2019 號法律，修改《司法組織綱要法》。考慮到第 2/2009 號法律《維護國家安全法》所規定的罪行，以及所維護的利益關乎國家獨立、統

一、完整、內部及對外安全等較為敏感的事宜，新增第 19-A 條「特別情況下的刑事管轄權」規定，針對《維護國家安全法》所規定的罪行，審理法官應當由法官委員會在確定委任且為中國公民和法官中預先指定，有關指定為期兩年，參與上述訴訟的檢察官應由檢察長從確定委任且為中國公民的檢察院司法官中指定。2020 年立法會通過第 14/2020 號法律《修改第 5/2006 號法律〈司法警察局〉》，在澳門司法警察局設立國家安全情報工作處、國家安全罪案調查處、國家安全行動支援處、國家安全事務綜合處以及恐怖主義罪案預警及調查處、網絡安全處。

（原文《澳門〈維護國家安全法〉的制定及其意義》發表在由北京大學和澳門特別行政區行政法務司主辦的「成功的十年：一國兩制在澳門的實踐」──紀念澳門回歸祖國十周年學術研討會上，2009 年 11 月 10 日，收入本書時有修改）

第九章
集會、遊行和示威自由
及相關法制

一、集會、遊行和示威自由的概念

澳門基本法第 27 條規定，「澳門居民享有言論、新聞、出版的自由，結社、集會、遊行、示威的自由，組織和參加工會、罷工的權利和自由」。澳門基本法第 27 條所指出的「集會、遊行、示威的自由」，包含著三項自由：即集會自由、遊行自由和示威自由。

集會自由通常被認為是言論自由的延伸和擴展，是指居民有為共同的目的，臨時集合在一定場所，討論問題或表達意願的自由。[1] 集會自由包含以下幾個內容：

第一，集會要求具備討論問題或表達意願的共同目的，如果沒有共同討論問題或表達意願的目的，則僅為數人偶然的「集合」，就不構成法律意義上的「集會」，如早上數人在公車站等候巴士，又如人們在超市裏購物，或在賭場裏進行賭博，等等。

第二，集會是指臨時集會在一定場所，是一種不特定多數人的臨時聚集。如果不屬於臨時集會，而是長期的、固定的和持續性的集會，則就屬於結社自由的範疇。「集會者，不特定多數人之暫時集合也；結社者，特定多數人之永久團體也。」[2] 所以，法律往往將集會自由和結社自由相提並論，並要求結社必須具有固定的組織、章程和制度。

第三，集會的「場所」可以分為公共場所和非公共場所，集會因此也可以分為公共場所的集會和非公共場所的集會。在公共場所的集

1　魏定仁主編：《憲法學》，北京大學出版社，1999 年第 3 版，第 159 頁。

2　張知本：《憲法論》，華東政法學院珍藏民國法律名著叢書，中國方正出版社，2004 年，第 127 頁。

會，通常也稱為「屋外集會」，非公共場所的集會，通常也稱為「屋內集會」。集會自由既包括屋內的集會自由，也包括屋外的集會自由。如果從集會的性質來看，集會自由可以分為政治性集會和非政治性集會。在通常的情況下，在公共場所，也即屋外，舉行的政治性集會，往往同時導致公民的遊行示威活動。所以，法律通常將集會自由和遊行自由、示威自由相提並論，寫在一起或規定在一處。

集會自由分為屋內集會和屋外集會，那麼，其中屋內集會是否需要受到集會遊行示威法的調整？不同法律制度的做法可能是不同的。如我國內地的《集會遊行示威法》第2條規定，「本法所稱集會，是指聚集於露天公共場所，發表意見、表達意願的活動。本法所稱遊行，是指在公共道路、露天公共場所列隊行進、表達共同意願的活動。本法所稱示威，是指在露天公共場所或者公共道路上以集會、遊行、靜坐等方式，表達要求、抗議或者支持、聲援等共同意願的活動」。這樣就把屋內集會排除在《集會遊行示威法》的調整範圍之外。又如我國台灣地區的《集會遊行法》第2條規定，「本法所稱集會，係指於公共場所或公眾得出入之場所舉行會議、演說或其他聚眾活動。本法所稱遊行，係指於市街、道路、巷弄或其他公共場所或公眾得出入之場所之集體行進」。這裏的集會實際包括了屋內集會和屋外集會兩種，該法第8條指出，「室內集會無須申請許可。但使用擴音器或其他視聽器材足以形成室外集會者，以室外集會論」，而屋外集會原則上需要向主管機關申請許可。可見，不同法律制度對集會自由內涵的理解是不同的。不過，這兩個例子也說明集會遊行示威法的所調整的「集會自由」主要是屋外的集會自由，是與遊行與示威相聯繫的集會自由。

第四，集會、遊行和示威的目的主要是對公益事業、公共事務或與此相關的事務和領域探討意見、表明態度或表達意願。如美國哥倫

比亞特區的法律規定,遊行的目的不是為了個人獲取某種產品貨物、競爭或比賽而進行的大肆宣傳。[3] 在這個意義上,「集會遊行示威法」往往將有關私人聚會、宗教活動和民間習俗活動排除在該法的調整範圍之外,如我國內地《集會遊行示威法》第 2 條規定,「文娛、體育活動,正常的宗教活動,傳統的民間習俗活動,不適用本法」。我國台灣地區的《集會遊行法》第 8 條規定,「室外集會、遊行,應向主管機關申請許可。但左列各款情形不在此限:(1)依法令規定舉行者,(2)學術、藝文、旅遊、體育競賽或其他性質相類之活動,(3)宗教、民俗、婚、喪、喜、慶活動」。所以,「集會遊行示威法」所規定的集會主要是與遊行與示威自由相聯繫的政治性集會。

所謂遊行自由,是指居民有在公共場所列隊行進、表達共同意願的自由。所謂示威自由,是指居民有在公共場所以集會、遊行、靜坐等方式表達要求、抗議或者支持、聲援等共同意願的自由。集會自由、遊行自由和示威自由都是民眾共同表達某種意願的自由,然其不同之處,在於表達意願的程度、方式和方法有所不同。[4] 這裏包括兩種情況:第一種情況是,民眾在集會舉行以後,又舉行了遊行和示威的活動;第二種情況是,民眾在集會以後,沒有必須採取遊行的做法,而是直接舉行了示威,如直接在某一地方集會,高喊口號,這裏就只有集會自由和示威自由,而沒有遊行自由的問題。這兩種情況的區別在於,第一種情況包括了民眾的遊行自由,而遊行自由則涉及到遊行路線問題,以及遊行隊伍秩序的維持問題。

---

3 轉引自王廣輝:《比較憲法學》,武漢水利電力大學出版社,1998 年,第 324-325 頁。

4 王廣輝:《比較憲法學》,武漢水利電力大學出版社,1998 年,第 324 頁;魏定仁主編:《憲法學》,北京大學出版社,1999 年第 3 版,第 159 頁;等等。

以和平的方式行使集會、遊行和示威自由，是一項基本的政治權利，不僅有利於民眾監督政府，而且也有利於緩解民眾與政府的對立情緒，緩和社會矛盾。此項權利可以認為最早起源於英國 1215 年發佈的《大憲章》承認全國臣民有向國王施加壓力的權利，和 1689 年《權利法案》所確認的「請願權」。[5] 法國 1789 年《人權宣言》規定公民有發表意見和自由傳達思想和意見的權利。[6] 美國憲法修正案第 1 條明確規定人民有和平集會的權利，國會不得制定法律予以剝奪。其後，世界各國制定的憲法紛紛都對公民享有集會、遊行和示威的自由予以承認或肯定。

在立法技術上，一種做法是明確規定人民有集會、遊行和示威的自由，另一種做法是僅規定人民有集會的自由，將遊行自由和示威自由視為集會自由的延伸，通過對集會自由的擴大解釋，來肯定公民的遊行和示威的自由。[7] 我國就採用了第一種做法，憲法明確規定，「中華人民共和國公民有言論、出版、集會、結社、遊行、示威的自由」。香港基本法和澳門基本法也是將集會、結社、遊行、示威的自由相並列的做法。[8]

5　英國 1689 年《權利法案》第 5 條規定，「向國王請願，乃臣民之權利，一切對此項請願之判罪或控告，皆為非法」。

6　法國 1789 年《人權宣言》第 10 條規定，「意見的發表只要不擾亂法律所規定的公共秩序，任何人都不得因其意見、甚至信教的意見而遭受干涉」。第 11 條規定，「自由傳達思想和意見是人類最寶貴的權利之一；因此，各個公民都有言論、著述和出版的自由，但在法律所規定的情況下，應對濫用此項自由負擔責任」。

7　胡錦光、韓大元：《當代人權保障制度》，中國政法大學出版社，1993 年，第 112 頁。

8　香港基本法第 27 條規定，「香港居民享有言論、新聞、出版的自由，結社、集會、遊行、示威的自由，組織和參加工會、罷工的權利和自由」。兩部基本法的寫法完全是一樣的。

二、集會、遊行和示威自由的內涵及其限制

集會、遊行、示威是一種較為激烈地表達意志的方式，在客觀上往往會給社會造成一定的消極影響，因而，世界各國法律對集會、遊行、示威自由權利的行使都給予一定的限制，其方式主要有三種：申報制、批准制和追懲制。

所謂申報制，是指僅須在集會、遊行、示威舉行前的一定時間內向政府當局報告，無須經過批准；所謂批准制，是指集會、遊行、示威須取得有關政府機關許可方能舉行；所謂追懲制，是指在集會、遊行、示威前不受任何機關的干涉，也無須向任何機關報告，只有在集會、遊行、示威中有違法行為時才依法予以懲罰。上述各種限制方式中，批准制最為嚴格；追懲制最為寬鬆，申報制處於兩者之間。通常認為，申報制既不會不當限制公民集會、遊行、示威權利的行使，同時又使相應維護公共秩序的行政當局可以有所防範，在一定程度上能平衡秩序和自由的矛盾，是一種較合理的限制方式。

澳門《集會權及示威權》第 1 條指出，「所有澳門居民有權在公眾的、向公眾開放的、或私人的地方進行和平及不攜有武器集會，而毋需任何許可」。這就明確指出，澳門採用申報制的做法管理集會、遊行和示威活動的舉行。

那麼，澳門《集會權及示威權》規定採用申報制，是否就是指澳門居民在行使集會、遊行和示威自由的時候，不需要受到任何限制？不能作這樣的理解。這是因為集會、遊行和示威要求在公共場所和公共道路舉行，不僅參加的人數眾多，而且旁邊還有觀看的人數，情緒感染性強，社會影響較大，所以，在行使該等權利時，應當既要符合法律規定的要求，又要注意不得損害社會的公共利益，以及其他公民

的合法的自由和權利。

1966 年聯合國大會通過的《經濟、社會與文化權利國際公約》規定：「和平集會的權利應被承認。對此項權利的行使不得加以限制，除去按照法律以及在民主社會中為維護國家安全或者公共安全、公共秩序，保護公共衛生或者道德或者他人的權利和自由的需要而加以限制。」這就明確指出了集會自由不是絕對的，而是要受到國家安全或公共安全、公共秩序、公共衛生、道德或者他人的權利和自由等諸如此類的限制。具體來說，這些限制包括以下幾種：

第一，集會、遊行和示威自由的行使應當採取和平的方式，不得攜帶武器或者兇器、管制刀具和爆炸物，不得使用暴力或者煽動使用暴力。許多國家的憲法和法律都明確提出此項要求。如希臘憲法第 11 條規定，「一切希臘公民均有不攜帶武器和平地舉行集會的權利」。土耳其憲法第 34 條規定，「每個人都有不經事先許可舉行非武裝的和平集會和遊行示威的權利」。

澳門回歸前制定的《集會權及示威權》第 1 條（基本原則）就明確指出，「所有澳門居民有權在公眾的、向公眾開放的、或私人的地方進行和平及不攜有武器集會，而毋需任何許可」。這就明確指出了不攜帶武器的和平集會才能受到法律的保障。第 13 條並對攜有武器的行為作出處罰：「在集會或示威中攜有武器者除可受其他處罰外，將處加重違令罪之刑罰。發起人當知悉武器之存在，而未採取措施解除攜武器者之武器，對該發起人亦受處違令罪之刑罰。」

除不得攜帶武器外，「和平集會」的內涵還包含著集會、遊行和示威不得危害公共安全和公共秩序，不得衝擊或攻打政府機關所在地，不得防礙公務或干預公審，不得防礙交通，不得違反善良風俗，不得破壞公共或私人財產，不得攜帶足以危害他人生命、身體、自由或財

產的危險物品，等等。

　　第二，集會、遊行和示威自由必須受到時間和地點的限制，不能在法律明確禁止的時間或地點舉行集會、遊行和示威的活動。澳門《集會權及示威權》第 3 條指出了地點限制：「不容許非法佔用公眾的、向公眾開放的、或私人的地方舉行集會或示威。」第 4 條指出了時間限制，「不容許在零時三十分至七時三十分內舉行集會或示威，但舉行地點屬封閉場地，劇院，無住戶的樓宇，或有住戶的樓宇而住戶係發起人或已作出書面同意的情況下，則不在此限」。

　　治安警察局局長可對發起人施加有關集會或示威的地點及時間的限制。治安警察局根據具適當解釋的公共安全理由，要求集會或示威須與澳門特別行政區政府、立法會、司法機關及中央人民政府駐澳機構直接運作所在的建築物及設施，以及具外交地位之使館或領事代表處保持所訂定的最短距離。上述所指之距離不得超過 30 公尺。[9]

　　第三，舉行集會、遊行和示威的目的不得違反法律規定的要求。如我國內地的《集會遊行示威法》第 12 條明確指出，「申請舉行的集會、遊行、示威，有下列情形之一的，不予許可：（1）反對憲法所確定的基本原則的；（2）危害國家統一、主權和領土完整的；（3）煽動民族分裂的；（4）有充分根據認定申請舉行的集會、遊行、示威將直接危害公共安全或者嚴重破壞社會秩序的。」

　　澳門《集會權及示威權》第 2 條（不容許的集會及示威）就明確規定，「在不妨礙批評權之情況下，不容許目的在違反法律之集會及示威」。但是，這裏沒有明確指出哪些集會及示威的目的違法，屬於禁

9　《集會權及示威權》（第 2/93/M 號法律並經第 16/2008 號法律和第 4/2018 號法律修改）第 8 條。

止之列。此條原來的寫法是：「在不妨礙批評權之情況下，禁止目的違反法律、主題侵犯主權機關、本地區本身管理機關、澳門各法院及此等機關之成員應有之名譽與尊重之集會及示威。」[10] 該法案在審議過程中，當時的憲法權利、自由及保障委員會提出的意見書提出，應當刪除有關「主題侵犯主權機關、本地區本身管理機關、澳門各法院及此等機關之成員應有之名譽與尊重」的字句，這是因為國際人權公約已經指明集會及示威自由的行使只受到合法性的限制，而侵犯名譽與尊重的寫法過於模糊。而且，刪除這些字句，也不表示所指人士及實體的名譽與尊重沒有任何法律上的保障，例如任何人在一項集會侮辱澳門本身管理機關的權利人將受現行刑事規則的處分。[11]

第四，集會、遊行和示威活動的舉行要受到政府管理的限制。這些管理活動至少包括：第一，政府當局應當確保集會、遊行和示威的目的不得違反法律規定的要求。第二，政府當局應當確保集會遊行示威活動的和平進行，並有義務維持公共道路上行人及車輛的交通秩序。第三，政府當局有權確保集會及示威活動不越過已訂定的有關政府機關及有外交地位的使館或領事代表處總部的最短距離。第四，政府當局有權對違反法律目的和要求的集會、遊行和示威的活動予以制止，乃至解散。

《集會權及示威權》第 8 條規定，「為維持公共道路上行人及車輛之良好交通秩序而有必要時，至遲在集會或示威開始時之二十四小時

---

10 《集會權及示威權》，規範基本權利的法律彙編，澳門特別行政區立法會，2001 年，第 13 頁。

11 《集會權及示威權》，規範基本權利的法律彙編，澳門特別行政區立法會，2001 年，第 23 頁。

前，治安警察局局長得透過第六條所指之方式，更改原定之遊行或列隊路線，或規定有關活動僅得在車行道之一邊進行」。這裏所說的更改原定遊行或列隊路線，或規定有關活動僅得在車行道之一邊進行，就屬於政府管理活動的一部分。

三、澳門目前有關集會、遊行和示威的法例及其檢討

澳門目前有關規範集會、遊行和示威自由及其行使的具體法律主要是規定在第 2/93/M 號法律《集會權及示威權》。此部法律制定在 1993 年 5 月，時值 1993 年 3 月 31 日澳門基本法通過不久。[12] 其後的第 7/97/M 號法律作出簡單的修訂。澳門回歸後，立法會通過第 16/2008 號法律對該法作過簡單的文字替代修訂，將其中的高等法院改為終審法院，其中的市政廳主席改為民政總署管理委員會主席，等等。[13] 2018 年 7 月 30 日立法會通過第 11/2018 號法律，對《集會權及示威權》作了修改。

毋庸諱言，第 2/93/M 號法律《集會權及示威權》對澳門回歸後居民行使集會遊行及示威的自由起到了不可替代的保障作用。但是，由於該法當時制定還處於殖民管治的社會背景下，有些規定難免於與澳門基本法的精神有所出入，有些問題也難免考慮得不夠周全，又加

---

12 據說，當時制定的這部法律的背景是在爆發三二九事件後，又發生治安警察靜坐集會事件，因此帶有匆匆擬就的特點。法案由當時剛剛成立的「設立情報架構籌備辦公室」草擬。見永逸：《參考其他地方經驗全面修訂「集會遊行法」》，載《新華澳報》，2010 年 5 月 8 日。

13 見澳門特別行政區第 16/2008 號法律。

上澳門回歸後經濟急劇發展，社會生活發生了根本性變化，因此，可以考慮在適當的時候予以全面修訂。

第一，可以將此法律的標題明確改為「集會、遊行和示威法」或「集會、遊行和示威的自由」等，在中間明確加上「遊行自由」。第2/93/M 號法律《集會權及示威權》的標題寫法與葡萄牙憲法的寫法是一致的。1982 年葡萄牙共和國憲法第 45 條規定了集會與示威的權利，「所有公民都有不攜帶武器和平地舉行集會的權利，即使在向公眾開放的場所舉行集會，也無須經事先批准。承認所有公民的示威權」。這裏本身就沒有寫上遊行自由。第 2/93/M 號法律《集會權及示威權》的寫法同葡萄牙憲法的寫法及其精神是一致的。澳門基本法的寫法同中國憲法的寫法是一致的，明確將集會自由、遊行自由與示威自由並列。因此，將來在修改該法進一步落實居民的該項基本權利時，應當寫上「遊行自由」，與基本法的精神保持一致。而且，將「遊行自由」寫上標題，不僅有利於保障居民的遊行自由，而且也有利於政府對遊行自由所帶來的相關問題的管理。

第二，可以在該法中對集會、遊行與示威的概念及其內涵作出明確界定。這是因為日常生活裏聚會與集會的情況比較多見，除了這裏的與遊行、示威相聯繫的集會外，還包括了其他的一些集會與聚集，如私人聚會或聚餐，學術演講、結眾步行或走路等鍛煉活動，澳門社會還有自己特有的集會活動，如回歸紀念日和國慶日的升旗集會，百萬公益金活動，等等，不同集會與聚會的原因和表現形式也是多種多樣。第 2/93/M 號法律並沒有對集會、遊行與示威的概念及其內涵作出明確界定，所以，可以考慮參考大陸和台灣的做法，有必要進一步將集會、遊行與示威的概念在法律上明確界定，從而明確「集會遊行示威法」的調整範圍，避免可能引起的不必要爭議。

第三，可以進一步明確集會、遊行和示威的發起人的要求和條件等。《集會權及示威權》第 5 條僅僅規定申報集會及示威時，其告知文件須有三名發起人簽名，簽名者應列明其姓名，職業及住址以作身份認別，如屬團體，則由有關領導層簽名。但沒有對發起人的條件作出明確規定。台灣地區的《集會遊行法》明確規定，「有下列情形之一者，不得為應經許可之室外集會、遊行之負責人、其代理人或糾察員：（1）未滿二十歲者，（2）無中華民國國籍者，（3）經判處有期徒刑以上之刑確定，尚未執行或執行未畢者。但受緩刑之宣告者，不在此限，（4）受保安處分或感訓處分之裁判確定，尚未執行或執行未畢者，（5）受禁治產宣告尚未撤銷者」。澳門可以參考這種做法，對集會遊行和示威的發起人的資格作出明確要求。

　　第四，可以進一步明確規定集會、遊行和示威的發起人或負責人應當承擔的各種法律責任等。《集會權及示威權》只是規定在封閉場地的集會時，如未請求執法人員在場，發起人有責任維持有關場地之秩序，以及發起人知悉武器之存在，而未採取措施解除武器，需要承擔刑事責任外，對發起人的其他法律責任沒有作出明確規定。[14] 這些規定側重於發起人對和平集會的刑事責任，而忽略了發起人在遊行過程中的維持秩序的責任。

　　從集會遊行示威活動的過程來看，發起人的法律責任或法律義務，至少還包括：（1）必須親自在場主持，維持秩序，其集會地點和遊行路線在其使用後遺有廢棄物或污染的，應當由其負責清理。如果因故不能親自在場主持或維持秩序時，應當指定代理人；（2）發起人

---

14 第 2/93/M 號法律《集會權及示威權》（經第 16/2008 號法律和第 11/2018 號法律修改）第 9、13 條。

應當組織指定糾察員協助維持秩序，糾察員在場協助維持秩序時，應佩戴「糾察員」字樣臂章；（3）發起人既然負責集會遊行示威的發起，還應當負責集會遊行示威的解散。發起人在宣佈結束集會、遊行和示威後，應當保證參加集會、遊行和示威的參加居民散去。如果發起人在宣佈結束集會遊行示威後，參加居民仍然未解散的，發起人應當有勸離的責任，等等。

第五，進一步明確規定政府當局以及其警察機構在集會、遊行與示威活動過程中的義務和權責。澳門基本法第 27 條的精神在於賦予居民有權通過集會、遊行和示威的活動，表達監督政府、批評政府或向政府請願的某種共同意願。政府當局有義務保障居民此項基本權利的落實。但是，基本法所指的集會、遊行和示威自由是指以和平方式進行的、符合法律目的和要求的集會、遊行和示威的自由。對於違反法律目的的集會、遊行及示威活動，政府有權對其申請的公共道路及公共場所，不予以許可，對於已經舉行的集會、遊行及示威活動，在其舉辦過程中偏離法律目的，有權予以制止，甚至解散此次活動。

澳門《集會權及示威權》第 2 條（不容許的集會及示威）亦明確指出，「在不妨礙批評權之情況下，不容許目的在違反法律之集會及示威」。這裏所說的目的違反，應當包括兩種情況，一種是集會遊行的目的從一開始就是違反法律，在這種情況下，政府可以對其所擬使用的公共場所和公共道路，不予以許可。譬如集會發起人通知政府當局的有關告知文件指明此次集會遊行是一次攜帶武器的集會和遊行，政府當然不予以許可。第二種情況，集會、遊行和示威的目的本身在開始時並沒有違反法律的規定，但是其集會、遊行和示威的舉行過程中偏離其原定目的，政府當局亦有權予以制止或解散。

第六，其他立法技術和文字上的改進。如第 11 條規定「集會或示

威之中斷」，其中的「中斷」可以考慮將其改為「解散」，第 2 條規定
「不容許的集會及示威」，其中的「不容許」，可以考慮改為「禁止」，
等等。

四、有關幾個集會遊行示威的法院案例分析

自 2006 年以來，隨著澳門社會變化發展，有關集會遊行示威案件
引起爭議而告上法庭的案件越來越多。這在 2010 年到 2014 年間達到
了高峰。[15] 其中一個爭議的核心法律問題，就是政府當局根據第 2/93/
M 號《集會權及示威權》第 3、4、7、8 條對集會示威活動的發起、
地點、內容及路線等的規制行為是否合法，其中又尤以地點規制爭議
為最多。[16] 在第 16/2010 號案件中，當事人不服民政總署更換集會起步
遊行地點而向終審法院提起訴訟，該案被告民政總署認為原告擬使用
的黑沙環三角花園各個地方已被安排其他居民集會遊行，故提供另一
地方孫中山市政公園作集會及起步遊行使用。終審法院在判決書裏指
出，更換集會示威地點，只有在因有關地點自身的性質導致不可能進
行這些活動，或存在嚴重危害人身安全或其他比行使集會、示威權更
為重大的公共利益的情況時方可；而在排除上述情況下，政府必需遵
守嚴格的「權力法定」原則，即該集會示威必須在「非法佔用公眾或

---

15 從 2010 年受理第一宗集會示威案件至 2014 年 3 月，終審法院共做出十二件同類案件判決。
其中，政府在四個判決中敗訴，在七個判決中勝訴，還有一個判決判政府部分勝訴。

16 可參考高鵬：《從有關集會示威案件的判決看行政裁量的司法統制》，載楊允中、饒戈平主
編：《澳門回歸十五年：發展與改革 —— 紀念澳門基本法頒佈二十一周年學術研討會論文
集》，澳門基本法推廣協會，2014 年 8 月。

私人地方」或「選擇了法律禁止的時間段」才可以對此基本權利加以限制。[17] 在第 21/2010 號案中，民政總署認為原告要求使用的公共地方均不屬於政府公佈的公共地方，且考慮到政府已於 1993 年公佈眾多可供選擇的公共地方，故此請原告從中選擇使用。終審法院在判決書裏認為儘管政府公佈了可用作集會示威的公眾地方清單，但該清單應被視為屬於列舉性而非窮盡性的，否則「將會對一項基本權利造成不可承受的限制而違反基本法」。在第 2/2011 號案中，終審法院認為治安警察局對不允許在距離某些地方三十米內的地方舉行集會具有裁量權，前提是符合法律規定的「公共安全」或「公共秩序」要件，但必需對之作出適當解釋，而不能空泛引用以上要件表述，若申請的集會地點符合該最短距離的要求，治安警察局就應尊重集會組織者的選擇權，不能為集會劃定另外的替代地點。[18] 終審法院在上述幾個案件裏都判決政府敗訴。

第 31/2011 號案中，原告甲等擬在政府總部三十米外、噴水池、關閘等地方舉行集會示威活動，而治安警察局作出決定，不准許在風順堂政府總部三十米外舉行活動。其理由一是「太接近政府總部」，二是「嚴重影響交通秩序」。終審法院接納了上述第二個理由。在第 34/2011 號案中，原告同樣是請求在政府總部三十米外舉行集會活動，被治安警察局決定禁止。治安警察局這次不再強調「太接近政府總部」，而是再次以事實和詳細資料指出「嚴重影響交通秩序」。在第 6/2011 號案中，原告請求在中聯辦、議事亭前地、友誼廣場等地點舉行集會示威活動，治安警察局作出決定不准許在中聯辦舉行活動，理

17　澳門特別行政區終審法院第 16/2010 號判決。

18　澳門特別行政區終審法院第 2/2011 號判決。

由是中聯辦是中央政府駐澳門代表機關，需依法確保此重要設施的安全，確保其運作不被擾亂及出入該設施的人員、貴賓的人身安全。終審法院在判決中指出中聯辦及其人員享有不低於外交機構和人員享有的保障與豁免，而且該機構辦公樓外行人道十分狹窄，緊鄰作為主幹道的羅理基博士大馬路，車流量大且車速較快，因此，被告機關不允許在中聯辦大樓範圍外進行示威活動，符合法律規定。在第 44/2013 號案中，集會發起人甲擬在西望洋花園的行人公共地方舉行集會，治安警察局決定不予容許。其理由一是嚴重交通秩序問題，二是西望洋花園一帶路段是通往禮賓府、行政長官和主要官員住宅的主要通道，集會活動會直接影響相關政府部門的正常運作，三是該處是住宅區，而集會人士經常使用擴音用具、喊叫口號，將對該處民居及政府設施構成嚴重影響，對公共秩序及安寧產生損害。終審法院判決政府敗訴，但同時要求集會不得擾亂禮賓府的運作，不得影響公共交通。終審法院對《集會權及示威權》法第 8 條第 3 款保護的範圍進行了嚴格的字面解釋，認為並不包括政府官員的私人住宅。至於禮賓府，終審法院指出該建築物自澳門特區成立後不再作行政長官的居住用途，而是被行政長官用來接待本地及外地的貴賓及政要，禮賓府包括在第 8 條第 3 款所規定的設施的範圍之內。[19] 2018 年澳門立法會通過第 11/2018 號法律，修改《集會權及示威權》法律，規定治安警察局局長可依法「對發起人施加有關集會或示威的地點及時間的限制」，並「根據具適當解釋的公共安全理由，要求集會或示威須與澳門特別行政區政府、立法會、司法機關及中央人民政府駐澳機構直接運作所在的

---

[19] 澳門特別行政區終審法院第 44/2013 號判決。

建築物及設施，以及具外交地位的使館或領事代表處保持所訂定的最短距離」。

在第 95/2014 號案中，開放澳門協會於 2014 年 7 月 23 日向民政總署作出知會，將於 8 月 1 日至 4 日四個公共地方分別舉行題為「2014 澳門特首選舉民間公投之宣傳」的「集會」。[20] 終審法院認為，意圖通過「民間公投」做到，只不過是一項民意調查；相關宣傳活動不應被認為是法律技術層面上所指的「集會」，因此對此不具有管轄權，拒絕審理。而在第 100/2014 號案裏，原告要求在舉辦在公共地方舉行「2014 澳門特首選舉民間公投民意表達活動」的決定而受到民政總署的拒絕。終審法院在原先製作的判決書裏重申活動不屬於「集會」，法院對此不具有管轄權，然而合議庭經討論及表決後，裁判草案未獲多數表決支持，因而由第一助審法官根據多數表決意見作出裁判，認為無論是基本法，還是第 2/93/M 號法律或其他的現行法律，均沒有賦予澳門居民享有舉行公投（Referendum）的權利。儘管這樣的公投不屬違法行為（Contra Legem），但是，民政總署不批准上訴人擬在公眾地方舉行包含「公投」內容的集會的決定沒有違法之虞。

終審法院在第 94/2019 號案和第 81/2021 號案中則強調了集會權的行使須以目的合法為前提。上訴人擬在 2019 年 9 月 18 日、9 月 27 日及 10 月 4 日分別在塔石礦場及友誼廣場舉行集會，主題為「促請各地（尤其香港）警察機關嚴格遵守《禁止酷刑公約》，不要實施......『殘忍、不人道......待遇』之武力」，9 月 15 日治安警察局作出不容許決定。終審法院在第 94/2019 號裁判書中指出，香港、澳門兩特

---

20 公投建議設有兩條命題：（1）你是否贊成 2019 年澳門行政長官由普選產生？（2）你是否信任 2014 年澳門行政長官選舉唯一候選人崔世安成為行政長官？

別行政區不得相互干預各自依基本法自行管理的事務，是特區憲制基本原則之一，澳門有權限當局「不能違反該憲制基本原則，容許或創建平台容許任何機構或實體或群體干預香港特別行政區自行管理內部事務的權力」。2021 年 5 月 17 日澳門民主發展聯委會申請在 2021 年 6 月 4 日在議事廳前地公開舉行集會，未獲治安警察局批准而向終審法院提起上訴。終審法院在 6 月 3 日所作的判決中，指出上訴人多年來於同一日期連續舉辦同一主題的相同集會活動，是「一場經過精心策劃和深思熟慮的對中華人民共和國中央人民政府的官方機構和實體的攻擊和詆毀，從而嚴重地踐踏中央人民政府的名譽、尊嚴、權威和聲望，這顯然不是可接受且必須應予拒絕的」。

（原文《集會、遊行、示威自由及其相關法制完善》，載《一國兩制與澳門特區法制建設 —— 大型學術研討會文集》，澳門理工學院一國兩制研究中心出版，2010 年，收入本書時有修改）

第十章

澳門財政預算制度

一、澳門基本法關於財政預算和決算的規定

近代意義上的預算制度通常認為源於英國。預算在英文中是「budget」[1]，原是指錢袋革囊，英國財政大臣出席議會財政法案的時候，常將各項文件放在皮袋中，該詞在十八世紀逐漸演變為專指財政收支計劃書，而由各國紛相引用，成為國家財政預算的專有名詞。[2]財政預算是政府活動計劃的一個反映，是政府對未來一定時期內收支安排的預測與計劃。預算的執行過程受法律的嚴格制約，不經法定程序，任何人無權改變預算規定的各項收支指針，從而通過預算的法制化管理使政府的財政行為置於社會的監督之下。財政決算，是根據年度預算最終執行結果編製的會計報告。財政決算可以檢查和總結財政預算的執行情況。

財政問題之所以成為一個憲法問題，是因為政府本身不是生產經營組織，一般不創造收入，政府必然要向人民要錢。因此，正是圍繞著「錢」，政府與人民形成了兩種性質不同的關係：不經人民的同意而取其錢者，不經人民的同意而用其錢者，便是專制政府；經人民的同意而取其錢用其錢者，便是民主政府。[3]這就是說，政府提出的財政預算和財政決算都要經過議會審批或審議，政府在一個財政年度內的收支狀況的計劃及其執行情況要接受社會的監督。

因此，世界絕大多數國家將預算制度寫進憲法或憲制性法律。

1　中國古代稱「制用」。見《中國大百科全書》（政治學），中國大百科全書出版社，1992年，第462頁。

2　許志雄等：《現代憲法論》，元照出版有限公司，2002年，第361頁。

3　蔣勁松：《議會之母》，中國民主法制出版社，1998年，第666頁。

預算在憲法中的位置主要有以下幾種方式：（1）在國家機關章節中規定；（2）在專門的財政章節中規定；（3）在國家機關章節和財政章節中共同規定。[4] 澳門基本法的規定主要採用了第二種方式，即既在第四章第一節行政長官、第二節行政機關、第三節立法機關裏有所規定，又在第五章經濟裏專門規定。澳門基本法對財政預算制度和其他財政制度的規定是比較詳細和明確的。

第一，澳門特別行政區保持財政獨立。澳門基本法第 104 條第 1 款規定，「澳門特別行政區保持財政獨立」。這是我們理解整個澳門特別行政區財政預算和決算制度的基礎性規定。這個規定說明，澳門特別行政區保持獨立的財政和稅收制度，不納入國家統一的財政管理和稅收徵收體制，由特別行政區自行進行管理，自行配置和利用特別行政區內部的資源和財力，並由特別行政區自行決定有關支出。[5] 為此，澳門基本法第 104 條第 2 款規定，「澳門特別行政區財政收入全部由澳門特別行政區自行支配，不上繳中央人民政府」。該條第 3 款規定中央人民政府不在澳門特別行政區徵稅。此外，澳門基本法第 7 條規定，「澳門特別行政區境內的土地和自然資源，除在澳門特別行政區成立前已依法確認的私有土地外，屬於國家所有，由澳門特別行政區政府負責管理、使用、開發、出租或批給個人、法人使用或開發，其收入全部歸澳門特別行政區政府支配」。

財政獨立還意味著必須實行獨立的稅收制度。澳門基本法第 106 條規定，「澳門特別行政區實行獨立的稅收制度。澳門特別行政區參照

4 　張獻勇：《預算立憲制度比較研究 —— 一個文本比較分析的視角》，2008 年中國法學會憲法學研究會年會論文。

5 　蕭蔚雲主編：《一國兩制與澳門特別行政區基本法》，北京大學出版社，1993 年，第 307 頁。

原在澳門實行的低稅政策，自行立法規定稅種、稅率、稅收寬免和其他稅務事項。專營稅制由法律另作規定」。

第二，澳門特別行政區自行制定財政預算和決算。既然澳門特別行政區實行財政獨立，這就意味著澳門特別行政區有權自行制定財政預算和財政決算。因此，澳門基本法第 71 條第（二）項規定立法會審核、通過政府提出的財政預算案，並審議政府提出的預算執行情況報告；第（三）項規定立法會根據政府提案決定稅收，批准由政府承擔的債務。第 64 條第（四）項規定政府編製並提出財政預算、決算；第50 條第（三）項規定由行政長官簽署立法會通過的財政預算案，並將財政預算、決算報中央人民政府備案。

澳門基本法規定澳門立法會審核通過政府提出的財政預算案，審議政府通過的預算執行情況報告，並根據政府提案決定稅收，批准由政府承擔的債務。這些規定與香港基本法有較大的不同。香港基本法第 73 條第（二）、（三）項規定，立法會「根據政府的提案，審核、通過財政預算」，「批准稅收和公共開支」。香港回歸前，港英政府的財政預算案，通常都要提交香港立法局審議通過，經港督批准後成為正式法案。澳門回歸前，財政預算案無需澳門立法會批准，財政決算僅提交立法會省覽過目。至於稅收，當時港澳兩地有關法律都規定需要立法局或立法會通過。[6] 因此，兩部基本法根據回歸前的財政制度，作了不同的規定。澳門組織章程還規定立法會有權核准總督按照法律規定借入或借出款項，進行其他信用活動。[7] 澳門基本法因此規定以政府名義對外承擔的債務，應由立法會批准。

---

6 楊靜輝、李祥琴：《港澳基本法比較研究》，北京大學出版社，1997 年，第 327 頁。

7 《澳門組織章程》第 30 條。

立法會審核通過財政預算案就需要立法會對財政預算案進行表決。而財政預算的執行情況報告，澳門基本法規定立法會的權力是「審議」。澳門回歸後，當立法會收到政府提出的預算執行情況報告時，就由其負責有關工作的委員會就預算執行情況報告編製意見書，立法會主席收到該委員會的意見書後，在十五日舉行全體會議進行表決。表決採用決議形式。**8**

第三，澳門特別行政區的財政預算必須以量入為出為原則。澳門基本法第 105 條規定，「澳門特別行政區的財政預算以量入為出為原則，力求收支平衡，避免赤字，並與本地生產總值的增長率相適應」。這就為澳門特別行政區財政預算案的編制、審核與通過提供了基本原則。這個原則就是要做到大體上收支平衡，要看有多少收入，再來決定支出多少，避免赤字財政，以致出現經濟動盪與貨幣貶值的現象。

第四，澳門特別行政區的財政預算和決算必須報中央人民政府備案。澳門基本法第 50 條第（三）項規定行政長官簽署立法會通過的財政預算案，將財政預算、決算報中央人民政府備案。將預算、決算報中央人民政府備案，這是與澳門特別行政區的法律地位相一致的，也是行政長官向中央人民政府負責的一種表現具體形式。

第五，澳門特別行政區的財政預算案必須由立法會通過，如果立法會未通過政府提出的財政預算案，這就說明行政與立法在財政預算案上存在重大分歧。澳門基本法規定了對這個重大分歧的解決方法，即由行政長官解散立法會，以及由重選的立法會迫使行政長官辭職。

8　見立法會議事規則第 154 條。亦可參考第 1/2011 號決議《審議〈2010 年度預算執行情況報告〉》，其內容唯獨一條：「通過澳門特別行政區立法會第二常設委員會就《2010 年度預算執行情況報告》所編製的第 4/IV/2011 號意見書」。

澳門基本法第 52 條規定，立法會拒絕通過政府提出的財政預算案或行政長官認為關係到澳門特別行政區整體利益的法案，經協商仍不能取得一致意見，行政長官可以解散立法會。行政長官在解散立法會前，須徵詢行政會的意見，解散時應向公眾說明理由。行政長官在其一任任期內只能解散立法會一次。第 54 條第（三）項規定因立法會拒絕通過財政預算案或關係到澳門特別行政區整體利益的法案而解散立法會，重選的立法會仍拒絕通過所爭議的原案，行政長官就必須辭職。澳門基本法還規定了立法會在未通過政府提出的財政預算案時的臨時解決措施。澳門基本法第 53 條規定，「澳門特別行政區行政長官在立法會未通過政府提出的財政預算案時，可按上一財政年度的開支標準批准臨時短期撥款」。

二、預算案的編制、提出與審核通過

　　在具體的制度運作中，財政預算主要涉及政治體制中的行政與立法的相互關係。這還要表現在行政部門負責編製財政預算、向立法部門提出財政預算並獲得審議通過。如果預算案未獲通過，就會引起行政與立法的嚴重衝突及鬥爭，甚至導致政局不穩。

（一）預算案的編制

　　澳門基本法第 64 條第（四）項規定政府編製並提出財政預算、決算，第 50 條第（十四）項規定行政長官批准向立法會提出有關財政收入或支出的動議。這就明確了財政預算由政府編製，以及由行政長官

批准後向立法會提出。

關於預算案的編制，第 6/2006 號行政法規《公共財政管理制度》第 12 條（澳門特別行政區財政預算的編製）規定：（1）澳門特別行政區財政預算應以綜合形式編製及提交，並可特別細分項目以詳細說明；（2）享有財政自治權的部門及機構，其預算須按權責發生制會計制度編製，並列入澳門特別行政區財政預算；（3）以綜合形式編製澳門特別行政區財政預算的規則，以及編製其細目的規則，須由行政長官以公佈於《澳門特別行政區公報》的批示訂定。

2009 年 8 月 31 日政府公報刊登了第 324/2009 號行政長官批示《核准〈澳門特別行政區財政預算的組成、內容及編製規則〉及〈澳門特別行政區總賬目的組成、內容及編製規則〉》，該批示被第 121/2011 號行政長官批示廢止。根據第 121/2011 號行政長官批示第 6 條（預算的籌組）規定，（1）澳門特別行政區財政預算的編製由財政局負責統籌、協調和彙編；財政局負責制定有關預算籌組的各項格式、要求和指引；（2）各公共行政部門及機構每一財政年度的預算提案，經有權限實體核准後須提交予財政局；預算提案應說明其活動的主要及次要計劃，作為預算的依據；（3）每一財政年度預算籌組的日程，透過行政長官批示公佈。

根據這些規定，關於財政預算案的具體編制過程，是在每年的年中（5 月或 6 月），特區政府透過行政長官批示，正式定出準備翌年年度政府施政方針、預算和行政當局投資與發展開支計劃的日程表，並

著手編製財政預算。[9]

（二）預算案的提出

　　澳門基本法第 64 條第（四）項規定政府編製並提出財政預算，第 71 條第（二）項規定立法會審核、通過政府提出的財政預算案。第 75 條規定凡不涉及公共收支、政治體制或政府運作的議案，可由立法會議員個別或聯名提出。這就是說，財政預算案只能是政府向立法會提出，議員不能也無法向立法會提出增加或減少財政預算費用的議案。

　　立法會在細則性審議政府提出的財政預算案時，可以要求政府派出代表列席立法會，並對有關預算問題作出解釋和說明，議員也可以提出自己的意見和建議。

9　如以 2010 年為例，根據行政長官的批示，預算的準備日程為：（1）至 2010 年 6 月 28 日，財政局將用作編製 2011 年財政年度特區總預算提案的格式，包括有關「行政當局投資與發展開支計劃」之資料，連同有關的填寫指引一併寄予各部門；（2）至 2010 年 7 月 16 日，經有權限實體審核後，各個部門填寫 2011 年財政年度開展的「行政當局投資與發展開支計劃」之資料送交財政局；（3）至 7 月 30 日，各個部門連同上述已填妥的格式（不包括「行政當局投資與發展開支計劃」之格式），向財政局遞交獲監督實體一般性批准的預算提案；（4）至 7 月 30 日，財政局向土地工務運輸局送交由各機關提供的提案數據，該數據關乎由土地工務運輸局施行和／或跟進的工程、研究、計劃或方案；（5）至 8 月 16 日，土地工務運輸局分析各機關交來的各項提案，以便確定評估成本、施工期及參與方式，並送交財政局一份總提案，該提案包括實施條件，特別是預估之施工階段；（6）至 9 月 6 日，財政局呈交為訂定 2011 年度澳門特別行政區預算提案的開支和收入總值、按經濟分類編號分列每章的總負擔之建議；（7）至 9 月 17 日，財政局告知關於載於 2011 年澳門特別行政區預算各部門及各自治機構所能得到的「公營部門──轉移」金額的最後決定；（8）至 10 月 8 日，各部門及自治機構的權限機關核准預算草案並呈具監督權限的實體根據行政長官既定指引審議該預算案，以及送財政局聽取意見；（9）至 10 月 29 日，向行政長官呈交 2011 年財政年度預算案、政府施政方針計劃、行政當局投資與發展開支計劃（PIDDA/2011）及澳門特別行政區綜合預算（OR/2011）。見關冠雄：《預算公開的法律基礎和現實意義》，國家預防腐敗局網站。

（三）預算案的審核通過

　　議案通常被認為分為普通議案和立法議案。立法議案是指具有法律性質的議案，即法案，通過後即我們通常所說的法律，普通議案則是指解決特定問題的議案，如人事任免與財政預算等。[10] 不過，澳門立法會在審核政府提出的財政預算案時，是以立法程序進行的，立法會議事規則也沒有規定特別的財政預算案審議程序。

　　預算案因此是以法案的形式出現的，澳門特別行政區政府向立法會提出財政預算案，被稱為《某某年財政年度預算案》法案，立法會主席則根據議事規則予以接納。其後，上述法案要在立法會全體會議上經引介以及進行一般性討論及表決，並需要獲得一般性通過。一般性通過後，立法會主席透過批示，將有關細則性審議交給其所屬的常設委員會，並要求在一定期限內完成審議工作和提交意見書。細則性審議完成後，最後需要在全體大會上進行細則性討論和表決。通過後由立法會主席簽署後，再送行政長官簽署。[11] 財政預算案通過後，報中央人民政府備案。

（四）預算案未通過的情況

　　政府提出的財政預算案，如果立法會拒絕通過，這就說明行政與立法出現了重大分歧，發生了憲政危機。澳門基本法規定了解決方案

10　《北京大學法學百科全書》（憲法學行政法學卷），北京大學出版社，1999 年，第 654 頁。

11　見澳門立法會第 1/1999 號決議《立法會議事規則》（經第 1/2004 號決議和第 2/2009 號決議修改）第四編「程序」第一章「立法程序」，條文第 101 條到 134 條。

如下：第一，行政長官可按上一財政年度的開支標準批准臨時短期撥款；第二，政府與立法會進行協商，如果協商不能取得一致意見的，則由行政長官解散立法會；如果重選的立法會再次拒絕該財政預算案的，行政長官則必須辭職。

澳門基本法並規定行政長官在解散立法會時須向公眾說明理由，而且在其一任任期內只能解散立法會一次。澳門基本法第 52 條規定了行政長官解散立法會的兩種情況：（1）行政長官拒絕簽署立法會再次通過的第 51 條所指的法案；（2）立法會拒絕通過政府提出的財政預算案或行政長官認為關係到澳門特別行政區整體利益的法案。如果行政長官在其一任任期內已經解散過立法會一次，那麼，當政府向立法會提出的財政預算案被立法會拒絕通過時，澳門基本法要求行政與立法進行協商，由於行政長官不能再行使解散立法會的權力，在這種情況下，政府的預算案應當主要按照立法會提出的協商意見進行修改。

三、財政預算制度的基本原則

比較世界各國的憲法或憲法性法律，預算的原則包括法定性原則、年度性原則、完整性原則、平衡性原則和公開性原則。[12] 澳門財政預算制度亦應當遵守這些基本原則。

12　張獻勇：《預算立憲制度比較研究 —— 一個文本比較分析的視角》，2008 年中國法學會憲法學研究會年會論文。

（一）預算法定性原則

預算法定性原則通常包括三層含義：（1）預算必須經過法定機關批准，而且一經批准，即具有法的效力。這一機關通常就是議會。（2）議會以立法程序批准。（3）預算的主體、內容、程序、時間等必須由法律事先加以規定，預算的編制、審核、執行、變更、調整、決算等整個預算過程必須依法進行，否則就要承擔相應的法律責任。

第 41/83/M 號法令《訂定有關本地區總預算及公共會計之編制及執行，管理及業務賬目之編制以及公共行政方面財政業務之稽查規則》第 11 條（預算命令）第 1 款規定，「本地區總預算須透過法令予以執行，且須於預算所指之經濟年度開始時執行」。[13] 澳門回歸前實行雙規立法體制，總督制定的法令與法律具有同等效力，澳門回歸後，行政長官不再制定法令，而代之以制定行政法規，行政法規的效力低於立法會通過的法律。預算法定性原則要求必須是由作為立法機關的立法會審核通過預算。

（二）預算年度性原則

預算年度性原則，即預算應按財政年度編製和審批，不應對本財政年度之外的財政收支作出任何事先的規定。財政年度是預算收支起止的有效期間，是編製和執行預算所必須依據的法定時間期限，通常以一年為標準。財政年度分為歷年制和跨年制。歷年制是指從 1 月 1

13　第 41/83/M 號法令原第 21 條第 2 款還規定，「如本地區總預算之總開支增加，則透過法令修正預算」。該款已被第 1/1999 號法律《回歸法》第 3 條和附件三所廢止。

日起到 12 月 31 日止。跨年制則包括多種情況，如 4 月 1 日起到翌年 3 月 31 日的四月制、7 月 1 日起到翌年 6 月 30 日的七月制等。如美國採用十月制，即從 10 月 1 日起到翌年的 9 月 30 日止。[14]

第 41/83/M 號法令第 3 條規定就規定了預算年度性原則，「本地區總預算屬年度預算，而經濟年度與歷年一致」。這就說明澳門的財政年度採用歷年制。

（三）預算完整性原則

預算完整性原則，要求預算包括全部財政收支，完整地反映以政府為主體的全部預算活動。第 41/83/M 號法令第 4 條規定了單一性及整體性原則：「一、本地區總預算屬單一性，列明一切收入及開支，包括自治機關及自治基金組織之收入及開支，但此等收入及開支之詳細說明則另行公佈。二、如有需要，行政當局投資與發展開支計劃得列入特別預算內，但須依照該計劃之性質分類列明有關收入及開支。」

（四）預算平衡性原則

預算平衡性原則是指在一個財政年度裏，政府的預算收支應保持平衡。第 41/83/M 號法令第 5 條規定了平衡原則：「一、本地區總預算應預測負擔一切開支所需之資源。二、普通收入不得少於普通開支。」澳門基本法第 105 條規定，「澳門特別行政區的財政預算以量入為出為原則，力求收支平衡，避免赤字，並與本地生產總值的增長率

---

14 王廣輝：《比較憲法學》，武漢水利電力大學出版社，1998 年，第 395 頁。

相適應」。第 41/83/M 號法令規定的平衡原則，與澳門基本法第 105 條的規定不完全一致，有必要將澳門基本法第 105 條的規定及其精神寫進將來的預算法。

（五）預算公開性原則

預算公開性是指預算及其執行情況必須採取一定的形式公之於眾，使公眾了解財政收支情況，接受公眾監督。預算的公開性原則在「一國兩制」框架下，不僅僅是指預算向澳門社會及市民公開，而且還要向中央人民政府公開。澳門立法會通過的預算案是以法律的形式通過和公佈的，立法必須是公開的，而且法律的生效，則必須經過公佈程序。向中央人民政府公開，就是指澳門基本法規定的財政預算必須經立法會審核通過，立法會審核通過後必須由行政長官簽署，並報中央人民政府備案。

四、第 41/83/M 號法令運行過程中的問題分析及修改建議

該法令公佈在 1983 年 11 月 21 日憲報上，其中文標題為《訂定有關本地區總預算及公共會計之編制及執行，管理及業務賬目之編制以及公共行政方面財政業務之稽查規則》。

此後，該法令分別經第 49/84/M 號法令、第 61/86/M 號法令、第 22/87/M 號法令及第 6/2006 號行政法規修改。第 6/2006 號行政法規由行政長官制定並頒佈，其標題為《規範公共財政管理制度》，對澳門特別行政區所有公共行政部門（包括享有行政或財政自治權的部門及

機構）的財政活動的管理、監察及責任作出了規範。該行政法規還宣佈廢止了第 41/83/M 號法令第 19 條、第 27 條至第 33 條、第 37 條、第 39 條及第 40 條。

　　立法會的幾任主席都指出《預算綱要法》的修改問題。曹其真主席在其《立法會主席十年工作情況的總結報告》裏指出，「立法會對政府的財政監督仍然相對薄弱，對政府收支狀況以及重大公共工程的開支監督因沒有有效機制而無法進行」，「回歸後雖經立法會多次呼籲盡快制定符合基本法需要的預算法律制度，但至今仍缺乏這一必要的制度，致使立法會在某種程度上無力對政府財政的運用進行有效的監督制約」，「盡快制定符合基本法需要的預算法，以消除現行制度中的弊端，並由此強化立法會的批准監管力度，是一項當務之急」。[15] 劉焯華主席在卸任後接受記者採訪說：「目前澳門政府只需立法會通過財政預算總數，在執行過程中可以不經立法會直接修改預算，將一個項目預算經費挪到位另一個項目，只要總數不變。所以，應該要修改預算綱要法」[16]，並指出，「目前政府花錢未能精打細算甚至大手大腳的問題比較突出」，「預算綱要法非改不可」。[17] 澳門特區政府經濟財政司譚伯源司長亦多次表示，要研究設立儲備制度，並將完善整個財政綱要法，並承諾在新一次修訂預算綱要法中，政府會配合立法會審核預算的工作，包括加強預算事前制定、年中介紹及事後審核等，政府有決心加

---

15 曹其真：《立法會主席工作情況的總結報告》，澳門特別行政區立法會網站，2014 年 11 月 1 日，http://www.al.gov.mo/download/Balanco-c.pdf.2014-11-01.。

16 《從政三十載退下火線 劉焯華指有得有失》，《現代澳門日報》，2013 年 8 月 22 日。

17 《澳門立法會主席劉焯華：預算綱要法非改不可》，《南方都市報》，2013 年 8 月 22 日。

強預算及執行透明度，讓公眾了解政府開支。**18**

第 41/83/M 號法令《訂定有關本地區總預算及公共會計之編制及執行，管理及業務賬目之編制以及公共行政方面財政業務之稽查規則》，存在以下幾個突出問題：

第一，該法令是建立在澳門組織章程的基礎上，與澳門基本法有關規定及其精神不完全一致。澳門組織章程第 16 條第 1 款 e）項規定總督有權管理當地財政，第 30 條第 1 款 g）項規定立法會有權截至每年 12 月 15 日，核准行政當局按照總督為著翌年而作的建議，徵收收入與支付公共開支，且在有關許可的法規內，訂定編製與執行預算應遵守的原照和標準，第 30 條第 2 款 b）項規定立法會尚有權限省覽當地每一經濟年度的賬目，該等賬目應附同有權限審議的實體倘能編成之報告書，連同其他必需的參考數據，截至下年度 12 月 31 日為止一併送閱。澳門組織章程第四章還專設「財政」一章，其中第 54 條規定澳門地區有本身的資產及負債，根據法律規定須對其行為及合同所引致的債務與義務負債，而總督有處置其財產與收入的權限，第 56 條第 1 款規定當地財政受根據法律訂定的計劃而編製的本身預算冊管制，第 57 條第 1 款規定根據法律規定，預算冊應每年編製及由總督命令施行，等等。根據澳門組織章程的有關規定，第 41/83/M 號法令主要規定澳門本地區總預算的編制及執行問題、澳門本地區公共會計、管理賬目及營業年度賬目的編制問題，以及澳門公共行政領域的財政活動

---

18 《譚伯源：將研究設儲備制度以完善財政預算綱要法》，中國新聞網，2007 年 10 月 17 日，http://www.chinanews.com/ga/cjxw/news/2007/10-17/1051202.shtml.2007-10-17；及《財爺譚伯源：減稅、補貼 紓緩居民生活壓力》，《南方都市報》，2013 年 11 月 26 日。

的內部監察問題，沒有涉及到政府與立法會的關係。[19] 1999 年 10 月 31 日全國人大常委會在審查澳門原有法律時，就宣佈過第 41/83/M 號法令的第 10 條第 1 款和第 21 條第 2 款因抵觸基本法而無效。[20]

第二，有關財政預算制度的法律規範散亂。第 41/83/M 號法令已經歷時三十年。除了第 41/83/M 號法令外，還有第 6/2006 號行政法規修改《規範公共財政管理制度》，以及第 121/2011 號行政法規《澳門特別行政區財政預算的組成、內容及編製規則》，以及有總督的批示，行政長官批示和經濟財政司司長的批示，等等。如強制使用澳門幣作支付信用卡及類似工具之付款的第 16/95/M 號法令、將本地區總預算之結算及收入有關款項之小數湊成整數的第 57/87/M 號法令、訂定採用支票作為一般繳付政府收入規則的第 3/82/M 號法令（後經第 58/98/M 號法令修改），等等，以及大量的行政長官批示和經濟財政司司長批示。[21] 而且，第 6/2006 號行政法規還宣佈廢止第 41/83/M 號法令的部分條款，這不僅不符合傳統的法律位階理論，而且因為財政

19　澳門回歸前，財政預算編製程序從澳門總督發佈總預算編制批示開始，一般安排在財政年度的下半年，可分為以下幾個基本步驟：1. 編制的研究及準備。澳門財政預算編制的研究及準備由財政司會同經濟司、統計暨普查司及貨幣暨匯兌監理署組成專門工作小組，在社會暨預算政務司的領導下開展工作。2. 公共部門上報新財政年度工作計劃及開支提案。總預算涉及的各個部門根據財政司的報表和要求，提交所需資料及有關解釋。3. 各級預算通過財政司匯總協調。財政司必須根據澳督施政方針草案、各部門的開支提案、投資發展計劃綱要以及預算編制工作小組對新財政年度收入規模的預算，擬定新財政年度的總預算。4. 總預算的綜合平衡效果審議。財政司向立法會提交總預算草案前，必須檢討財政形勢，並對各級預算的綜合平衡效果作出測定。見余先予、劉瑞芳：《略論澳門的財政稅收法律制度》，http://www.studa.net/shuiwu/060711/10400660.html.2004-10-31。

20　見全國人大常委會《關於根據中華人民共和國澳門特別行政區基本法第 145 條處理澳門原有法律的決定》（1999 年 10 月 31 日）。

21　關冠雄：《預算公開的法律基礎和現實意義》，http://www.ptlz.gov.cn/lltt/20100914/00083.shtml.2010-09-14。

預算涉及到行政與立法的關係，財政預算的編制、提出和審核，是立法監督行政的重要方式，所以應該由監督者修改監督的法律，而不是由被監督者修改監督自己的法律。有必要在整合這些不同層次的法律規範的基礎上，制定一部統一的預算法。

第三，預算約束軟化。根據目前運行的預算制度，澳門特別行政區政府在執行已經立法會通過的財政預算的過程中，在不涉及預算總開支的前提下，可不經立法會直接修改預算，即可以追加或登錄在開支項目的撥款，以開支項目中的剩餘撥款作抵銷，也可以經行政長官批准，修改載於享有財政自治權的部門及機構內本身最初的預算的收入及開支總額。這樣就容易造成預算項目之間的互相挪用及重大工程項目追加撥款的約束無力。

如由 2003 年開始研究興建的澳門氹仔北安碼頭，原計劃在 2007 年初竣工，後至 2013 年完成。期間項目設計三易其稿，總建築面積較原來十萬平方米增加三倍多，造價亦較最初預算的 5.83 億多元提高五倍，至 32.8 億多元。[22] 又如澳門大學橫琴新校區在 2010 年 4 月最初估算時的金額為 58 億澳門元，其後因設計要求出現調整、匯率變動及通脹等因素，需於 2011 年 11 月訂定 98 億澳門元的總預算上限。然而，整個新校區項目的預計投資除了工程費用外，尚包括顧問諮詢、基礎建設、工程監理及品質控制等其他建設相關開支，總金額超過

---

[22] 《澳門北安碼頭十年仍然未完工 預算增加五倍》，星島環球網，2013 年 7 月 18 日，及見澳門特別行政區審計署審計報告：《氹仔北安碼頭的擴建規劃設計及財務安排》，2013 年 7 月發佈。

102 億澳門元。[23]

重大工程項目不斷追加撥款，不僅說明政府在規劃大型基建工程時估算整體開支的意識不足，也說明立法會對財政預算的監管力度有待加強。立法會賀一誠主席指出，「政府涉及數千萬元的重大開支會交立法會審議，但預算批准後，項目之間的挪用就成為最大漏洞，超支難以控制。過去兩位主席再三強調專款專用，預算不足可再向立法會申請，不可以挪用，只要規定一個項目用一個資金，問題將迎刃而解」。[24]

立法會審核通過 2014 年財政年度的預算案的過程中，政府針對議員多年來提出完善預算制度的意見和要求，介紹了有關的修改內容，並宣佈預計在 2014 年年底開展立法程序。這些內容包括以下幾個方面：（1）對第 41/83/M 號法令的「單一性及整體性」原則重新作出定義，以克服將採用現金收付制會計制度的「政府一般綜合預算」與採用權責發生制的「特定機構匯總預算」直接相加所可能帶來的缺陷與弊端；（2）在維持現金收付制會計制度的基礎上，由單式記賬法改為複式記賬法；（3）按收入的來源及開支的性質，就部分現時沿用的經濟分類作重新整理及編排，並將所有經濟分類分為「外部」及「內部」使用；（4）將會取消自治機構的第一補充預算，以控制預算開支不得超過立法會通過的預算開支上限；（5）禁止以某一公共部門預算撥款作抵消，以用作追加另一公共部門的預算，同時也禁止同一公共部門

---

23 《審計署專項報告踢爆 建設辦「估」橫琴校區建設費、差距離譜近倍埋尾超 102 億》，《現代澳門日報》，2013 年 1 月 15 日；及見澳門特別行政區審計署報告：《橫琴島澳門大學新校區建設費用估算》，2013 年 1 月發佈。

24 《新屆立法議員昨就職》，《澳門日報》，2013 年 10 月 17 日。

預算的不同章節之間的預算調撥；（6）行政當局投資與發展開支計劃
（PIDDA）預算／開支的監管，在編製預算時，就公共部門估算大型工
程、或有投資性質的預算，按項目群（Programs）分類預算；（7）備
用撥款設訂 1% 至 3% 的法定金額，用以承擔當年預算執行中的突發公
共事件、重大政策調整增加的開支，以及其他難以預見的緊急或撥款
不足且不得拖延的開支。[25]

　　預算法在性質上應該是一部預算監督法，而不能簡單地將其理解
為僅是一部預算編製法。澳門特別行政區預算制度應當在澳門基本法
的有關規定及其精神上重新確立，並應當遵循預算法定性原則、預算
年度性原則、預算完整性原則、預算平衡性原則和預算公開性原則。
第 41/83/M 號法令還沒有完全符合這些原則的要求，尤其是預算平衡
性原則。澳門特區政府在立法會審核通過 2014 年財政年度的預算案的
過程中，提出了七點修改內容，這七點修改內容主要側重於預算案的
編制方面。應當從一個更高的角度，從澳門基本法的有關規定及其精
神出發，對財政預算法作大的修改。有關財政預算案的編製原則可以
寫在該法，而預算案的具體編製方法和程序，可以由行政法規去規定。

　　第 41/83/M 號法令《訂定有關本地區總預算及公共會計之編制
及執行，管理及業務賬目之編制以及公共行政方面財政業務之稽查規
則》，其法律結構包括第一章預算、第二章公共會計、第三章管理賬
目及營業年度賬目、第四章監察及責任，第五章最後及過渡規定；其
中第一章預算包括第一節預算規則及原則、第二節預算之編制，第三
節預算之執行，第四節預算之修正及修改；第二章公共會計包括第一

---

25 澳門立法會第二常設委員會有關《2014 年財政年度預算案》的第 1/V/2013 年意見書，見澳
　　門特別行政區立法會網站。

節公共會計之規則及原則，第二節開支之記賬，第三節資金之提取；其餘章沒有分節。可在充分考慮財政預算制度的一般基本原則及參考我國預算法有關章節的安排[26]，並根據澳門基本法確立的財政預算制度，可將第 41/83/M 號法令的法律結構適當調整，並圍繞調整後的章節展開具體條文的修改。[27]

五、第 15/2017 號法律《預算綱要法》的制定

澳門回歸後，長期缺乏與澳門基本法有關及精神實質配套的財政預算法。[28] 修訂第 41/83/M 號法令，完善財政預算制度，長期是社會關注的焦點，被視為立法會對政府加強財政監督的必要舉措。

2016 年 10 月 18 日澳門立法會一般性討論及表決通過了澳門特區政府提出的《預算綱要法》法案。政府代表在引介法案時表示，澳門目前所實施的公共財政預算法律制度，已生效超過三十二年，隨著澳門經濟快速發展，公共財政收支規模持續增長，有必要加強公共財

---

26 我國 2014 年修正的預算法，其法律結構安排如下：第一章總則、第二章預算管理職權、第三章預算收支範圍、第四章預算編制、第五章預算審查和批准、第六章預算執行、第七章預算調整、第八章決算、第九章附則。

27 我在《深圳大學學報》上的論文提出之調整為第一章預算規則和原則，第二章預算案的編制、提出和審議，第三章預算執行，第四章預算調整，第五章決算，第六章監察及責任，第七章其他。

28 有關澳門財政預算制度的研究，從法律角度展開的較少。個別論文，如羅曉京：《澳門財政預算制度分析》，載《港澳經濟》1998 年第 7 期和第 8 期；關冠雄：《預算公開加法律基礎和現實意義》，「財政預算公開與防治腐敗」三地研討會，國家預防腐敗局主辦，2010 年 8 月 26-27 日，黑龍江哈爾濱，從側重於現有制度具體運作情況作了介紹。

政的編制、管理、執行及監督。2017 年 8 月 9 日立法會細則性通過了第 15/2017 號法律《預算綱要法》，並自 2018 年 1 月 1 日起生效。第 15/2017 號法律共七十五條，分十章，分別為「一般規定」、「預算的原則及規則」、「預算編制」、「財政預算案的審核及通過」、「預算執行」、「預算修改」、「決算及預算執行情況報告」、「公共會計」、「預算監察及責任」、「過渡及最後規定」。

第 15/2017 號法律《預算綱要法》並沒有明確廢止第 41/83/M 號法令。該法第 73 條規定，「本法律於生效滿五年後予以檢討」。第 72 條規定，「執行本法律所需的補充法規，由行政長官制定」。2018 年 1 月行政長官頒佈了第 2/2018 號行政法規《預算綱要法施行細則》。

（原文《澳門〈預算綱要法〉修改問題探討》，載《深圳大學學報》〔人文社會科學版〕2015 年第 3 期，收入本書時有修改）

第十一章
澳門立法會表決制度

一、表決制度概說

　　立法機關是合議機關。立法機關在行使職權時，必須以開會的形式進行，並在少數服從多數的民主原則上進行表決。表決是立法機關工作中最具有決定意義的行為。

　　有關表決制度，主要包括表決方式、表決的比例和計算基準等制度。

　　第一，表決方式。世界各國的表決方式大約有以下幾種：

　　1. 呼喊表決。會議主持人將法案宣付表決時，贊成者發出「贊成」聲，反對者發出「反對」聲，會議主持人依據贊成與反對雙方所發聲音的大小，決定其人數多寡，進而宣告法案通過與否。

　　2. 舉手表決。會議主持人將法案宣付表決時，贊成者以舉手表示，而計其總數；反對者亦舉手表示，也計其總數，而後比較雙方的數量，以決定法案通過與否。

　　3. 起立表決。先有表示贊成的議員離座並清點人數，再由表示反對的議員離座起立並清點人數，而後比較雙方的數量，決定法案是否通過。

　　4. 分組列隊表決。贊成者和反對者分組列隊，由兩門進場或由兩通道通過，專門人員分別清點人數，按人數多寡決定法案的可、否。

　　5. 點名表決。以議員名冊為準，依議員姓名字母之次序，宣告點名。議員被唱到姓名時，可表示組成或表示反對；也可不答覆，表示棄權。

　　6. 投票表決。投票表決有記名和無記名投票之分。

　　7. 擲球或作記號表決。按照約定，用小球或某種符號作為議員對法案表示贊成、反對或棄權的標記，再根據標記的多寡來決定法案是

否通過。

8. 使用電子表決器表決。

9. 鼓掌歡呼表決。表決時，雙方鼓掌歡呼，能壓倒對方者得勝，或一致鼓掌歡呼，以表示無異議通過。[1]

第二，表決的比例。表決的比例是指表決在符合何種法定數額的情況下，視為表決通過。表決比例的大小，主要決定於法案的重要程度。例如對憲法的表決，許多國家都要求三分之二的多數票才能通過，而對於一般法律的表決，過半數即可。我國憲法規定，「憲法的修改，由全國人民代表大會常務委員會或者五分之一以上的全國人民代表大會代表提議，並由全國人民代表大會以全體代表的三分之二的多數通過。法律和其他議案由全國人民代表大會以全體代表的過半數通過」。

在了解有關表決的比例時，還要掌握相對多數、簡單多數、絕對多數和特定多數等概念。

所謂相對多數，通常是指獲得較優勢的票數即視為勝出的制度。如在選舉中，政黨或候選人獲得最多選票，而不論其是否過半數或達到一定比例，即視為佔有全部選票而勝出。[2]

所謂簡單多數，通常是指在投票表決時票數多於二分之一即可勝出。[3]

所謂絕對多數，有三種理解。一種是指在投票表決時必須要求達

1 　李步雲主編：《憲法比較研究》，法律出版社，1998 年，第 832-833 頁。還可參考〔日〕美濃部達吉：《議會制度論》，鄒敬芳譯，卞琳點校，中國政法大學出版社，2005 年，第 413-416 頁。

2 　《北京大學法學百科全書》（憲法學行政法學卷），北京大學出版社，1999 年，第 521 頁；及曾慶敏主編：《精編法學辭典》，上海辭書出版社，2000 年，第 809 頁。

3 　曾慶敏主編：《精編法學辭典》，上海辭書出版社，2000 年，第 809 頁。

到二分之一的票數,這種理解與上述簡單多數的內涵一致。[4]一種理解是指在投票表決中必須獲得三分之二的票數。還有一種理解,是指凡要求在表決票數必須達到二分之一、三分之二、四分之三及五分之四等多數,甚至是更高的比例及數字,都稱為「絕對多數」。

所謂特定多數,是指高於二分之一要求的表決比例,如三分之二、四分之三及五分之四等多數,甚至是更高的比例及數字。

第三,表決的計算基準。在計算基準方面,世界各國大致上有以下三種做法:

1. 出席表決比例值制。即以出席而參加表決的人數為基準,出席而不參加表決的,如棄權或投白票,便不計算在內。如全體成員一百八十人,出席會議一百五十人,投票時有三十人棄權,一百二十人參加正反兩方表決,若採用「過半數」的比例制,法案獲得六十一票或以上才能通過,若採用「達到三分之二」的比例制,法案獲得八十票或以上才能通過;

2. 出席會議比例制。即以全體出席人數為計算比例的基準,而不問其參加表決與否,如在上例中,若採用「過半數」的比例制,則必須獲得七十六票或以上才能通過法案;

3. 全體成員比例制。即以全體議員為計算基準,而不問其是否出席或是否參加表決,如在上例中,若採用「過半數」的比例制,則必須獲得九十一票或以上才能通過法案。

4　《北京大學法學百科全書》(憲法學行政法學卷),北京大學出版社,1999 年,第 521 頁。

二、澳門基本法的有關規定

在討論澳門基本法對立法會表決制度的安排前，我們可以先看看澳門組織章程的有關規定。雖然澳門組織章程有幾次修改，但有關表決制度的規定沒有太多的變化。澳門組織章程第 36 條規定：

一、立法會的決議係以簡單多數取決，但不影響下數款之規定。

二、對於下列決議，係以在職議員三分之二的多數取決：a）對總督拒絕頒佈的法規之確認；b）第 15 條第 3 款、第 26 第 3 款、第 30 條第 2 款 c 項所指決議，以及關於第 30 條第 1 款 h 項、第 31 條第 1 款第 a 及 b 項、第 2 款第 a、g 及 h 項以及第 3 款 a、b、c 及 j 項所涉及事宜的法律之通過。

三、如票數相等時，主席投的票具有決定權。[5]

這就說明在通常情況下，回歸前的立法會決議以簡單多數進行表決，但在特定情況下，採用在職議員的三分之二多數通過。

澳門基本法第 77 條規定，澳門特別行政區立法會舉行會議的法定人數為不少於全體議員的二分之一。除本法另有規定外，立法會的法案、議案由全體議員過半數通過。立法會議事規則由立法會自行制定，但不得與本法相抵觸。

---

5 《澳門組織章程》（1996 年修訂本），見王禹編：《澳門組織章程及有關憲制文件》，濠江法律學社，2010 年，第 70 頁，還可參考第 1/93/M 號決議《立法會章程》第 93 條規定：一、不妨礙以下各款規定下，立法會決議是以簡單多數票取決。二、下列情況取決於確實執行職務的議員的三分之二絕對多數的同意：a）對總督不予頒佈法律的確認；b）澳門組織章程第 15 條第 3 款、第 26 條第 3 款及第 30 條第 2 款 c）項所規定的決議；c）澳門組織章程第 30 條第 1 款 h）項、第 31 條第 1 款 a）、b）、c）、p）及 q）項和第 2 款所處理事項的法律在通過時的決議。三、核算大多數時，不計棄權者。見該書，第 194 頁。

這裏明確規定了立法會舉行會議的法定人數和表決人數制度，以及有權自行制定議事規則的權力。關於表決制度，這裏有三個問題值得辨明：

第一，如何理解全體議員的概念？

根據這條規定，立法會舉行會議的法定人數為不少於全體議員的二分之一。這裏的全體議員，應當理解為全體議席（Seat），即正常情況下的所有議員總額，而不應該理解為是指扣除議員死亡、辭去職務或喪失職務等空缺的議員總數。1999 年在制定立法會議事規則的過程中，原來的立法會議事規則草案第 43 條（法定人數）規定，「全體會議的法定人數為不少於全體議員的二分之一。為執行上款規定，因喪失或放棄議員資格而造成空缺不計入議員總數」。根據這個規定，當時第一屆立法會二十三名議員中，如果出現四個議員放棄或喪失資格，那麼就應以十九個議員作為計算法定人數的基準，即十人以上出席，即構成法定有效的會議，而非二十三名議員的過半數出席方為法定會議。在立法會討論過程中，該草案第 43 條的規定被刪除了。澳門基本法第 77 條中的全體議員應當理解為是指全體議席。不僅在計算法定人數時應該這樣理解，而且在理解表決制度時也應如此。

第二，什麼是「本法另有規定」？

第 77 條第 1 款規定，「除本法另有規定外，立法會的法案、議案由全體議員過半數通過」。這裏所說的「本法另有規定」是指：

（1）澳門基本法第 51 條規定當行政長官發回立法會法案重議後，立法會如以不少於全體議員三分之二多數再次通過原案，行政長官必須在三十日內簽署公佈或解散立法會；

（2）澳門基本法第 54 條因兩次拒絕簽署立法會通過的法案而解散立法會後，重選的立法會仍以全體議員三分之二多數通過所爭議的原

案，行政長官在三十日內仍然拒絕簽署的，則必須辭職；

（3）澳門基本法第 71 條第（七）項規定立法會在彈劾行政長官時，必須以全體議員三分之二多數通過彈劾案，報請中央人民政府決定[6]；

（4）澳門基本法第 144 條規定澳門特別行政區對基本法有修改提案權，其修改議案必須經澳門特別行政區全國人大代表三分之二多數通過、立法會全體議員三分之二多數通過和行政長官同意後，交由澳門特別行政區代表團向全國人大提出；

（5）澳門基本法附件一第 7 條規定，2009 年及以後行政長官的產生辦法如需修改，須經立法會全體議員三分之二多數通過，行政長官同意，並報全國人大常委會批准；

（6）澳門基本法附件二第 3 條規定，2009 年及以後立法會的產生辦法如需修改，須經立法會全體議員三分之二多數通過，行政長官同意，並報全國人大常委會備案。

這些規定說明，立法會在以上六種特定情況下採用三分之二比例通過，其餘在通過法案或議案時，則採用「過半數」的比例，但是，這兩種情況都是以全體議員作為計算基準。

第三，何謂「過半數」？

所謂過半數，是指必須獲得全體議員的半數以上的票數才能通過法案，而不包括半數本身在內。假設立法會全體議員三十四名，「過半

---

6 見該處條文：如立法會全體議員三分之一聯合動議，指控行政長官有嚴重違法或瀆職行為而不辭職，經立法會通過決議，可委託終審法院院長負責組成獨立的調查委員會進行調查。調查委員會如認為有足夠證據構成上述指控，立法會以全體議員三分之二多數通過，可提出彈劾案，報請中央人民政府決定。

數」則必須是十八人，現在立法會全體議員三十三人，「過半數」是指十七人。澳門基本法對立法會特定多數三分之二的表決比例，沒有作此要求，第 51 條的表述是「不少於三分之二多數」，第 54 條和第 71 條第（七）項是「以三分之二多數」，第 144 條、附件一第 7 條和附件二第 3 條是「經三分之二多數」，沒有「過」的字眼。

三、立法會現行議事規則對表決制度的安排

澳門立法會現行議事規則是 1999 年 12 月 20 日通過的，即第 1/1999 號決議，後來又經第 1/2004 號決議、第 2/2009 號決議，第 1/2013 號決議和第 1/2015 號決議、第 2/2017 號決議，並作了全文重新公佈修改，但是總體框架和基本內容沒有發生重大變化。立法會現行議事規則對表決制度的安排，主要包括表決方式、表決的計算基準與比例和其他相關問題。

1. 表決方式

關於表決方式，立法會議事規則規定可採用名單或黑白珠的不記名方式，也可以採用舉手表決或電子表決方式進行表決。不過，在通常的情況下採用電子方式進行表決。[7]

出席會議的議員不得放棄投票，但在投票時可以投棄權票。議員一人一票，不得以授權書或函件的方式進行投票。如果採用舉手方式

7　《立法會議事規則》第 83 條。

或電子表決方式，不作表示者，則視為棄權。[8]

選舉和《議員章程》規定的議決採用不記名方式，對於其他事項，至少九名議員申請，經全體會議議決，可以採用不記名投票。[9] 不記名投票時，白票等同棄權。

2. 表決的計算基準與比例

澳門立法會議事規則第 81 條（大多數）規定，為通過第 56 條的 b）、c）、d）、e）項所規定事宜而作出議決，須有全體議員三分之二的特定多數同意；為通過下列事宜而作出議決，須有全體議員半數以上同意：a）第 56 條 a）項及 f）項至 q）項規定的事宜，b）按第 155 條至第 158 條規定採取緊急程序；為通過第 56 條 r）項所規定事宜而作出的議決，須有簡單多數同意；為適用上款的規定，議決取得的贊同票多於反對票，即屬於簡單多數通過。[10]

在原來的議事規則草案中，該條還包括以下第 3 款和第 4 款的內容：「前二款未規定的立法會所有決議的通過，須有出席會議議員的多數同意。為第 1 款及第 2 款規定的效力，因放棄或喪失資格而造成的空缺不計入議員的總數。」在討論過程中，第 3 款和第 4 款被刪去了。

這就說明，議事規則對表決的計算基準與比例有以下三種安排：第一，全體議員三分之二的特定多數；第二，全體議員過半數；第三，

8　《立法會議事規則》第 82 條。

9　《立法會議事規則》第 84 條。

10　第 2 款原文為：「為通過第 56 條其餘各項的事宜而作出的議決，須有全體議員半數以上同意，但 r）項除外。」2017 年澳門立法會通過第 2/2017 號決議《修改〈立法會議事規則〉》，改為上述二、三、四款。

r）項條款事項另外處理。

第一，關於全體議員三分之二的特定多數。

根據議事規則第 81 條和第 56 條的規定，第 56 條 b）澳門基本法第 54 條第（二）項所指的第二次通過，c）澳門基本法第 51 條所指的再次通過，d）根據澳門基本法附件二第 3 條規定，修改立法會選舉法的法案，e）為履行澳門基本法附件一第 7 條規定所提出的法案，必須經立法會全體議員三分之二多數才能通過。

對比澳門基本法第 77 條第 1 款所說的「本法另有規定」者，這裏有兩個問題：(1) 議事規則漏寫了澳門基本法第 71 條第（七）項所寫的彈劾行政長官所需要的三分之二，以及第 144 條所規定的立法會在通過基本法修改議案時需要全體議員的三分之二多數。(2) 根據 d）和 e）項的文字表述，修改立法會選舉法和制定行政長官選舉法，必須由全體議員三分之二以上多數通過，這與澳門基本法的規定不符。澳門基本法附件一第 2 條和附件二第 3 條要求附件一的修改和附件二的修改，需要立法會全體議員三分之二多數通過，而不指行政長官選舉法和立法會選舉法在通過的時候需要三分之二多數。澳門基本法對行政長官選舉法和立法會選舉法的制定和修改沒有特別要求，根據澳門基本法第 77 條，獲得全體議員過半數票數，就視為通過。議事規則第 56 條第 d）項應當改為「《基本法》附件二第 3 條所指的對附件二修正案（草案）的通過」，e）項應當改為「《基本法》附件一第 7 條所指的對附件一修正案（草案）的通過」。

第二，全體議員過半數。

議事規則第 81 條原第 2 款規定，為通過第 56 條其餘各項的事宜而作出議決，須有全體議員半數以上同意，但 r）項除外。第 2/2017 號決議將其修改為，「為通過下列事宜而作出議決，須有全體議員半數

以上同意：a）第 56 條 a）項及 f）項至 q）項規定的事宜；b）按第
155 條至第 158 條規定採取緊急程序」。

「第 56 條 a）項及 f）項至 q）項規定的事宜」是指，a）行政長官
要求優先的法案、議案；f）財政預算案；g）基本法第 40 條所規定事
項的法案；h）基本法第三章規定的其他事項的法案；i）稅務制度的
基本要素的法案；j）許可政府承擔債務的法案；l）其他有關公共收支
事項的法案；m）政治體制和政府運作的法案；n）涉及澳門特別行政
區政府政策的法案；o）其他事項的法案；p）替代或修改議事規則的
議案；q）其他事項的議案。澳門基本法第 77 條規定除本法另有規定
外，法案和議案必須由全體議員過半數通過。議事規則第 56 條對有關
議案的列舉處理顯得比較混亂，缺乏明確的邏輯標準，不必作如此列
舉亦可。可在明確規定幾種例外表決的情況下，規定其餘的法案和議
案由全體議員過半數通過，可能還清楚些。

「按第 155 條至第 158 條規定採取緊急程序」，是指《立法會議事
規則》第四編第三章所規定的「緊急程序」。該章規定，任何法案或議
案均得成為緊急程序的標的；緊急程序應在法案或議案開始一般討論
前提出；任何議員及行政長官均有權提出適用緊急程序。全體會議在
辯論完結後即議決；如全體會議決定適用緊急程序，得決定：a）免除
有關委員會細則性審議，b）免除發給有關的委員會作最後編訂，或縮
短有關期限；如全體會議未依照上條的規定作出決定，最後編訂的期
限減為四日。

這裏是指該法案或議案是否爭取緊急程序，可由全體議員半數以
上同意通過。至於該法案或議案，如果屬於須以基本法第 77 條第 1 款
所指的「本法另有規定」者屬於全體議員三分之二多數通過的，即還
是以全體議員三分之二的特定多數通過。

3.r）項條款問題

議事規則第 81 條原來規定，r）項條款的事宜不採用全體議員三分之二或過半數的表決比例。這裏有兩個問題，一是 r）項條款事宜包括哪些？二是這些 r）項條款事項採用什麼樣的表決比例及基準？議事規則原來恰恰缺乏這兩個問題的明確答案。2017 年新修改的《立法會議事規則》第 81 條第 3、4 款規定，「為通過第 56 條 r）項所規定事宜而作出議決，須有簡單多數同意。為適用上款的規定，議決取得的贊同票多於反對票，即屬以簡單多數通過」。

翻查原來的會議記錄，有關 r）項條款的制定主要舉立法會主席的選舉為例並進行了討論。[11] 議事規則第 6 條規定了立法會主席的產生方式：「主席由議員以不記名投票方式互選產生，獲得過半數有效票的議員當選。如無任何議員獲得該票數，則對得票最多的兩名議員進行第二次選舉，獲得多數有效票者當選。」這種選舉制度保留了回歸前的立法會主席的選舉制度，其特點在於第一次採用有效票過半數通過，如果第一次不能通過，第二次採用相對多數通過。[12] 立法會副主席、第一秘書和第二秘書也都採用這種選舉制度。[13]

另外，經執行委員會提出建議名單，章程及任期委員會由全體會議透過簡單決議確定的七名議員組成，常設委員會的設立、數目、名稱及組成由執行委員會提出建議，透過全體會議簡單議決，在每一立

---

[11] 《澳門特別行政區立法會議事規則》，載《規範立法會的法例彙編》，澳門特別行政區立法會，2001 年，第 183-186 頁。

[12] 見第 1/93/M 號決議《立法會章程》第 17 條。

[13] 《立法會議事規則》第 14、20、21 條。

法屆第二次全體會議中決定。對於上述兩種情況，如果執行委員會的建議不獲通過，則透過不記名投票選出委員會成員。[14] 關於立法會運作方面，議事規則規定立法會正常運作期由 10 月 16 日始，至翌年 8 月 15 日止。但經立法會執行委員會或至少九名議員提出動議，得由全體會議以簡單議決決定提前或延長。[15]

議事規則在有些地方還出現了「多數議決」的字眼。立法會一般在工作日運作，但立法會主席緊急召集或全體會議以多數議決時，得在任何一日舉行全體會議。[16] 全體會議進行時，委員會不得同時舉行會議，但經出席的全體會議議員以多數議決者除外。[17]

有關 r）項條款的例外情況，實際上與議事規則對立法會全體會議行為的界定有關。議事規則把立法會全體行為的行為稱為「議決」。議決包括法律、決議和簡單議決。[18] 法律和決議必須由全體議員過半數通過，這是沒有疑問的，關鍵是這裏的簡單議決。通過對以上有關條款的分析，議事規則對所謂的 r）項條款沒有統一嚴密的規定，除了對立法會主席、副主席、第一秘書和第二秘書的選舉外，所謂的簡單議決散見於各處條文。

---

14 《立法會議事規則》第 25、27 條。

15 《立法會議事規則》第 37 條。

16 《立法會議事規則》第 41 條。

17 《立法會議事規則》第 43 條。

18 《立法會議事規則》第 85 條。

4. 立法會主席的投票權

澳門組織章程規定，如票數相等時，主席投的票具有決定權。[19] 但是，澳門基本法對立法會主席的投票問題沒有作出明確規定。這就說明，立法會主席可以普通議員的身份投下一票，也可以平時不投票，在表決的最後階段投下關鍵一票。基本法沒有規定主席不能投票，那種認為立法會主席不能投票的觀點是不對的，並不符合基本法。

四、結語

澳門基本法規定了立法會表決制度的基本原則：除本法另有規定外，法案和議案由立法會全體議員過半數通過。「本法另有規定」，就是指澳門基本法第 51 條、第 54 條、第 71 條第（七）項、第 144 條、附件一第 7 條和附件二第 3 條所指的情況，這就是說，立法會以全體議員過半數通過為通例，三分之二通過為例外。

澳門基本法規定立法會自行制定議事規則，但不得同基本法相抵觸。經第 1/2004 號決議、第 2/2009 號決議，第 1/2013 號決議和第 1/2015 號決議、第 2/2017 號決議修改的第 1/1999 號決議議事規則對表決制度作出了一系列明確規定，但也還存著以下幾個問題可以進一步討論：

第一，有關三分之二的特定表決要求漏寫了兩項，即第 71 條第（七）項的彈劾行政長官和第 144 條規定通過基本法修改草案，須經立

---

[19] 《澳門組織章程》第 36 條。

法會全體全體議員三分之二多數通過，應當予以增加。

　　第二，要求行政長官選舉法和立法會選舉法的制定和修改，必須獲得全體議員三分之二多數的通過，是不符合澳門基本法的，應當予以修改。因為行政長官選舉法和立法會選舉法不屬於「本法另有規定」的範疇，即澳門基本法第 51 條、第 54 條、第 71 條第（七）項、第 144 條、附件一第 7 條和附件二第 3 條所指的情況，因此屬於過半數通過的情形。

　　第三，所謂 r）項條款以簡單多數通過，其理據似乎在於援引澳門基本法第 77 條的規定並對此做這樣的狹義理解，即法案和議案必須過半數，如果不屬於法案和議案的範疇，則可以不作此要求。這種理據似乎還有討論空間。不能這樣簡單地理解澳門基本法第 77 條關於過半數的規定。立法會除通過法案和議案外，還要組成立法會本身的內部機構，以保證立法會職權的正常行使。立法會還要通過立法會主席、副主席、第一秘書和第二秘書的選舉，還要根據執行委員會的建議，通過常設委員會的組成，這些都是立法會內部重要的人事決定，其重要性和嚴肅性絕對不亞於立法會通過的一般法案和議案。

　　（原文《澳門立法會表決制度研究》，載《「一國兩制」研究》，2014 年第 1
　　期，收入本書時有修改）

第十二章
澳門特別行政區全國人大代表的地位、權利與義務

一、歷史

我國憲法明確規定全國人民代表大會是我國的最高國家權力機關，代表全國人民行使國家生活中最重要和最根本的權力，包括制定和修改憲法、監督憲法實施、選舉國家主席與副主席、產生國務院、中央軍事委員會和最高人民法院、最高人民檢察院，以及行使國家立法權、決定國家重大事務、監督由其產生的全國人大常委會與國務院等中央國家機關的工作，等等。[1]

全國人大在我國國家機構體系中處於首要地位，對全國人民負責，受全國人民監督。我國的任何國家機關都不能超越全國人大之上，也不能與它處於並列地位。全國人大通過的憲法、法律和其他決定，我國所有的國家機關和全體公民都必須遵守、執行和服從。毛澤東在制定 1954 年憲法時說，「我們的主席，總理，都是由全國人民代表大會產生出來的，一定要服從全國人民代表大會，不能跳出『如來佛』的手掌」。[2]

澳門地區的全國人大代表，最早出現在 1975 年的第四屆全國人民代表大會。當時澳門全國人大代表共有四名，均是由廣東省人民代表大會選出，他們是何賢、柯正平、梁培、冼為鏗。[3] 到了 1988 年第七屆全國人大召開時，增加為五個名額，以及一直到 1998 年召開第九屆全

1　見《中華人民共和國憲法》第 2 條、第 3 條及 57 條、58 條、第 62 條和第 63 條等。

2　毛澤東 1954 年 3 月 23 日在憲法起草委員會第一次會議上的插話。轉引自蔡定劍：《憲法精解》，法律出版社，2006 年，第 300 頁。

3　他們並繼續擔任澳門地區的第五屆全國人大代表。

國人大會議時，都是五個名額，並均由廣東省人民代表大會選出。[4]

　　澳門回歸後，成為我國一個享有高度自治權並直轄於中央人民政府的特別行政區。澳門特別行政區居民中的中國公民，是中華人民共和國公民整體的一個組成部分，有權與內地其他公民一樣，當家做主，參與國家事務的管理。因此，澳門基本法第 21 條規定，「澳門特別行政區居民中的中國公民依法參與國家事務的管理」。我國 2004 年修改憲法時，明確規定全國人民代表大會由省、自治區、直轄市、特別行政區和軍隊選出的代表組成。[5] 澳門特別行政區選派全國人大代表參加最高國家權力機關工作，這是澳門回歸祖國後，澳門同胞改變被殖民當局操縱政治命運，在自己的國土上當家作主的重要表現與具體保障。

　　澳門基本法第 21 條第 2 款還規定，「根據全國人民代表大會確定的代表名額和代表產生辦法，由澳門特別行政區居民中的中國公民在澳門選出澳門特別行政區的全國人民代表大會代表，參加最高國家權力機關的工作」。因此，1999 年 3 月 15 日，第九屆全國人大第二次會議通過了《中華人民共和國澳門特別行政區第九屆全國人民代表大會代表的產生辦法》，並確定第九屆澳門特別行政區全國人大代表的名額為十二人，並成立澳門特別行政區代表團。其中已由廣東省第九屆人民代表大會選舉產生的五名澳門地區代表，在澳門特別行政區成立後，即成為澳門特別行政區第九屆全國人大代表。澳門特別行政區成

4　澳門地區第六屆全國人大代表為：何賢、柯正平、鄘秉仁、唐星樵、馬萬祺（補選）。第七屆全國人大代表為：馬萬祺、何厚鏵、趙汝能、柯正平、唐星樵。第八屆全國人大代表為：馬萬祺、何厚鏵、趙汝能、柯正平、唐星樵、楊秀雯（補選）。澳門回歸前的第九屆全國人大代表為：王啟人、楊秀雯、何厚鏵、柯正平、唐星樵。

5　見《中華人民共和國憲法》第 59 條及修正案第 25 條。

立第九屆全國人民代表大會代表選舉會議，由選舉會議選舉產生其餘的七名全國人大代表。[6] 2002 年以後全國人大通過歷屆選舉辦法，都繼續確定澳門特別行政區全國人大代表名額，為十二個，並都由專門成立的選舉會議選舉產生。[7]

中華人民共和國全國人民代表大會和地方各級人民代表大會選舉法規定全國人大代表名額不超過三千人，每屆大致上都在二千九百八十人左右。[8] 如果以全國十三億人口計算去分配這接近三千個名額的話，澳門特別行政區以現在六十多萬人口分配得十二個名額，不僅遠遠超越我國內地的比例，也大大超過了香港以七百萬人口分到的三十六個全國人大代表的名額比例。這體現了中央對澳門特別行政區的照顧及在澳門特別行政區實行「一國兩制」的誠意和決心。

---

6 第九屆新選舉的七名全國人大代表為李成俊、吳仕明、黃楓樺、賀一誠、楊允中、劉藝良、潘玉蘭。2002 年王啟人的名額由崔世平遞補。

7 澳門特別行政區第十屆全國人大代表為：李鵬翥、吳仕明、高開賢、陳啟明、黃楓樺、崔世平、賀一誠、楊允中、楊秀雯、劉焯華、劉藝良、潘玉蘭。第十一屆全國人大代表為：李沛霖、招銀英、林笑雲、姚鴻明、高開賢、陸波、崔世平、梁玉華、梁維特、賀一誠、劉焯華、劉藝良。第十二屆全國人大代表為：李沛霖、何雪卿、林笑雲、姚鴻明、高開賢、容永恩、陸波、崔世平、梁玉華、梁維特、賀一誠、劉藝良。第十三屆全國人大代表為劉藝良、吳小麗、何雪卿、陸波、林笑雲、施家倫、賀一誠、高開賢、容永恩、蕭志偉、崔世平、黎世祺。2019 年 4 月 23 日全國人大常委會作出決定，接受賀一誠辭去第十三屆全國人大代表職務的請求。2019 年 6 月 29 日，何敬麟遞補為第十三屆全國人大代表。

8 《全國人民代表大會和地方各級人民代表大會選舉法》（1979 年通過，1982 年、1986 年、1995 年、2004 年、2010 年、2015 年、2020 年修改）第 16 條。

二、地位

澳門特別行政區全國人大代表的地位實際上已由澳門基本法第 21 條所明確界定，「澳門特別行政區居民中的中國公民依法參與國家事務的管理。根據全國人民代表大會確定的代表名額和代表產生辦法，由澳門特別行政區居民中的中國公民在澳門選出澳門特別行政區的全國人民代表大會代表，參加最高國家權力機關的工作」。這就是指明了，澳門全國人大代表的地位是代表澳門居民中的中國公民，參與國家事務的管理。

根據我國憲法的規定，中華人民共和國是人民當家作主的社會主義國家，中華人民共和國的一切權力屬於人民。人民行使國家權力的機關是全國人民代表大會和地方各級人民代表大會。[9] 所以，凡是澳門居民中的中國公民，不論是永久性居民，還是非永久性居民，只要符合法定條件，有權通過直接或間接的方式，參與國家事務的管理，更有權選舉或者被選為人大代表，參加國家最高權力機關的工作，行使國家的最高權力。

與內地不同的是，我國內地各省、自治區和直轄市的全國人大代表由省級人大選舉產生，然而，我國在解決澳門問題以後，在澳門特別行政區實行「一國兩制」、「澳人治澳」、高度自治，政治體制不實行內地的人民代表大會制，而是實行行政長官制，「制定行政機關、立法機關和司法機關之間既互相配合，又互相制衡的原則，規定了行

9　《中華人民共和國憲法》第 1 條和第 2 條。

政長官、行政機關、立法機關和司法機關的職權」。[10] 在澳門特別行政區，不設立澳門特別行政區的人民代表大會。澳門全國人大代表無法採用內地的做法，由當地其省級人大會議選舉產生。《中華人民共和國全國人民代表大會和地方各級人民代表大會選舉法》不適用於澳門，不列入澳門基本法附件三的全國性法律範圍。不能採用這部選舉法選舉澳門的全國人大代表，而必須由全國人大制定另外一個特別的選舉辦法予以產生。所以，澳門基本法第 21 條第 2 款規定，「根據全國人民代表大會確定的代表名額和代表產生辦法，由澳門特別行政區居民中的中國公民在澳門選出澳門特別行政區的全國人民代表大會代表，參加最高國家權力機關的工作」。

在我國內地，全國人大代表可以列席原選舉單位的人大會議。然而，澳門立法會不是內地的人民代表大會，其性質和地位不是我國憲法規定的地方權力機關，澳門特別行政區的全國人大代表不列席立法會會議，不接受澳門居民對特別行政區政府的申訴，不能質詢澳門特別行政區政府，更不能組成人民代表大會，進而行使我國憲法規定的地方權力機關的權力。

1998 年，江澤民在會見香港全國人大代表說，香港代表只能代表香港同胞參與全國事務的管理，不能干預特別行政區政府的事務。[11] 這主要是指人民代表大會制度雖然是我國的根本政治制度，然而我國在特別行政區並不實行這一制度，監督特別行政區政府是立法會的職責，而不是特別行政區全國人大代表的職責。澳門特別行政區全國人

---

10 姬鵬飛：《關於中華人民共和國澳門特別行政區基本法草案和有關文件及起草工作的說明》（1993 年 3 月 20 日）。

11 《光明日報》，1998 年 3 月 10 日；及香港《南華早報》，1998 年 3 月 10 日。

大代表的職責行使，通常被認為主要是在內地事務方面，譬如可以談論國家事務，並就內地法律草案提出意見，向全國人大常委會提出對內地各方面事宜的意見、批評和建議，向全國人大常委會轉達澳人對內地各方面事宜的意見和申訴；視察內地機關和單位，應邀列席全國人大常委會會議和專門委員會會議等。[12]

　　然而，這是否就是指全國人大代表在澳門特別行政區應該無所事事、不聞不問和無所作為呢？應該不能做這樣的理解。根據澳門基本法的規定，全國人大代表在澳門特別行政區兩件最重要的政治事務上發揮重要角色：一是參與基本法修改，一是參與行政長官選舉委員會。

　　澳門基本法第 144 條規定全國人大修改基本法，修改提案權屬於全國人大常委會、國務院和澳門特別行政區。澳門特別行政區的修改議案，須經澳門特別行政區的全國人民代表大會代表三分之二多數、澳門特別行政區立法會全體議員三分之二多數和澳門特別行政區行政長官同意後，交由澳門特別行政區出席全國人民代表大會的代表團向全國人民代表大會提出。這就說明，在澳門特別行政區內部，全國人大代表對基本法的修改有重要的、甚至是決定性的權力，首先必須由全國人大代表的三分之二多數通過，並最後由澳門特別行政區的代表團向全國人大提出。

　　澳門基本法附件一第 1 條規定行政長官由一個具有廣泛代表性的選舉委員會依照本法選出，由中央人民政府任命。第 2 條規定選舉委員會委員共三百人，其中工商、金融界一百人，文化、教育、專業等界八十人，勞工、社會服務、宗教等界八十人，立法會議員的代表、

---

12 《明報》，2001 年 1 月 10 日，轉引自王振民：《中央與特別行政區關係：一種法治結構的解析》，清華大學出版社，2002 年，第 201 頁。

市政機構成員的代表、澳門地區全國人大代表、澳門地區全國政協委員的代表四十人。2012 年全國人大常委會批准澳門基本法附件一修正案，將行政長官選舉委員會擴大到四百人，上述四個界別人數分別調整為一百二十人、一百一十五人、一百一十五人、五十人。這就說明澳門特別行政區的全國人大代表被視為是澳門各界代表的重要組別，是行政長官選舉委員會具有廣泛代表性的重要體現。澳門地區全國人大代表為行政長官選舉委員會當然委員。當然委員如不再擔任全國人大代表，則喪失委員資格。

澳門特別行政區全國人大代表，由澳門特別行政區選出，作為澳門同胞的代表參與最高權力機關的工作，首先就要擁護和執行中國憲法和澳門基本法，愛國愛澳，擁護和貫徹我國政府在澳門特別行政區實行的「一國兩制」、高度自治與「澳人治澳」的基本國策。他們應當既要支持「一國」，支持中央在澳門特別行政區行使憲制性權力，也要支持「兩制」，支持特別行政區政府在高度自治與「澳人治澳」的範圍內依法施政。

三、產生辦法

澳門基本法第 21 條第 2 款明確規定了澳門特別行政區全國人大代表的產生辦法，「根據全國人民代表大會確定的代表名額和代表產生辦法，由澳門特別行政區居民中的中國公民在澳門選出澳門特別行政區的全國人民代表大會代表，參加最高國家權力機關的工作」。這就明確指出了，如何產生澳門特別行政區的全國人大代表，及確定代表名額，這是屬於國家層次上的事務，而非澳門特別行政區高度自治範圍

內的事務，並且由全國人大專門通過決定予以規定。

到現在為止，全國人大已經制定了澳門第九屆全國人大代表產生辦法（1999 年 3 月 15 日），以及澳門選舉第十屆、第十一屆、第十二屆及第十三屆全國人大代表辦法（2002 年 3 月 15 日、2007 年 3 月 16 日、2012 年 3 月 14 日及 2017 年 3 月 15 日）。根據這些選舉文件，澳門特別行政區全國人大代表的產生主要有以下幾個特點：

第一，關於選舉方式。規定在澳門特別行政區成立專門的選舉會議，選出澳門特別行政區的全國人大代表。選舉會議成員主要包括參加過上一屆全國人大代表選舉會議的人員、以及不是上述人員的立法會議員中的中國公民、全國政協委員以及行政長官選舉委員會中的中國公民等，行政長官為其法定成員。但本人提出不願參加的除外。

第九屆全國人大代表的選舉會議以澳門第一屆政府推選委員會委員中的中國公民為基礎組成，並吸收了不是推選委員會委員的澳門居民中的全國政協委員和立法會議員中的中國公民參加。第十屆全國人大代表的選舉會議由參加過澳門第九屆全國人大代表選舉會議的人員（第九屆全國政協委員已經全部包括在內），以及不是上述人員的第二屆立法會議員中的中國公民組成。第十一屆全國人大代表的選舉會議由參加過澳門第十屆全國人大代表選舉會議的人員，以及不是上述人員的第十屆全國政協委員、第二任行政長官選舉委員會委員中的中國公民和第三屆立法會議員中的中國公民組成。第九屆和第十屆選舉會議成員為二百零三人，第十一屆選舉會議成員為三百二十五人。第十二屆選舉會議成員三百四十六人，第十三屆選舉會議成員四百六十六人。選舉會議具有廣泛代表性，並且體現了循序漸進地發展民主的精神。

第二，關於選舉組織工作。規定由全國人大常委會主持澳門全

國人大代表的選舉工作。其職責主要包括：（1）公佈選舉會議成員名單；（2）召集選舉會議第一次會議；（3）選舉會議主席團成員人選，由全國人大常委會委員長會議向選舉會議提名；（4）選舉結果由選舉會議主席團宣佈，並報全國人大常委會代表資格審查委員會；（5）全國人大常委會根據代表資格審查委員會提出的報告，確認代表資格，公佈代表名單。

選舉會議主席團主持選舉會議，主席團常務主席主持主席團會議。主席團的職責主要有以下幾項：（1）確定選舉日期；（2）確定代表候選人的提名時間；（3）公佈代表候選人名單和簡介，並印發給選舉會議全體成員；（4）提出總監票人和監票人的人選，由選舉會議通過；（5）宣佈選舉結果；（6）接受與選舉代表有關的投訴，轉報全國人大常委會代表資格審查委員會處理。

第三，關於選舉程序。主要有：（1）選舉會議成員十人以上聯名，可以提出代表候選人。（2）年滿十八周歲的澳門居民中的中國公民，且有意參選者，應領取和填寫參選人登記表，在提名截止日期以前，送交登記表和十名以上選舉會議成員分別填寫的候選人提名信。（3）實行差額選舉。候選人名額應多於應選名額。原來第九屆及第十屆選舉會議還採用預選辦法，到了第十一屆取消了這一辦法。[13]（4）選舉採用無記名投票方式。獲得參加投票的選舉會議成員過半數的選票時，始得當選。（5）獲得過半數選票的代表候選人的人數超過應選代

---

13 所謂預選，是指在進行全國人大代表差額選舉時（其差額比例為五分之一到二分之一），如果提名的候選人沒有超過應選名額二分之一的差額比例，就直接進行投票選舉；如果超過應選名額二分之一，就由選舉會議進行預選，根據得票多少的順序，再按照不超過二分之一的差額比例，確定正式候選人名單，進行投票選舉。

表名額時，以得票多的當選。如過票數相等不能確定當選人時，應當就票數相等的候選人再次投票，以得票多的當選。獲得過半數選票的當選代表的人數少於應選代表的名額時，不足名額另行選舉。另行選舉時按照候選人第一次投票時得票數順序由主席團確定候選人名單，進行差額選舉。

第四，關於選舉會議成員的權利與義務。（1）選舉會議成員以個人身份參加選舉會議，並以個人身份履行職責。（2）選舉會議成員應出席選舉會議，如有特殊原因不能出席，應事先向主席團請假。（3）選舉會議成員不得直接或者間接地索取或者接受參選人和候選人的賄賂或者謀取其他任何利益，不得直接或者間接地以利益影響他人在選舉中對參選人和候選人所持的立場。

第五，關於參選人的條件和義務。年滿十八周歲的澳門居民中的中國公民，有意參選的，應領取和填寫《參選人登記書》。參選人在登記表中應當作出聲明：擁護中華人民共和國憲法和澳門特別行政區基本法，擁護「一國兩制」方針政策，效忠中華人民共和國和澳門特別行政區；未直接或間接接受外國機構、組織、個人提供的與選舉有關的任何形式的資助。參選人須對所填事項的真實性負責。[14]

第六，關於代表的辭職和補選。澳門全國人大代表可以向全國人大常委會提出辭職，由全國人大常委會決定接受辭職後予以公告。關於代表因故出缺時的補選，由選舉時未當選的代表候選人按得票多少順序依次遞補，但其得票數不得少於選票的三分之一。

人民代表大會制度是我國的根本政治制度，雖然這一制度並不適

---

[14] 2017 年第十三屆澳區全國人大代表產生辦法第 11 條第 3 款增加。

用於澳門特別行政區，然而，澳門特別行政區必須根據全國人民代表大會的途徑參與國家事務的管理。[15] 澳門特別行政區全國人大代表的選舉辦法同我國內地有關人大代表的選舉法在根本精神上是一致的，其選舉方式和選舉程序體現了保障澳門同胞當家作主的憲法內涵。選舉會議的人員與第一屆政府推選委員會及以後的行政長官選舉委員會大致上是一致的，體現了廣泛代表性的民主精神。

從長遠來看，澳門特別行政區全國人大代表的選舉還要鼓勵更多的澳門同胞參與選舉，鼓勵更多擁護憲法與基本法、擁護「一國兩制」、愛國愛澳且有意參選全國人大代表的優秀人士參與選舉並有機會勝出。但是，澳門特別行政區全國人大代表選舉辦法的改變，不能脫離我國內地社會主義民主政治發展的實際情況，也必須與澳門特別行政區的民主政治發展步伐相適應。

四、澳門特別行政區全國人大代表的權利

全國人大作為我國最高國家權力機關，是由全國人大代表組成的，全國人大代表是最高國家權力機關的組成人員，他們通過集體開會的形式行使最高國家權力。澳門特別行政區的全國人大代表每屆任期為五年，即從每屆全國人大舉行第一次會議開始，到下屆全國人大舉行第一次會議為止；補選代表的任期從補選產生之日到本屆人大任期屆滿為止。澳門特別行政區的全國人大代表主要有以下幾種權利：

---

15 王振民：《中央與特別行政區關係：一種法治結構的解析》，清華大學出版社，2002 年，第194 頁。

第一，審議議案及在會議上發表意見的權利。審議是對列入會議議程的各項議案進行討論與發表意見，以及給予肯定、否定或者提出修改意見的活動。全國人民代表大會代表按照選舉單位組成代表團，各代表團分別推選代表團團長、副團長。代表團在每次全國人民代表大會會議舉行前，討論全國人大常委會提出的關於會議的準備事項；在會議期間，對全國人民代表大會的各項議案進行審議，如審議全國人大常委會、國務院、最高人民法院和最高人民檢察院的工作報告，審查和批准國民經濟和社會發展計劃及計劃執行情況的報告、國家預算和預算執行情況的報告，並可以由代表團團長或者由代表團推派的代表，在主席團會議上或者大會全體會議上，代表代表團對審議的議案發表意見。

第二，提案權。提出議案是全國人大審議和決定問題的前提。我國憲法和全國人大組織法除規定有關國家機關和人大的機構有權提出議案外，還規定了一個代表團或者三十名以上的代表，可以提出屬於全國人民代表大會職權範圍內的議案。[16] 澳門基本法並明確規定澳門特別行政區代表團可以提出修改基本法的議案。

第三，參加表決、及選舉和罷免國家領導人的權利。表決是指代表在通過法律、報告和議案，或決定有關事項時，表示贊成、反對或棄權意見，並以法定標準來確定結果的行為。參加表決，是人大代表權利的重要組成部分。我國憲法第 64 條規定，「憲法的修改，由全國人民代表大會常務委員會或者五分之一以上的全國人民代表大會代表提議，並由全國人民代表大會以全體代表的三分之二以上的多數通

---

[16] 《全國人民代表大會組織法》第 10 條和《全國人民代表大會議事規則》第 21 條。

過。法律和其他議案由全國人民代表大會以全體代表的過半數通過」。

　　我國憲法規定全國人大有權選舉全國人大常委會委員長、副委員長、秘書長和委員，選舉中華人民共和國主席、副主席、中央軍事委員會主席、最高人民法院院長和最高人民檢察院檢察長。根據國家主席的提名，決定國務院總理人選；根據國務院總理的提名，決定國務院副總理、國務委員、各部部長、各委員會主任、審計長、秘書長的人選；根據中央軍事委員會主席的提名，決定中央軍事委員會其他組成人員的人選。對於上述人員，全國人大有權依照法定程序予以罷免。除主席團外，三個代表團或十分之一以上的代表聯名有權提出罷免案。罷免案應以書面形式在代表大會期間提出，並寫明罷免對象和理由。

　　第四，提出質詢案和進行詢問的權利。詢問和質詢是我國國家權力機關對行政機關、審判機關和檢察機關實行監督的形式。詢問是指全國人大代表在審議議案時，要求有關國家機關對相關問題進行說明。質詢比詢問更加嚴肅，表現為一定程度的批評或責問，並必須依照法定程序進行。全國人大會議期間，一個代表團或者三十名以上代表聯名，有權向國務院及其各部委、最高人民法院和最高人民檢察院提出質詢案。提出質詢案應當以書面形式，寫明質詢對象、質詢的問題和內容；質詢案交給主席團決定由受質詢機關答覆。根據情況，受質詢機關可以在主席團、專門委員會或者代表團會議上答覆；代表對答覆不滿意的，受質詢機關應再作答覆。

　　第五，提出批評、建議和意見的權利。我國憲法第 41 條規定，「中華人民共和國公民對於任何國家機關和國家工作人員，有提出批評和建議的權利」；全國人大組織法特別規定了全國人大代表的這一權利：「全國人民代表大會代表向全國人民代表大會或者全國人民代表

大會常務委員會提出的對各方面工作的建議、批評和意見，由全國人民代表大會常務委員會的辦事機構交由有關機關、組織研究處理並負責答覆。對全國人民代表大會代表提出的建議、批評和意見，有關機關、組織應當與代表聯繫溝通，充分聽取意見，介紹有關情況，認真研究辦理，及時予以答覆。」[17]

第六，有對圍繞人大審議的議題及有關內容進行視察的權利。這主要是指全國人大代表在大會閉會期間活動的權利。全國人大代表在大會會議閉會期間的活動應當是多方面的，其中主要是參加視察和專題調研，應邀參加執法檢查、列席有關會議，對各方面工作提出建議、批評和意見等。閉會期間的視察活動是大會會議期間活動的延伸，也是大會會議期間開展工作的基礎和條件。因此，代表在會議期間的工作和閉會期間的活動，都是執行代表職務。

第七，憲法第 74 條規定，「全國人民代表大會代表，非經全國人民代表大會會議主席團許可，在全國人民代表大會閉會期間非經全國人民代表大會常務委員會許可，不受逮捕或者刑事審判」。第 75 條規定，「全國人民代表大會代表在全國人民代表大會各種會議上的發言和表決，不受法律追究」。這兩項通常被稱為全國人大代表的人身特別保障權和言論免責權。澳門特別行政區全國人大代表亦應享有這兩項權利。

---

17 《全國人民代表大會組織法》（1982 年 12 月 10 日通過，2021 年 3 月 11 日修正）第 46 條第 1、2 款。

五、澳門特別行政區全國人大代表的義務

我國憲法第 76 條規定,「全國人民代表大會代表必須模範地遵守憲法和法律,保守國家秘密,並且在自己參加的生產、工作和社會活動中,協助憲法和法律的實施。全國人民代表大會代表應當同原選舉單位和人民保持密切的聯繫,聽取和反映人民的意見和要求,努力為人民服務」。憲法第 76 條的規定及精神對澳門特別行政區的全國人大代表也是適用的。

這裏尤其需要指出的是代表密切聯繫群眾的義務。這是澳門特別行政區的全國人大代表參與決定國家事務的重要職責,也是行使代表權利的重要基礎。所謂人民代表必須代表人民,我國的人民代表大會制度是指人民通過民主的形式,把意願和要求委託給代表,再由代表將這些意願和要求反映到國家權力機關中去。澳門特別行政區的全國人大代表亦然,只有這樣,他們才能本著為人民負責的精神,對全國人大的各項報告和議案實事求是地肯定成績,指出問題,提出修改意見,參與表決和行使各項代表權利。

（原文《論澳門特別行政區全國人大代表的地位、權利與義務》,載《國家「十二五規劃」與澳門特區的發展 —— 紀念〈澳門基本法〉頒佈 18 周年學術研討會論文集》,澳門基本法推廣協會出版,2011 年 7 月,收入本書時有修改）

第十三章

澳門特別行政區議員的

法律地位、發言和表決

一、問題的提出

澳門基本法第 67 條規定立法會的性質和地位是立法機關，附件二規定立法會由直選議員、間選議員和委任議員組成。然而，澳門基本法並沒有進一步對立法會議員的法律地位作出規定。澳門基本法第 79 條規定，「澳門特別行政區立法會議員在立法會會議上的發言和表決，不受法律追究」。也沒有進一步規定議員應當根據什麼樣的原則和精神指引自己的發言和表決。

這兩個問題亦密切相關。議員以什麼樣的原則和精神指引發言和表決取決於議員是以什麼樣的身份和地位在立法會從事活動。一種意見認為，既然基本法規定議員的發言和表決不受法律追究，這就說明不需要探討議員發言和表決的指引原則問題。這種意見是不對的。

立法會制定法律及監督政府，這不僅是基本法賦予其行使的法定職權，更是其職責所在。立法會的議事殿堂是嚴肅和神聖的，不能認為反正不受任何法律追究，議員的發言和表決就可以隨心所欲，甚而根據自己個人好惡和意願在立法會進行活動。因此，為了更好地發揮立法會功能，正確行使法律賦予的職權，有必要明確立法會議員的法律地位，探討議員的發言和表決的指引原則。

二、議員的法律地位

所謂議員，是指在議會裏具有代表資格，並享有表決權的人。議

員享有表決權是建立在他具有代表資格的基礎上的。[1]議員的代表資格通常通過選舉而取得，在多數的情況下，議會是由不同選民選出的代表組成的。這就提出了一個問題，即議員是以代表各自所從當選的選民的身份，還是以代表所有選民的身份參加立法機關的工作？

一種意見認為，議員既然是選民選出的代表，就只能與所從當選的選民保持一致，議員與選民之間，存在一種私法上的委託關係，議員接受選民的委託行使職權，就必須嚴格遵守其委託命令。議員必須忠於選民利益，在法律上負有執行選民意志的義務，不得與選民的意志和利益有所背離。這種學說進而認為議員應當在選民的監督下行使職權，而為了保證議員對選民的義務得以履行，選民享有直接罷免其職務的權利。這種意見通常稱為「委託說」（Delegate Model）。

當代議會制度最早起源於英國，英國議會通常被稱為「議會之母」。委託說在英國議會產生的初期起到了反抗封建王權的作用。1339年英國國王提出徵稅，平民院的騎士和市民答辯此事重大，應由他們回去徵求意見，再開議會決定。1660至1678年期間，一位名叫馬維爾的議員曾寫信給選區的市長和其他的頭面人物，「我切盼你們就你們城市、你們附近鄉村的情況告知於我，給我指示，我將認真予以執行」。[2]議員必須根據選民的指示而在議會採取行動，被認為是委託說的本質特點。

然而，早在1571年，英國平民院就有議員提出，議員不僅代表選

1　但有時亦有一些例外情況。美國的哥倫比亞特區和波多黎各特區在國會擁有代表，但無表決權，美國參議院議長享有投下決定性一票的權力，但不是代表，美國的參議院議長由副總統兼任。1993年以前，港督為香港立法局的當然議員，並擔任立法局主席，等等。

2　蔣勁松：《議會之母》，中國民主法制出版社，1998年，第258頁。

區，還應為整個國家服務。1774 年，平民院議員埃‧柏克（E. Burke）向其選民發表演講提出：「議會不是由不同、敵對的利益集團派遣的使節所組成的會議，以供這些使節各事其主，互不相讓；相反，議會是同一國家的審議機關，只為一個利益即整體利益；這裏的指南不是地方目的、地方偏見，而是對整體的共同推理所得出的共同利益。」他又說：「你們的代表理當為你們提供的不僅是辛勞，而且是他的判斷；如果他放棄自己的判斷而屈從你們的意見，那他不是在為你們服務，而是在背叛你們。……對於一個代表而言，選民的意見當然極有分量，值得尊重，應該高興地聽取，最認真地考慮。但是，視之為權威指示、指令，代表明知與自己的判斷和良知相違背，也要絕對盲目地服從，按其投票和辯論 —— 這樣做絕對不合乎我國法律，而且根本曲解了我國憲法的整個體系與精神。」[3]

柏克的演講發表以後，議員應當是全國利益的代表而不是選區利益的代表的觀念逐漸得到接受。1791 年法國憲法明確接受了這種觀念，「各郡所選出的代表並不是各個個別郡的代表而是全國的代表，所以各郡不得交給他們以任何委任」。[4] 1793 年法國憲法規定，「各個代表皆是全國人民的代表」。[5] 1831 年制定的比利時王國憲法第 32 條規定，「議會兩院的每個議員都代表國家，而不僅僅代表他們所自當選的省或省內的選區」。[6]

3　*Parliament: Its History, Constitution, and Practice.* J. Griffith and M. Ryle. Sweet & Maxwell ltd. 1989, pp. 139-140. 轉引自蔣勁松：《議會之母》，中國民主法制出版社，1998 年，第 255、258 頁。

4　1791 年法國憲法第三篇國家權力第一章第四節第 7 條。

5　1793 年法國憲法第 29 條。

6　此憲法到現在仍然生效。

近代憲法產生以後，作為英國議會產生初期重要理論武器的委託說為什麼被否定了呢？這是因為這種學說具有片面性，在邏輯上亦難以自圓其說。第一，議員與選民的關係是一種公法關係，不應當用私法上的委託關係去生搬硬套。第二，如果議員在議會中的行動都必須以選民的意志為轉移，那麼，分區選舉產生的議員和根據不同產生辦法產生的議員都必須代表各自選民，由於選民利益差別歧異，甚至是互相對立，議員必須各行其是，立法機關失去了協調利益的能力。第三，這種學說在實踐上亦難以實施。真正判斷選民利益的主體只能是選民本人，議員在事實上不可能徵求到所有選民的意見，而是少數選民，甚至是該選區的頭面人物或政黨領袖的意見而已。

　　取代委託說的主要是代表說（Trustee Model）。這種學說認為，議員與選民的關係不能生搬硬套私法上的委託關係進行解釋，議員與選民應當是一種互相信任關係，立法機關在整體上代表所有選民的意志和利益。議員在政治原則上忠實於選民，但在具體的政治事務方面有權自行判斷。議員有權憑個人的學識、經驗和才能作出決斷。

　　還有一種學說認為，立法機關的職權和選民團體的職權都是由國家憲法和其他法律事先設定的，它們各自依法行使職權，只是履行自己的職責和義務而已，彼此間並不具有委託與被委託的關係，也不具有代表與被代表的關係。選民的職能在於選舉，而立法機關的職能在於法定範圍內行使決議之權。德國的拉班德（Laband）即主張此說，「國會議員為全國人民的代表云云，在法律上實無任何意義，議員的職權並非受諸任何權利主張，而係直接根據憲法而來」。「議員不僅不受各該選舉區的選民之委託和指示，而且不受全國國民的委任和指

示。」[7] 然而，如果不承認議會與選民之間有一種法律關係存在，那麼，選舉制度就會失去意義，議會也不必在其任期屆滿後重新改選。在議會內閣制國家，當內閣與議會發生衝突的時候，內閣解散議會，尋找民意支持的做法，就會失去憲法學的理論支持。因此，這種學說割裂了選舉制度與人民主權原則的內在關係，不應當成為代議政治的理論基礎。[8]

必須指出的是，委託說是與歐洲中世紀的等級會議聯繫在一起的。那時的等級由各個等級推舉各自代表而組成，等級代表必須代表各自等級的利益，否則就可能被召回。近代憲法的產生，要求立法機關必須以人民的名義召集，法律必須以人民的名義制定。法國大革命爆發以後，三級會議旋即被改名為國民議會，其原因即在於此。[9] 我們甚至可以說，三級會議被改名為國民議會，恰恰是法國大革命爆發的標誌，所以，代表說的提出，標誌著近代意義上的議會真正建立起來。

一種流行的意見認為，公民通過投票，將自己處理國家事務的權力授予議員，因此，議員的權力來自於選民的委託。這種觀點並不準

---

7 見李步雲主編：《憲法比較研究》，法律出版社，1998 年，第 776 頁；王世傑、錢端升：《比較憲法》，中國政法大學出版社，1997 年，第 197 頁；〔日〕梅濃部達吉：《議會制度論》，鄒敬芳譯，中國政法大學出版社，2005 年，第 67-72 頁。

8 王世傑、錢端升《比較憲法》介紹說，這種學說為當時多數德國學者主張，但法意各國人士，亦有附和者，如法國梅旭（Michoud）、馬爾貝格（Carré de Malberg）及意大利的奧蘭多（Orlando），梅濃部達吉介紹在當時的日本，此亦為流行的通說。但是，由於這種學說存在著根本性的缺陷，因此，明確採用這種學說作為代議政治理論基礎的國家很少，幾乎沒有。不過，也有些學者認為，意大利憲法第 67 條規定，「議會的每個議員均代表國家，並在履行其職務時不受強制性命令之拘束」，為採用這種學說的代表國家。見李步雲主編：《憲法比較研究》，法律出版社，1998 年，第 776 頁。但這種觀點未必能夠成立。

9 國民議會後又改為制憲會議，並起草了影響深遠的《人權與公民權宣言》。

確。因為議會的權力是憲法具體規定的，選舉只是用投票的方式來選出議員，決定某個具體的個人擔任議員。如果將選舉的內涵簡單地理解為授予議員以權力，那麼，沒有選舉權的人，如十八歲以下的未成年人，以及在現在的香港和澳門非永久性居民，都沒有代表進入立法機關，他們的利益就無法保障，這與立法機關必須代表所有居民的利益構成了矛盾。

有些學者喜歡引用西方重要的啟蒙思想家洛克和盧梭的觀點，為委託說尋找理論依據。如洛克認為，「法律是由人民的同意和委派所授權的一些人制定的；沒有人民的這種同意和委派，他們中間的任何一個人或若干人都不能享有權威來制定對其餘的人具有約束力的法律」。[10] 盧梭認為，「正如主權是不能轉讓的，同理，主權也是不能被代表的」；「人民的議員就不是，也不可能是人民的代表，他們只不過是人民的辦事員罷了」。[11] 我認為，這種理解未必準確。洛克和盧梭在這裏所說的人民，都是從整體意義上的人民來講的。

同一時期的孟德斯鳩認為，已經當選的代表不必在每一件事上再接受指示。他們不必事事請示，「代表一經選出，他們就被選民授予獨立決策的權力，他們可根據情況，對事情加以靈活處置。如果事事請示人民，必然大大延誤時間，大大降低辦事效率。特別在非常時期，更需要盡快作出決策，一旦遲滯，會帶來很大的禍患」。[12] 這種觀點應當屬於代表說的範疇。

---

10 〔英〕洛克：《政府論》（下），商務印書館，2003 年，第 58 頁。

11 〔法〕盧梭：《社會契約論》，何兆武譯，商務印書館，2003 年，第 120 頁。

12 〔法〕孟德斯鳩：《論法的精神》，申林編譯，北京出版社，2007 年，第 71 頁；及張雁深譯本，商務印書館，2005 年，第 188-189 頁。

代表說對當代西方議會理論和實踐有深刻的影響。例如，瑞士憲法規定，「兩院議員在表決時不受任何指示」。[13] 德國基本法規定，「聯邦議院的議員是全體人民的代表，不受選民的委託和指示的約束，只服從自己的良心」。[14] 日本憲法規定，「兩議院由選舉產生的代表全體國民的議員組織之」。[15] 法國憲法規定：「對議員的任何強制委託概屬無效。」[16]

葡萄牙憲法亦以代表說為基礎規定了國會議員的法律地位。1982年葡萄牙憲法規定，「共和國議會為代表所有葡萄牙公民之議會」，並明確規定，「每個議員均代表整個國家，而不是代表所從當選的選區」。[17] 澳門回歸前的《澳門立法會章程》第1條即指出，「在執行任期時，無論選任或委任議員，均為代表本地區市民。」根據1976年澳門組織章程，當時於1976年8月投入運作的第一屆立法會由十七名議員組成，其中直選議員和間選議員各六名，總督委任議員五名，至1990年4月修訂澳門組織章程，立法會增加到由二十三名議員組成，其中委任議員七名，直選議員和間選議員共八名。議員一旦當選後，即代表整個澳門地區參加立法會的工作。

澳門基本法沒有明確規定議員的法律地位，第81條在規定議員資格喪失的五種情況時，其中並沒有規定選民有權罷免立法會議員，這種規定應當理解為議員一旦當選，就享有職務上的一定保障，選民不能動輒以罷免相威脅，要求議員必須根據自己的指示和意見在立法會

---

13 《瑞士聯邦憲法》（1874年）。

14 《德意志聯邦共和國基本法》第38條。

15 《日本國憲法》第43條。

16 《法蘭西共和國憲法》（1958年）第27條。

17 1982年葡萄牙憲法第150條和第152條。

從事活動。[18] 澳門第 3/2000 號法律《立法會立法屆及議員章程》第 7 條規定,「全體議員,不論選任或委任者,均代表澳門特別行政區及其市民的利益」。這裏所說的代表,是指議員代表澳門特別行政區及其市民的利益在立法會從事活動。這種規定應當理解為是建立在代表說的基礎上。

三、議員發言和表決的指引原則

一種意見認為,在澳門,既然議員是由不同方法選出,應當根據不同的產生辦法來提供其在立法會會議上發言和表決的原則。譬如,直接選舉的議員應當根據他所代表的選民的意願和利益進行發言和表決,間接選舉的議員應當根據他所代表的界別團體的意願和利益進行發言和表決,委任議員則根據委任他的政府的意志和利益來進行發言和表決。這種意見聽起來好像有一定道理,但是,這種意見是建立在委託說的基礎上,並不符合澳門《立法會立法屆及議員章程》裏對議員法律地位的規定及其精神。這種意見不應該成為立法會議員發言和表決的指引原則。

澳門《立法會立法屆及議員章程》第 7 條已經明確指出,澳門立法會全體議員均代表澳門特別行政區及其市民的利益。我認為,此條

---

[18] 澳門基本法第 81 條規定立法會議員喪失資格的五種情況為:(一)因嚴重疾病或其他原因無力履行職務;(二)擔任法律規定不得兼任的職務;(三)未得到立法會主席同意,連續五次或間斷十五次缺席會議而無合理解釋;(四)違反立法會議員誓言;(五)在澳門特別行政區區內或區外犯有刑事罪行,被判處監禁三十日以上。如有上述情況之一者,經立法會決定,即喪失議員資格。

規定不僅明確了立法會議員的法律地位，而且也提供了議員在立法會會議上的發言和表決的指引原則。

《立法會立法屆及議員章程》第 7 條所說的市民，應當是指澳門的全體居民，既包括永久性居民，也包括非永久性居民。因此，澳門特別行政區立法會議員的地位是澳門全體居民的代表，議員應當以全體居民代表的身份在立法會進行發言和表決，而不是僅僅代表所從當選的某些特定選民或選舉組別的利益和意志。澳門特別行政區任何選民或選舉組別無權向議員發出強制委託的命令。議員在立法會也不受任何強制委託的命令拘束，而應當為澳門特別行政區全體居民服務。

澳門基本法第 81 條規定立法會議員違反誓詞，經立法會決定，即喪失議員資格。澳門第 4/1999 號法律《就職宣誓法》對立法會議員誓詞的規定如下：「我謹此宣誓：本人就任中華人民共和國澳門特別行政區立法會議員，必當擁護並執行《中華人民共和國澳門特別行政區基本法》，效忠中華人民共和國澳門特別行政區，盡忠職守，遵守法律，廉潔奉公，竭誠為澳門特別行政區服務。」這段誓詞，已經明確表明議員必須為澳門特別行政區服務，而不是指為各自所從當選的選民或選舉界別服務。

不過，議員從澳門特別行政區及所有居民的利益出發，在立法會會議上進行思考和判斷，進而指引其發言和表決，這不意味著在事實上議員可以完全不顧及支持他當選的選民的具體利益。這是因為澳門基本法已經明確規定議員的任期只有四年，任期屆滿，需要選民重新投票產生，如果選民覺得議員背離自己的意志和利益，下次就有可能

不再將自己的選票投給他。[19]

有一種觀點認為，所謂「代表」，應當包括兩種內涵，一種是政治的代表，一種是社會學的代表。所謂政治的代表，是指立法機關在政治上代表民意，議員是所有選民的代表，在議會裏僅依自己的信念而發表言論和進行表決。所謂社會學的代表，是指議員的意見應當盡可能與國民的意見保持一致，議員應當將社會多樣的意思，僅可能公正而忠實地反映到立法機關裏來。[20]

澳門立法會議員以代表澳門特別行政區及其市民利益的身份從事活動，這就要求他在立法會進行發言和表決時，首先必須考慮澳門特別行政區本地整體利益。[21] 澳門基本法第 51 條規定：「澳門特別行政區行政長官如認為立法會通過的法案不符合澳門特別行政區的整體利益，可在九十日內提出書面理由並將法案發回立法會重議。」所以，根據本地整體利益制定法律，是澳門基本法對立法機關提出的內在要求，也是其行使立法權的應有之義。這就是說，立法會在制定法案時，必須根據本地整體利益予以考慮，如果整個立法不符合澳門本地整體利益，則可能被行政長官發回重議。澳門基本法第 118 條規定，「澳門特別行政區根據本地整體利益自行制定旅遊娛樂業的政策」。這裏所說的「根據本地整體利益」，不僅是制定旅遊娛樂業政策的基本原則，也是澳門制定其他政策的基本原則。

19　第一屆立法會除外，澳門基本法第 69 條規定，「澳門特別行政區立法會除第一屆另有規定外，每屆任期四年」。第一屆立法會任期從 1999 年 12 月 20 日至 2001 年 10 月 25 日，為期一年十個月。

20　〔日〕蘆部信喜：《憲法》，李鴻禧譯，元照出版有限公司，2001 年，第 258-260 頁。

21　有些國家的憲法明確規定了應當優先考慮國家整體利益。如《大韓民國憲法》規定，「國會議員優先考慮國家利益，憑良心行使職權」。見《大韓民國憲法》（1987 年）第 46 條。

至於什麼是澳門本地整體利益，這應當由議員根據澳門基本法和其他法律的具體規定，並綜合自己的經驗、才能和學識予以判斷。不過，不能將澳門本地整體利益的內涵予以狹隘化。在考慮澳門本地整體利益時，應當充分考慮國家的整體利益、澳門本地的長遠利益和根本利益、澳門各界別居民和不同居民的利益平衡問題，並兼顧澳門與周邊地區的協調發展。然後在這麼一個大前提下，對澳門眼前的利益和具體居民的利益予以具體分析，統籌兼顧。

四、委任議員的地位和作用

澳門基本法規定立法會由直選議員、間選議員和委任議員組成，並規定行政長官有權委任部分議員。有一種意見認為，委任議員因為不是由居民選舉產生，因而缺乏民意基礎，不能代表居民在立法會裏進行發言和表決，並進而提出，這是一種不民主的立法會，應當在以後的民主政制發展的過程中，取消委任議員的建制。這種意見實際上是建立在選舉式民主的觀念上，並將選舉與民主劃上等號。

這種意見未必準確理解澳門基本法的有關規定及其精神。澳門基本法規定行政長官有權委任部分立法會議員，這不是澳門基本法憑空建構，而是澳門政治的傳統制度。1976 年澳門組織章程規定澳門總督有權委任七名立法會議員。中葡聯合聲明確認了這一做法，明確規定了立法會多數議員由選舉產生，因此在起草澳門基本法的時候，就明確規定了立法會多數議員選舉產生，行政長官有權委任部分議員。中國政府明確承諾在中葡聯合聲明裏聲明的十二項基本方針政策及其附件一所作的具體說明將在五十年保持不變。澳門基本法第 144 條明確

規定對澳門基本法的任何修改，不得抵觸中華人民共和國對澳門特別行政區的既定方針政策。所以，基本法的修改不是無限制的。

委任議員在許多國家亦有例子。印度聯邦院中有十二名議員由總統指定，加拿大參議員由總督任命，馬爾代夫共和國國民議會中有八名議員由總統指定。[22] 哈薩克憲法規定議會由上下兩院構成，其中總統有權委任七名上院議員。[23] 意大利憲法規定，「凡擔任過共和國總統的人，除非自己放棄其權利，均為法定終身參議員。共和國總統可以任命在社會、科學、藝術和文學方面以傑出成就為祖國增光的公民五人為終身參議員」。[24]

澳門《立法會立法屆及議員章程》第 7 條明確規定，「全體議員，不論選任或委任者，在其任期內均享有同等的地位及相同的權利、權力和義務。全體議員，不論選任或委任者，均代表澳門特別行政區及其市民的利益」。因此，委任議員與選任議員具有同等的法律地位。委任議員不是政府在立法會內部的「傳聲筒」、「代理大使」或「代言人」，而應當積極思考，獨立發表意見，從代表澳門特別行政區及其市民的利益的角度出發，進行發言和表決。

澳門基本法第 50 條第（八）、（九）、（十）和（十一）項規定行政長官有權「任免」行政會委員、法官和檢察官、法院院長和公職人員，這裏的任免是指既可以任命，也可以免除。[25] 澳門基本法第 50 條第（七）項規定行政長官有權「委任部分立法會議員」，這裏的委任不

22　王叔文等：《澳門特別行政區基本法導論》，中國人民公安大學出版社，1993 年，第 268 頁。

23　《哈薩克斯坦共和國憲法》（1995 年）第 50 條。

24　《意大利共和國憲法》第 59 條。

25　澳門基本法第 50 條第（八）、（九）、（十）、（十一）項。

包含著免去議員職務的意思。行政長官有權委任議員，但是沒有免除議員職務的權力。這就說明，議員一旦被行政長官委任，就享有相對獨立性，議員不必擔心被政府隨時免去職務或召回，而可以根據自己的信念和良心在立法會獨立開展工作。

澳門基本法雖然規定行政長官有權委任議員，但沒有規定行政長官應當根據什麼程序委任議員，也沒有規定委任議員應當具備哪些條件。澳門基本法第 3 條和第 68 條已經明確規定立法會由澳門特別行政區永久性居民組成，委任議員亦應當具備澳門特別行政區永久性居民的資格。澳門組織章程第 21 條規定，七名委任議員由總督在當地社會上具有功績及聲譽的居民中任命。我認為，有必要參考澳門組織章程的這一做法，由行政長官從在澳門社會具有功績和聲譽的永久性居民裏委任。

選舉式民主雖然能夠保證相當一批優秀的政治人才進入立法機關，但未必完全適用於社會上所有的優秀人才。我國儒家傳統提倡達則兼濟天下，窮則獨善其身，影響所及，當代許多優秀的知識分子和專業人士亦以此作為人生信條。他們有政治抱負和政治才能，但未必有意於選舉，也未必擅長於競選。行政長官從本地社會選拔具有功績和聲譽的永久性居民進入立法會，有利於在澳門本地發掘和培養政治人才，全面落實「澳人治澳」政策。

五、如何理解「發言和表決不受法律追究」的內涵

澳門基本法第 79 條規定，「澳門特別行政區立法會議員在立法會會議上的發言和表決，不受法律追究」。議員享有的此項權利，通常

被稱為「議員的言論免責權」。此項權利最早見之於 1689 年英國《權利法案》，「國會內之演說自由、辯論或議事之自由，不應在國會以外之任何法院或任何地方，受到彈劾或訊問」。[26] 美國制定 1787 年憲法時，明確規定，「各該議員對於其在兩院內所發表的演說或辯論，於任何其他地方不受訊問」。[27] 言論免責權意在於保障議員在議會裏能夠暢所欲言，不得因議員在議會內部的發言、辯論和投票而受到公務迫害、民事或刑事法律的追究，進而建立起立法機關監督政府的自主性和能動性。[28]

那麼，應當如何全面準確理解澳門基本法第 79 條規定的議員所享有的言論免責權呢？

第一，議員享有這項言論免責權，僅限於立法會會議上，而不包括立法會會議以外的其他場合。

澳門組織章程規定，「立法會議員不因其在任期內作出的意見或表決而受侵犯。」而澳門基本法第 79 條將其明確限定在立法會會議上。這一變化，更加體現出議員享有言論免責權的保護範圍，彰顯立法精神。因此，凡是立法會會議以外的場合，如在大街上和公園等公共場所所發表的言論，均不屬於這裏規定的議員言論免責權的保護範圍。

---

26 1689 年英國《權利法案》第 9 條。1397 年英國平民院議員赫胥黎（Huxley）提議削減皇室經費，國王以叛逆罪判處赫胥黎死刑。其後亨利四世即位，經貴族院審核，此案判決完全無效，宣佈赫胥黎無罪。這可以認為是議員言論免責權的最早案例。不過，此案以後，議員因發言而被國王處罰的事件，還是屢有發生。1689 年英國《權利法案》明確規定了議員的這一權利。

27 美國憲法第 1 條第六項。

28 此項權利通常與議員的人身特權保障構成整體，當代憲法大多明確規定議員同時具有此兩項權利。澳門基本法亦有類似規定，即澳門基本法第 80 條：「澳門特別行政區立法會議員非經立法會許可不受逮捕，但現行犯不在此限。」

澳門基本法第 79 條所指的立法會會議是指立法會的各種會議，不僅是指立法會的全體會議，還包括立法會的其他會議。澳門基本法第 74 條規定立法會有權召開特別會議和緊急會議，第 87 條規定立法會成立負責終審法院法官免職的審議委員會，都屬於這裏所說的立法會會議。立法會會議還包括根據《澳門立法會組織法》設立的章程及任期委員會、常設委員會及其他非常設委員會，以及其他各種會議等。凡是以立法會名義舉行的正式會議，均是指這裏的立法會會議，都受到議員言論免責權的保護。

立法會會議不等於立法會的任何地方，如在立法會走廊裏，即不是指立法會會議。美國 1803 年馬塞諸塞州的 Coffin v. Coffin 案，法院最後判定在立法機關走廊裏發表的言論，不屬於議員言論免責權的保護範圍。[29] 又如，議員個人召開的記者招待會、選民報告會和選民說明會等，都不屬於澳門基本法第 79 條規定的議員言論免責權的保護範圍。

議員在立法會內部各種會議上的發言，雖然受到第 79 條議員言論免責權的保護，但是議員個人將其在立法會內部的發言，在立法會外部，以演講錄和其他文集的形式予以出版和散發，這能否繼續受到議員言論免責權的保護？不可以。這是因為基本法已經明確將言論免責

29　該案案情如下：1803 年，美國馬塞諸塞州居民威廉哥芬，請該州議會參議員羅素（Benjamin Russell）提議在該州的南特市增設公證人一名。羅素將該請求做成提案，而該州議會亦接納此項提案，行將討論。另有一名參議員米格加哥芬，並與羅素在議院的通道裏互相交談，並對威廉哥芬實施猛烈的抨擊。威廉哥芬以誹謗罪提起控告。該州最高法院最後判定法院有權管轄此案，參議員米格加哥芬的此種行為不應受到言論免責權的保護。判決要點可參考 *The Founders' Constitution*, Volume 2, Article 1, Section 6, Clause 1, Document 22, The University of Chicago Press.

權限定在立法會會議上。日本明治維新時期憲法第 52 條就明確規定，「議員自己用演說刊行筆記，或其他方法，將其言論公佈的時候，應依照一般的法律處分」。[30] 這規定也有助於理解為澳門基本法第 79 條的內涵。

第二，議員享有此項言論免責權，不等於議員可以不遵守立法會內部的議事規則及會議的秩序和紀律。

瑞典《議會法》就明確規定，「任何人不得在會上無禮地對待他人、肆意進行人身攻擊、或者表現出某種不符合正常秩序的言行。發言的議員必須緊扣議題，不得離題亂扯。凡不遵守上述規定並且不聽從議長的勸告者，議長可以剝奪其參加討論的發言權」。[31] 美國參議院議事規則和眾議院議事規則規定了議員發言須受到以下約束：（1）不能粗暴無禮，不能作不必要的使人厭煩的言詞；（2）不能離開議題轉向其他議員用辱罵、傷害或無禮的言詞做人身攻擊；（3）應嚴格限制以所討論的主題為範圍；（4）不可任意辱罵、譏笑或誹謗他人；（5）議員批評政府應保持一般禮貌的風度。英國議會議事規則對議員發言的限制主要包括九項：（1）不可離開本題；（2）不可重複自己或他人的言詞；（3）不可宣讀書本及報紙或自己所作的言論；（4）不可對國王作不敬的言詞；（5）不可干涉司法案件；（6）不可中傷國王、太子、兩院議長、兩院議員、行政及司法首長、友好國家的首領及國會議員；（7）不可發不敬（即不可作粗鄙謾罵下流）的言詞；（8）不可對他人做人身攻擊；（9）不可假借他人之口辱罵其他議員。[32]

---

30 〔日〕梅濃部達吉：《議會制度論》，鄒敬芳譯，中國政法大學出版社，2005 年，第 387 頁。

31 瑞典《議會法》第 12 條。

32 易衛中：《論言論免責權的限制》，載《人大研究》2007 年 8 月。

澳門立法會也有類似規定。第 1/1999 號決議《澳門特別行政區立法會議事規則》第 4 條規定議員有義務遵守《議事規則》所訂的秩序及紀律，尊重立法會主席及執行委員會的權責，第 70 條規定且發言不得偏離獲准範圍，並明確規定，「發言者偏離所討論的事項或其發言含侮辱性或攻擊性內容時，主席將予以警告；如發言者仍堅持其態度，則主席可中斷其發言」。

立法會議員有義務遵守立法會內部的議事規則和保證會議的有序進行。議員在立法會裏的自言自語、大聲唱歌、喝倒彩、無理取鬧和惡意搗亂的行為，不屬於第 79 條所規定的言論免責權的保護範圍。對於上述行為，立法會應當有權予以紀律制裁。有些國家的憲法甚至明確規定對於擾亂秩序的議員，國會有權予以懲罰和開除，如美國憲法規定，「各議院得規定各該院的議事規則，處罰各該院擾亂秩序的議員，並得經全體三分之二的同意，開除議員」。[33] 日本憲法規定，「兩議院各自制定有關會議、其他程序以及內部紀律的規定，並得對破壞院內秩序的議員進行懲罰。但開除議員必須三分之二以上多數作出決議」。[34]

第三，議員在立法會會議上發言的內容是否絕對地不受任何法律追究？

一種意見認為，議員所享有的言論免責權是絕對的，只要是在立法機關會議上的發言，即使侵犯他人的名譽、榮譽和人格尊嚴，也在所不問，均受到此項言論免責權的保護。英國是最早確立議員享有言論免責權的國家，通常認為，英國議員在議會內的言論或行動皆不得

---

33 美國憲法第 1 條第五項。

34 《日本國憲法》第 58 條第 2 款。

在議會外受到追究。議員在下院中必須享有徹底的言論自由權,無須擔心事後他的動機、意圖或推理會遭人訊問,或授人以柄。這就免除了議員遵守法律有關誹謗、煽動叛亂、國家機密等方面規定的義務。法院審判民事案件和刑事案件,皆不得引用議員在議會中所說所為當作證據。法院如須引用下院的議事記錄,須事先徵求下院同意。[35]

美國最高法院在 1881 年 Kilbourn v. Thompson 一案的判決書裏明確採用了絕對保障主義,指出,「如果議員濫用此項特權,侵犯私人人格尊嚴,而猶能免責,此就制度說,固屬不當,就受害人說,實屬無辜,值得同情。但是若因此而放棄絕對保障,則影響所及,顯非一個人或少數人之利益,而是代議制度功能之削弱,民主政治進步之障礙,以及整個國家人民的全體利益」。[36] 印度憲法亦規定,「議會議員不得因其在議會或其任何委員會內的任何言論或表決行動而陷入任何法院之訴訟;任何人亦不得因議會任何一院授權發表任何報告、文件、表決結果或議事記錄而陷入任何法院之訴訟」。[37] 這種規定應當理解為是採用絕對保障主義。

1949 年西德基本法規定,「代表在任何時候都不得因其在聯邦議院或任何委員會中的投票或發表的聲明而受到法院的起訴或受到懲處,或在聯邦議院外被追究責任。但對誹謗性侮辱不得適用」。這種規定通常被稱為「相對保障主義」。西德基本法開了相對保障主義的先河。當代世界各國的憲法實踐出現了向相對保障主義發展的趨勢。

現在許多國家的憲法就明確了相對保障主義。如 1994 年通過的白

35　劉建飛、劉啟雲、朱豔聖編著:《英國議會》,華夏出版社,2002 年,第 114-115 頁。

36　陳志華:《「中華民國」憲法》,三民書局,2005 年,第 113 頁。

37　《印度憲法》第 105 條。

俄羅斯憲法規定，「代表院代表共和國委員會成員在表達其意見和行使其職權時，享有不受侵犯權。此權不涉及關於他們進行誹謗和侮辱的指控」。[38] 1995 年通過的亞美尼亞共和國憲法規定，「議員不得因議員行為，包括在國民會議發表的意見而遭到迫害而被追究責任，如果此種意見不含有誹謗和侮辱內容的話」。[39]

澳門基本法第 79 條規定，「澳門特別行政區立法會議員在立法會會議上的發言和表決，不受法律追究」。這裏的規定應當是採用絕對保障主義，還是相對保障主義？對比其他國家和地區的憲法條文來看，因為此處沒有明確將誹謗和侮辱排除在外，從字面意義上判斷，似乎可以採取絕對保障主義的理解。有一種意見就指出，立法會議員的發言和表決是法律所提倡和鼓勵的行為，決不會，也不能受到法律的追究，「即使立法會議員在發言中誹謗、攻擊其他議員或社會人士，也不能因此受到法律的追究，而只能受到社會輿論、道德的譴責」。[40]

澳門回歸前，議員所享有的言論免責權，並不採用絕對保障主義。澳門組織章程雖然規定議員在其任期內作出的意見或表決不受侵犯，然而，根據 1976 年澳門組織章程和《澳門立法會章程》，議員的言論免責權並不包括議員有關誹謗、詆毀、侮辱、違犯公共道德或公開引誘犯罪等民事、刑事責任，在此情況下，得由立法會自行決定其停止執行任務。[41]

從澳門基本法第 79 條設立議員言論免責權的基本精神來看，這裏

---

38 《白俄羅斯共和國憲法》第 102 條。

39 《亞美尼亞共和國憲法》第 66 條。

40 楊靜輝：《澳門基本法釋義》，人民出版社，1999 年，第 138 頁。

41 1976 年《澳門組織章程》第 26 條第 2 款和《澳門立法會章程》第 9 條第 2 款。

的發言應當是指與行使議員職務有關的發言和表決。立法會議員與行使其職務有關的發言和表決，才受到澳門基本法第 79 條議員言論免責權的保護，而與其行使職務無關的發言和表決，不應當受到議員言論免責權的保護。[42] 澳門立法會議事規則明確規定了立法會主席有權警告和中斷議員含有污辱性或攻擊性內容的發言。[43]

（原文《論澳門特別行政區議員的法律地位、發言和表決》，載《政治與法律》，2009 年 12 月）

---

[42] 我國台灣地區「司法院」多次解釋也指出，「縣參議員在會議時所為無關會議事項之不法言論，仍應負責」（「司法院」院解字第 3735 號解釋），「地方議會議員在會議時就有關會議事項所為之言論，應受保障，對外不負責任。但就無關會議事項所為顯然違法言論，仍難免責」。（釋字第 165 號解釋）。這種解釋即採用了相對保障主義的理解。陳志華：《「中華民國」憲法》，三民書局，2005 年修訂八版，第 113 頁。

[43] 有研究澳門政制發展史的學者指出，澳門回歸前，議員在履行職務期間，除屬誹謗、詆毀、侮辱、違犯公共道德或公開引誘犯罪等刑事、民事責任外，對所發表的意見及表決不負法律責任。見吳志良：《澳門政制》，中國友誼出版公司，1997 年，第 110 頁。

責任編輯　　　徐永文
書籍設計　　　a_kun

書　　名　　澳門的治理、政制與法治建設
著　　者　　王禹
出　　版　　三聯出版（澳門）有限公司
　　　　　　Sociedade de Publicações Sam Lun (Macau), Limitada
　　　　　　Joint Publishing (Macau) Co., Ltd.
　　　　　　澳門荷蘭園大馬路 32 號 G 地下
　　　　　　No. 32-G, Avenida do Conselheiro Ferreira de Almeida, Macau
發　　行　　香港聯合書刊物流有限公司
　　　　　　香港新界荃灣德士古道 220-248 號 16 樓
印　　刷　　美雅印刷製本有限公司
　　　　　　香港九龍觀塘榮業街 6 號 4 樓 A 室
版　　次　　2021 年 11 月澳門第一版第一次印刷
規　　格　　16 開（170 mm × 230 mm）272 面
國際書號　　ISBN 978-99965-759-5-2